全国计算机技术与软件专业技术资格（水平）考试参考用书

信息系统管理工程师
考试试题分类精解

李振华　主编

全国计算机专业技术资格考试办公室　推荐

U0361514

清华大学出版社

北京

内 容 简 介

本书按照人力资源和社会保障部、工业和信息化产业部全国计算机技术与软件专业技术资格（水平）考试中级资格的信息系统管理工程师的考试要求编写，将信息系统管理工程师考试的历年真题在14个章节中进行分类精解，每个章节分为考点导航、历年真题解析、命题趋势分析三个部分。

本书深入研究应试规律，紧扣软考大纲，针对历年考试真题所考核的知识点进行归类总结、分析、讲解，将所涉及的知识点加以延伸、扩充，融会贯通，帮助考生总结解题技巧和解典型题目的方法，清晰地把握命题思路，掌握知识点在试题中的变换，将学习到的知识灵活运用到实际解题过程中，提高考生的应试能力，并提高考试通过的概率。

本书适合作为信息系统管理工作岗位的从业人员、计算机及相关专业学生的备考用书，也可作为CTO、计算机及相关专业教师的专业参考书。

图书在版编目（CIP）数据

信息系统管理工程师考试试题分类精解/李振华主编. —北京：清华大学出版社，2013（2023.10重印）
全国计算机技术与软件专业技术资格（水平）考试参考用书
ISBN 978-7-302-32580-2

Ⅰ. ①信…　Ⅱ. ①李…　Ⅲ. ①管理信息系统–工程师–资格考试–题解　Ⅳ. ①C931.6-44

中国版本图书馆 CIP 数据核字（2013）第 117755 号

责任编辑：闫红梅　薛　阳
封面设计：常雪影
责任校对：胡伟民
责任印制：丛怀宇

出版发行：清华大学出版社
　　　　网　　　　址：http://www.tup.com.cn, http://www.wqbook.com
　　　　地　　　　址：北京清华大学学研大厦 A 座　　　　邮　　编：100084
　　　　社　总　　机：010-83470000　　　　　　　　　　邮　　购：010-62786544
　　　　投稿与读者服务：010-62776969，c-service@tup.tsinghua.edu.cn
　　　　质　量　反　馈：010-62772015，zhiliang@tup.tsinghua.edu.cn
印装者：三河市君旺印务有限公司
经　销：全国新华书店
开　本：185mm×230mm　　印　张：19　　防伪页：1　　字　数：470 千字
版　次：2013 年 7 月第 1 版　　　　　　　　　　　印　次：2023 年 10 月第 16 次印刷
印　数：23301～24300
定　价：49.00 元

产品编号：049584-03

前　言

　　计算机技术与软件专业技术资格（水平）考试由国家人事部和信息产业部领导，其主要的政策文件是由人事部和信息产业部联合颁发的《计算机技术与软件专业技术资格（水平）考试暂行规定和实施办法》（国人部发[2003]39号）。计算机软件考试从2004年起纳入全国专业技术人员职业资格证书制度的统一规划，并且计算机类专业技术人员的职称一律采用以考代评的方式，取消了学历和资历的限制。考试合格即可获聘助理工程师、工程师或高级工程师职务。

　　信息系统管理工程师考试是软考中级考试的一种，凡是通过信息系统管理工程师考试者，即可认定为计算机技术与软件专业中级工程师职称，由用人单位直接聘任，享受中级工程师待遇。信息系统管理工程师是具备计算机科学基础、计算机软件基础、计算机网络和信息安全知识、数据库基础知识、信息系统开发和运行管理知识、信息系统管理应用技术（系统管理计划、系统管理、资源管理、故障管理、安全管理、性能管理、系统维护、系统转换、开发环境管理、与运行管理有关的系统评价、对系统用户的支持）、标准化基础与知识产权保护、专业英语基础讲解能力的综合型人才，也是目前社会上急需的技术型人才。从职业规划的方向来审视，通过信息系统管理工程师考试也是进阶高级信息系统项目管理师的路径。

本书特点

　　本书深入研究应试规律，紧扣软考大纲，按照大纲对历年考试真题所考知识点进行归类总结，并且进行分析、讲解，将所涉及的知识点进行延伸、扩充，融会贯通，帮助考生总结解题技巧和解典型题目的方法，并且应用到考试中，真正做到举一反三。通过本书的学习，考生可以清晰地把握命题思路，掌握知识点在试题中的变化，将学习到的知识灵活运用到实际解题过程中，提高应试能力，并提高考试通过的概率。

读者群

　　本书对于以下类型的人最有价值。

　　（1）信息系统管理岗位的从业人员。促进其通过考试，自我增值，实现资质的提升。

　　（2）经验丰富的CTO。提供案例参考，帮助其开展工作与技术培训。

　　（3）计算机及相关专业的学生。以考促学，使其迅速融入全真环境，获取实践经验，升华学习思路，构建自己的知识体系。

　　（4）计算机及相关专业教师。开拓视野，作为教学与工作的参考书。

本书结构

本书将信息系统管理工程师考试的历年全部真题在 14 个章节中进行分类精解，每个章节都包括以下三部分内容。

（1）考点导航。将考点一一列出，对该部分试题的特点、历年考试的分值、比重进行比较分析，便于考生把握考点的分布情况，做到有的放矢。

（2）历年真题解析。对每道真题都进行知识点的分析、延伸和辐射，并且介绍了多种解题方法，考生只要仔细研读试题解析，无论该知识点在试题中如何变化，都能把握同类题的解题要领，轻松得分。

（3）命题趋势分析。从纵向（知识点的内容和领域）和横向（同类同级别考试的试题）进行分析总结。此外，有可能在今后的试题中结合实际，拓宽命题方向，作者在本书中抛砖引玉，列举若干试题供考生进一步学习、拓展和思考，全面把握命题趋势。

致谢

在本书出版之际，要特别感谢清华大学出版社在本书的出版过程中给予的支持和帮助。本书在编写过程中，引用了历年考试试题，参考了许多相关的书籍和资料，编者在此对这些参考文献的作者表示真诚的感谢。

由于编者学识有限，书中难免有不妥之处，诚挚地希望专家和读者批评、指正和帮助，以便改进和提高。

最后，祝愿各位考生顺利通过信息系统管理工程师考试！

祝愿我国的计算机技术与软件产业不断出现新的腾飞点！

李振华

浙江商业职业技术学院

2013 年 2 月

目　录

第0章 信息系统管理工程师考试图示分析

0.1 考纲图示分析

全国计算机技术与软件专业技术资格（水平）考试——信息系统管理工程师是 2006年新开考的级别。考试大纲明确规定通过本考试的合格人员能对信息系统的功能与性能、日常应用、相关资源、运营成本、安全等进行监控、管理与评估，并为用户提供技术支持；能对信息系统运行过程中出现的问题采取必要的措施或对系统提出改进建议；能建立服务质量标准，并对服务的结果进行评估；能参与信息系统的开发，代表用户和系统管理者对系统的分析设计提出评价意见，对运行测试和新旧系统的转换进行规划和实施；具有工程师的实际工作能力和业务水平，能指导信息系统运行管理员安全、高效地管理信息系统的运行。

由于考试试题紧扣考试大纲的要求变化，本节用图示的方式列举考试大纲要点，以帮助读者快速了解试题考点的分布结构。

0.1.1 上午卷：信息系统基础知识

从 2006 年至 2011 年信息系统管理工程师考试的上午试卷的题型来观察分析可知，考试主要是根据考试大纲要求的考点进行考查，难度不大，对考生掌握知识的深度要求不高。从考试范围来观察分析，着重考查信息系统开发与运行管理知识、计算机软硬件基础、计算机网络通信与信息安全和数据库基础知识，尤其是信息系统开发与运行管理知识的比重相当大。从题目内容的趋势来看，注重考查新颖热门的知识。

上午卷试题考点内容如图 0.1～图 0.6 所示。

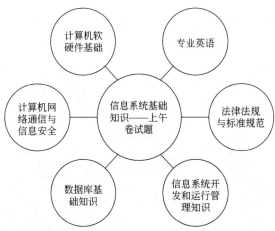

图 0.1 信息系统基础知识——上午卷试题考点内容

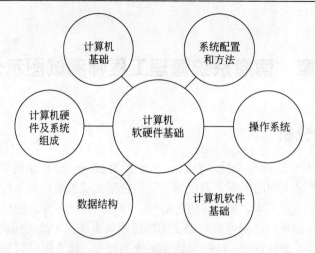

图 0.2 计算机软硬件基础考点内容

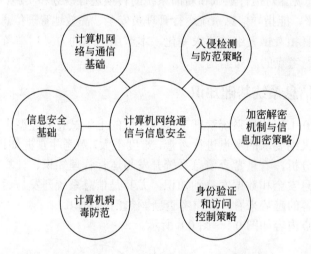

图 0.3 计算机网络通信与信息安全考点内容

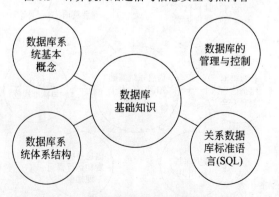

图 0.4 数据库基础知识考点内容

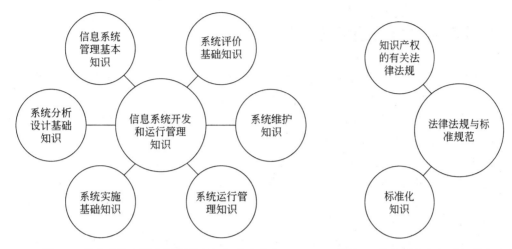

图 0.5　信息系统开发和运行管理知识考点内容　　　　图 0.6　法律法规与标准规范考点内容

0.1.2　下午卷：信息系统管理（应用技术）

从历年信息系统管理工程师的下午考试来看，考试题型都为必答题。围绕系统管理计划、系统管理、资源管理、故障管理、安全管理、性能管理、系统维护、系统转换、开发环境管理、与运行管理有关的系统评价、对系统用户的支持等知识点出题。考生应重点理解和掌握信息系统管理中系统管理、资源管理、故障管理、系统维护等内容。从题目内容的趋势来看，系统维护为每年必考题，系统管理计划和系统管理出题的概率很大。

下午卷试题考点内容如图 0.7 所示。

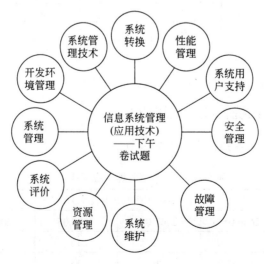

图 0.7　信息系统管理（应用技术）——下午卷试题

0.2　试题考点分值与趋势图示分析

　　从历年信息系统管理工程师考试的考点分值图示上观察分析，考查的核心为对信息系统运行过程中出现的问题采取必要的措施或对系统提出改进建议；建立服务质量标准，并对服务的结果进行评估；参与信息系统的开发，代表用户和系统管理者对系统的分析设计提出评价意见，对运行测试和新旧系统的转换进行规划和实施。

　　上午试题的重点内容及命题趋势涉及计算机软硬件基础知识、计算机网络通信与信息安全、数据库基础知识、信息系统开发和运行管理知识等方面。

　　下午试题的重点内容及命题趋势涉及系统管理计划、系统管理、资源管理、故障管理、安全管理、系统维护、系统转换、系统评价等方面。

　　通过图示分析，即可快速了解该中级级别考试要求重点掌握的知识结构体系。

0.2.1　上午卷：信息系统基础知识

　　（1）2006—2011 年各知识点分值如表 0.1 所示。

表 0.1　信息系统基础知识

信息系统基础知识					
	2006 05	2007 05	2008 05	2009 11	2011 05
计算机软硬件基础	16	16	13	13	11
计算机网络通信与信息安全	13	11	10	8	10
数据库基础知识	1	10	7	5	2
信息系统开发和运行管理知识	33	31	38	42	42
法律法规与标准规范	2	2	2	2	5
专业英语	10	5	5	5	5

　　（2）历年上午卷各知识点总平均分值情况如图 0.8 所示。

0.2.2　下午卷：信息系统管理（应用技术）

　　（1）2006 年—2011 年各知识点分值如表 0.2 所示。

表 0.2　信息系统管理（应用技术）

信息系统管理（应用技术）					
	2006 05	2007 05	2008 05	2009 11	2011 05
系统管理计划			15	15	30
系统管理		20	15	15	
资源管理	15	20			15

续表

信息系统管理（应用技术）				
	2006 05	2007 05	2008 05	2009 11	2011 05
故障管理	15	20	15		
安全管理	15	15		15	
性能管理	15				
系统维护	15		30	30	15
系统转换					15
开发环境管理					
系统评价					
系统用户支持					

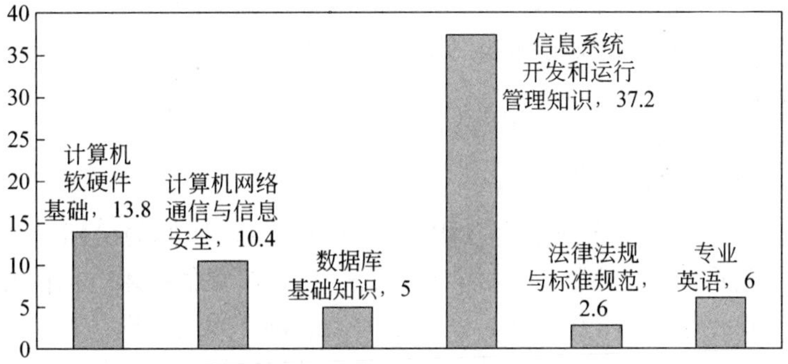

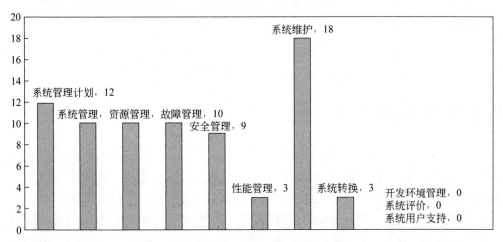

图 0.8　历年上午卷各知识点总平均分值图示

（2）历年下午卷各知识点总平均分值情况如图 0.9 所示。

图 0.9　历年下午卷各知识点总平均分值图示

0.3　备考要略

0.3.1　达标型备考计划

达标型考生主要是指多媒体技术及应用岗位的从业人员，他们的目标较为简单，即为上下午考试分数都取得 45 分以上，即可顺利通过考试。该类型考生的特点为大多数是在职从事计算机相关工作的人员，工作繁忙，时常加班，自我复习时间少，实践经验较为丰富，但基础知识、理论知识掌握不够扎实。总体来说，需要的是对多媒体应用设计师考试有一种全新的认识，找到一种适合的复习方式。

推荐的复习方式为：通过做真题来掌握知识点，做到有的放矢地掌握关键知识点；认真研习历年真题，建立自己的知识框架体系，结合工作实践经验对考试做到心中有数，并能有策略地预测考题的趋势走向。

0.3.2　以考促学型备考计划

以考促学型考生主要是指计算机及相关专业的学生，他们的目标是通过本考试的复习、选拔测试，全面系统地掌握计算机专业知识，构建多媒体技术方向的知识网络拓扑，为今后的深造、就业提供支持和帮助。该类型考生的特点为大多数是在校的计算机、软件工程等相关专业的学生，学习时间充分，自我复习时间宽裕，基础知识、理论知识掌握得较为扎实，但实践经验相对薄弱。总体来说，需要增强动手实践能力，充分运用所学知识内容，实现工学结合，适当地进行成果、价值转化。

推荐的复习方式为：通过巩固计算机专业基础课程内容，打好扎实的专业基础；通过研习历年真题，挖掘出专业基础中关键的知识点，并促进其编织成一张自己的知识体系框架图；通过与几个同学结成学习小组，形成良好的学习氛围，同时促进交流受益；结合工作实践经验对考试做到心中有数，并能有策略地预测考题的趋势走向。

0.4　软考考试经验分享

对于信息系统管理工程师考试的备考，在很大程度上还是精读教材/教辅多遍的方法比较有效，因为所有的知识点都已在教材中阐明，当然也可以参考一些辅导资料，但是在考试上的内容几乎都囊括在教材里，通过教材中的知识点延伸至各个知识领域。同时，任何一个学科都不是独立存在的，与别的学科都会有知识的交叉与相互的应用，信息系统管理知识体系也是一样的，这个知识体系也涉及经济学、统筹学、财务管理学等知识体系，也正因为如此才让很多考生觉得这个专业知识很难掌握。在此，作者要和考生们说，作为专业的技术管理人员，自己所储备的知识是要有深度与广度的，不能认为仅靠教材就可以通过考试。所以，考生们平时要多积累一些知识，多涉及这几个知识领域，这样就有了知识的积累，以便顺利地通过信息系统管理工程师考试。

研读本书的考生们，都想着以最少代价，争取最大的成功，力争一次通过信息系统管理工程师考试。以下就软考考试经验与诸位分享。

（1）目标明确，坚定不移。

在做成任何事情之前，明确目标是很重要的。在决定参加考试前，一定要清楚学习的目的是什么，端正思想，然后精心地备考。同时在明确了目标之后，一定要下定决心，花大力气，努力使自己的目标成为现实。美满的人生就是由一个又一个不断实现的目标组成的。

（2）选择教材/教辅，官方材料为首选。

选对教辅材料也是通过考试的必备条件。目前市场上各类书籍颇多，琳琅满目，也会有鱼目混珠的现象。建议考生们在选择教材/教辅材料时首选正规的书店、考试中心或大型网上书店出售的正版的、由软考官方清华大学出版社出版的教辅材料。如果教材/教辅选得不合适，复习导向就不正确了，那么想通过考试，还是有一定难度的。

（3）贯彻落实学习计划，精心备考。

① 制定好学习计划。需要把学习计划制定得详细到每周的学习工作量，务必每天坚持完成每天的学习工作量，即使是在职考生也会积少成多，最终通过考试。同时在制定学习计划时，要留出弹性时间。这个弹性时间主要用来总结前段时间所学习的知识内容，或者是当作补充时间来加强学习的。

② 要精读考试教材/教辅。一切以教材为基础，熟读方能体会信息系统管理的理念，并将实践上升到理论层次。

③ 阅读软考真题或其他配套参考资料。很多考点内容在试题中出现，但在教材中却没有讲解，这就需要阅读其他参考书来理解和更进一步了解某些概念和方法。针对计算机软考，使用考试试题精解类的书籍，采取真题真做的方式具有较好的复习效果。

④ 不放过一道真题。对于所做过的真题都要有记录。在时间充裕的情况下，建议一道真题至少要做两遍以上，对比这次做的结果和上次做的结果有什么不同，进步在哪里，解题的思维是如何构成的。

⑤ 适当做一些预测。看完一遍教材/教辅或真题后，可以选择最近的一套软考真题对自己进行一次测验，以检验自己的掌握程度，也可以巩固复习。做好试题后，不仅要找出自己的掌握程度与考试内容的差距，还要大胆地对考试的范围及内容进行预测。一旦处于预测试题阶段，就表明考生具备软考所需的自信心，并且做好了随时应战的准备。

⑥ 学习团队的组建。有条件的考生，可以组织一个学习的团队（包括实体团队以及网络虚拟团队），共同讨论，促进互相启发，共同交流心得；相互讲解习题，互相鼓励，对于通过考试都会有所帮助。

（4）熟悉考试流程，注意相关事项。

① 考前准备。上下午每场 150 分钟的考试时间并不算短，一定要做好脑力与体力的充分准备，特别是不要在考试前三天处于高压之中。同时，自己需要带好考试必备物品（2B 铅笔等），以备不时之需。

② 考试过程中保持答题的速度。在考试过程中，很多考生担心时间不够用，其实不必有这样的担心。上午考试总共有 75 题，应保持每道题的解答最多两分钟。一般情况下，对于审题及选择都在 1 分钟内就有答案。所以，备考的考生们，对于 1 分钟内还做不出答案的题目就要先放下，往下做题，不要把时间浪费在这样的题目上，等到最后再来思考这些题目。下午考试总共 5 题，应控制每题的分析时间在 20 分钟内，然后用 10 分钟左右时间写下解答内容即可。如果遇到熟悉的题目，还可能缩短解答时间。

③ 强调审题的步骤。先看题目，快速找到关键词（即考查的知识点）；分析答案；选择或者书写正确的答案；确认无误后再在答卷上填写；如果实在分析不出正确答案，也要先选择一个答案或者书写部分关键的解答，并标记下来，不影响做题速度。如果考试时间充裕，再回过头来解答这部分内容。

（5）考试的检查原则。

上了考试战场，首先要相信自己的第一判断。检查虽然说很少能检查出正确的题，但对于避免犯低级错误还是很有必要的。在检查过程中，应对标记的题再认真看一遍，确认答案，实在不好做出选择/更改时则要相信自己的第一判断。

0.5　软考复习重点提示

0.5.1　上午卷：信息系统基础知识

信息系统管理工程师考试上午卷为信息系统基础知识。按照历年的统计分析，重点考查的是计算机软硬件基础、计算机网络通信与信息安全、信息系统开发和运行管理知识三部分。信息系统开发和运行管理知识则是上午卷的重中之重。对上述三部分内容的掌握程度决定了考生是否能够通过该考试。下面将需要重点复习的部分说明如下。

（1）计算机软硬件基础：存储系统的基本应用、操作系统进程管理的基础知识、操作系统文件管理的基础知识等。

（2）计算机网络通信与信息安全：IP 地址与域名、路由器技术、VLAN 技术、防火墙技术、身份认证技术、网络安全策略、加解密技术、VPN 等。

（3）信息系统开发和运行管理知识：项目管理、软件工程、系统分析设计基础知识、系统运行管理知识、系统维护知识等。

同时，还要特别注意信息系统基础知识内容的交叉、综合考查，以及注意信息系统项目管理师、系统分析师考试内容的超纲考查。如信息系统项目管理师考试内容涉及的：计算关键路径、计算自由浮动时间；挣值计算中的差异分析、绩效分析、趋势预测；PERT 计划评审技术计算；决策树分析等都有可能出现在信息系统管理工程师考试上午卷中。

0.5.2　下午卷：信息系统管理（应用技术）

信息系统管理工程师考试下午卷为信息系统管理（应用技术）。按照历年的统计分析，重点考查的是系统管理、资源管理、故障管理三部分。下面将需要重点复习的部分说明如下。

（1）系统管理计划：服务管理、财务管理、系统管理计划、系统管理标准（ITIL、HP ITSM）等。

（2）系统管理：IT 部门管理（职责、定位、组织设计）、人员管理、外包管理、系统日常操作管理、用户管理等。

（3）资源管理：软件管理（结合信息系统开发过程）等。

（4）故障管理：主要故障处理、问题控制和管理等。

（5）安全管理：结合安全性知识的系统管理等。

（6）信息系统评价：结合系统性能评价等。

（7）开发环境管理：这块内容还没有考查过，需要重点关注。

（8）系统用户支持：这块内容还没有考查过，需要重点关注。

同时，还要特别注意信息系统管理（应用技术）内容的交叉、综合考查，以及注意系统分析师、信息系统项目管理师考试内容的超纲考查。

第1章 计算机软硬件基础

1.1 考点导航

信息系统管理工程师考试大纲要求考生掌握计算机系统以及计算机主要设备的性能，并理解其基本工作原理；掌握操作系统基础知识以及常用操作系统的安装、配置与维护。

计算机软硬件基础主要包括以下几个方面的知识点。

1. 计算机科学知识

1）数制及转换

二进制、十进制和十六进制等常用数制及其相互转换。

2）数据的表示

（1）数的表示：原码、补码、发码，整数和实数的机内表示方法，精度与溢出。

（2）非数值表示：字符和汉字的机内表示，声音和图像的机内表示。

（3）校验方法和校验编码。

3）算术运算和逻辑运算

（1）计算机中二进制的运算方法。

（2）逻辑代数基本运算。

4）数据结构与算法基本概念。

2. 计算机系统知识

1）计算机硬件知识

（1）计算机系统组成和主要设备的基本工作原理。

- CPU 和存储器的组成、性能和基本工作原理。
- I/O 接口的功能、类型和特性。
- 常用 I/O 接口的功能、类型和特性。
- CSIC/RISC、流水线操作、多处理机、并行处理基础概念。

（2）存储

- 高速缓存、主存类型。
- 虚拟存储器基本工作原理，多级存储体系。
- RAID 类型和特性。
- 存储介质特性及容量计算。

2）计算机软件知识

（1）操作系统知识。

- 操作系统的类型、特征和功能。
- 中断控制、进程、线程的基本概念。
- 处理机管理（状态转换，同步与互斥、分时、抢占、死锁）。
- 存储管理（主存保护、动态连接分配、分页、虚存）。
- 设备管理（I/O 控制、假脱机）。
- 文件管理（文件目录、文件的结构和组织、存取方法、存取控制、恢复处理、共享和安全）。
- 作业管理。
- 汉字处理，人机界面。
- 操作系统的配置。

（2）程序设计语言和语言处理程序基础知识。

- 汇编、编译、解释系统的基础知识和基础工作原理。
- 程序设计语言的基本成分：数据、运算、控制和传输，过程调用的实现机制。
- 各类程序设计语言的主要特点和适用情况。

3）系统配置和方法。

（1）系统配置技术。

- C、S 系统、B、S 系统、多层系统、分布式系统。
- 系统配置方法（双份、双重、热备份、容错和群集）。
- 处理模式（集中式、分布式、批处理、实时处理和 Web 计算）。
- 事务管理（并发控制、独占控制、故障恢复、回滚、前滚）。

（2）系统性能

性能指标和性能设计，性能计算、性能测试和性能评估。

（3）系统可靠性

可靠性指标与设计，可靠性计算与评估。

4）计算机应用基础知识

（1）信息管理、数据处理、辅助设计、科学计算、人工智能、远程通信服务等基础知识。

（2）多媒体应用基础知识。

计算机软硬件基础部分在历年信息系统管理工程师考试上午卷中的分值变化如图 1.1 所示。2006—2011 年的分值分别为 16 分、16 分、13 分、13 分、11 分，平均分值为 13.8 分。该部分是信息系统管理从业人员的理论基础内容，在考试中占有稳定的比重，平均约占 18.4%。考生应结合自身情况，查漏补缺，夯实基础，稳扎稳打，确保攻克基础部分。

软考统计分析表明，每年软考考点重复考查率达到 12%~16%。因此，对历年软考真题的研读有助于缩短对考试考点与内容的熟悉过程，有助于顺利通过信息系统管理工程师考试。

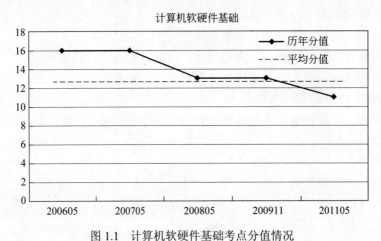

图 1.1 　计算机软硬件基础考点分值情况

1.2 历年真题解析

试题 1（2006 年 5 月试题 1）

两个同符号的数相加或异符号的数相减，所得结果的符号位 SF 和进位标志 CF 进行 ___(1)___ 运算为 1 时，表示运算的结果产生溢出。

（1）A. 与 　　　　　　 B. 或 　　　　　　 C. 与非 　　　　　　 D. 异或

试题 1 分析

本题考查符号数算术运算溢出的基础知识。

两个正数相加，结果大于机器所能表示的最大正数，称为上溢；两个负数相加，结果小于机器所能表示的最小负数，称为下溢。可根据运算结果的符号位和进位标志判别两同号数求和或异号数求差时的溢出。溢出的逻辑表达式为：

$$VF = SF \oplus CF$$

即利用符号位和进位标志相异或，当异或结果为 1 时表示发生溢出；当异或结果为 0 时，则表示没有溢出。

试题 1 答案

（1）D

试题 2（2006 年 5 月试题 2）

若浮点数的阶码用移码表示，尾数用补码表示。两规格化浮点数相乘，最后对结果规格化时，右规的右移位数最多为 ___(2)___ 位。

（2）A. 1 　　　　　　 B. 2 　　　　　　 C. 尾数位数 　　　　　　 D. 尾数位数–1

试题 2 分析

本题考查浮点数的规格化知识。

一个数的浮点形式（设基数为 2）可以表示为：$N=M\times 2^{E}$。其中，M 代表尾数，E 代表阶码。浮点数的精度由尾数的位数决定，数的表示范围由阶码的位数决定。

为了最大限度地使用计算机的精度，充分利用尾数的位数表示有效数据，浮点数采用规格化形式。规格化对尾数的限制是：$1/2 \leqslant |M| < 1$。

所以，规格化浮点数的尾数的取值范围为：

$$[1/2]_{补} \leqslant |M|_{补} < [1]_{补} \text{ 或 } [-1]_{补} \leqslant |M|_{补} < [-1/2]_{补}$$

那么，将两个尾数相乘，积的取值范围为：

$$[1/4]_{补} \leqslant |M_{积}|_{补} < [1]_{补} \text{ 或 } [-1]_{补} \leqslant |M_{积}|_{补} < [-1/2]_{补}$$

浮点运算后，若结果的尾数的绝对值大于等于 1 时要右规，右规时尾数右移一位，阶码加 1；若结果的尾数的绝对值小于 1/2 时要左规，左规时尾数左移一位，阶码减 1。所以，本题中右规时的右移位数最多是 1 位。

试题 2 答案

（2）A

试题 3（2006 年 5 月试题 3～4）

高速缓存 Cache 与主存间采用全相联地址映像方式，高速缓存的容量为 4MB，分为 4 块，每块 1MB，主存容量为 256MB。若主存读写时间为 30ns，高速缓存的读写时间为 3ns，平均读写时间为 3.27ns，则该高速缓存的命中率为__(3)__%。若地址变换表如下所示，则主存地址为 8888888H 时，高速缓存地址为__(4)__H。

地址变换表

0	38H
1	88H
2	59H
3	67H

（3）A. 90　　　　　　B. 95　　　　　　　　C. 97　　　　　　　　D. 99

（4）A. 488888　　　B. 388888　　　　　C. 288888　　　　　D. 188888

试题 3 分析

本题考查高速缓冲存储器地址映像与变换的内容。

高速缓冲存储器（Cache）简称高速缓存，它的功能是提高 CPU 数据输入输出的速率，突破所谓的"冯·诺依曼瓶颈"。使用高速缓存改善系统性能的依据是程序的局部性原理。如果 CPU 需要访问的内容大多能在高速缓存中找到（称为访问命中，hit），则可以大大提高系统的性能。

高速缓存 Cache 的存储系统的平均存取时间可以表示为：$t_3 = h \times t_1 + (1-h) \times t_2$。其中，

Cache 的存取时间 t_1、主存的存取时间 t_2 及平均存取时间为 t_3 已知后，可以求出 Cache 的命中率 h 为 99%。

高速缓存与主存之间有多种地址映射方式。常见的有直接映射方式、全相联映射方式和组相联映射方式。全相联映射方式的基本单元分为两部分：地址部分和数据部分。数据部分用于存放数据，而地址部分则用于存放该数据的存储器地址。当进行映射时，相联存储器把 CPU 发出的存储器地址与高速缓存内所有的地址信息同时进行比较，以确定是否命中。

全相联映射方式的主存地址构成为：块内地址+区号+块号。高速缓存 Cache 的地址构成为：块号+块内地址。

将主存地址 8888888H 从十六进制转换为二进制为 1000100010001000100010001000B。

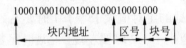

即块内地址为 10001000100010001000B，相联存储器中区号为 100010B，区内块号为 00B，所以相联存储器中存储的是 10001000B=88H。由相联存储器的地址变换表查出 88H Cache 块号为 01B。最后根据 Cache 的地址构成，把 Cache 块号与块内地址连接起来后得到高速缓存 Cache 的地址为 0110001000100010001000B，转换为十六进制后即 188888H。

试题 3 答案

（3）D　　（4）D

试题 4（2006 年 5 月试题 5）

若某计算机系统是由 500 个元器件构成的串联系统，且每个元器件的失效率均为 10^{-7}/H，在不考虑其他因素对可靠性的影响时，该计算机系统的平均故障间隔时间为 （5） 小时。

（5）A. $2×10^4$　　　　　B. $5×10^4$　　　　　C. $2×10^5$　　　　　D. $5×10^5$

试题 4 分析

本题考查计算机系统的可靠性模型基础知识。

计算机系统是一个复杂的系统，常见的系统可靠性数学模型有以下三种（R_n 表示系统各个子系统的可靠性；λ_n 表示系统各个子系统的失效率）。

（1）串联系统（如图 1.2 所示）。

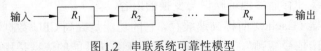

图 1.2　串联系统可靠性模型

系统的可靠性：$R=R_1×R_2×\cdots×R_n$

系统的失效率：$\lambda=\lambda_1+\lambda_2+\cdots+\lambda_n$

（2）并联系统（如图 1.3 所示）。

系统的可靠性：$R=1-(1-R_1)\times(1-R_2)\times\cdots\times(1-R_n)$

系统的失效率：$\mu = \dfrac{1}{\dfrac{1}{\lambda}\sum\limits_{j=1}^{n}\dfrac{1}{j}}$

（3）模冗余系统（如图 1.4 所示）。

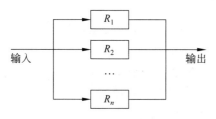
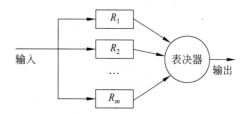

图 1.3　并联系统可靠性模型　　　　　　　图 1.4　模冗余系统可靠性模型

系统的可靠性：$R = \sum\limits_{i=n+1}^{m} C_m^j \times R_0^i (1-R_0)^{m-i}$

根据上述分析，该串联系统的计算机系统的总失效率为各元器件的失效率之和，即为 500×10^{-7}/h=5×10^{-5}/h。

因为平均故障间隔时间（MTBF）与失效率（λ）呈倒数关系，即 $\text{MTBF}=\dfrac{1}{\lambda}$。得出该计算机系统的平均故障间隔时间为 2×10^{4}h。

试题 4 答案

（5）A

试题 5（2006 年 5 月试题 6）

某指令流水线由 5 段组成，各段所需的时间如下图所示。

$$\rightarrow \boxed{\Delta t} \rightarrow \boxed{3\Delta t} \rightarrow \boxed{\Delta t} \rightarrow \boxed{2\Delta t} \rightarrow \boxed{\Delta t} \rightarrow$$

连续输入 10 条指令时的吞吐率为 __(6)__ 。

（6）A. $10/70\triangle t$　　　　B. $10/49\triangle t$　　　　C. $10/35\triangle t$　　　　D. $10/30\triangle t$

试题 5 分析

本题考查的是流水线技术的内容。

解法 1：公式法

流水线的吞吐率（TP）是指在单位时间内流水线完成的任务数量或输出的结果数量。

（1）若流水线各段执行时间相同时，吞吐率的计算公式为：$\text{TP}=\dfrac{n}{T_k}$。其中，n 是任务数，T_k 是处理完成 n 个任务所用的时间。

（2）若流水线各段执行的时间不相同时，吞吐率的计算公式为：

$$TP = \frac{n}{\sum_{i=1}^{m} \Delta t_i + (n-1)\Delta t_j}$$

其中，m 是流水线的段数；Δt 为第 i 段所需时间；n 为任务数；Δt_j 为该段流水线中瓶颈段的时间。将题中已知条件代入上式，求出吞吐率 TP 为 10/35Δt。

解法 2：图示法

可将流水线执行用时空图表示。横轴表示各段执行的时间，纵轴表示执行的各段指令。如图 1.5 所示，第 1 条指令在时空图中用"1"表示，执行后共使用 8Δt；第 2 条指令在时空图中用"2"表示，执行后使用 11Δt，由此可知，从第 2 条指令到第 10 条指令，每条指令执行使用的时间都比前一条多 3Δt。因此，10 条指令共使用的时间为 8+3×9=35Δt。

最后将任务数与连续执行 10 条指令所用的时间相除得到吞吐率。

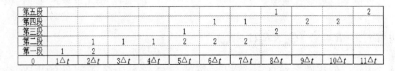

图 1.5　流水线的时空图

试题 5 答案

（6）C

试题 6（2006 年 5 月试题 12）

MPC（Mulitimedia PC）与 PC 的主要区别是增加了　__(12)__　。

（12）A. 存储信息的实体　　　　　　　B. 视频和音频信息的处理能力

　　　　C. 光驱和声卡　　　　　　　　D. 大容量的磁介质和光介质

试题 6 分析

本题考查多媒体计算机（Multimedia Personal Computer，MPC）的基础知识。

Microsoft 公司联合主要 PC 厂商组成的 MPC 市场委员会，在 1993 年制定了 MPC3 的标准。按照 MPC 联盟的标准，多媒体计算机包含 5 个基本单元：个人计算机（CPU、内存、硬盘、显卡）、CD-ROM 驱动器、音频卡、Windows 操作系统及一组音响或耳机。现代 MPC 主要硬件配置必须包括 CD-ROM、音频卡和视频卡，这三方面既是构成现代 MPC 的重要组成部分，也是衡量一台 MPC 功能强弱的基本标志。

多媒体计算机的关键技术如下。

（1）数据压缩和解压缩技术。

多媒体技术要求能实时综合处理图、文、音、视等大量的媒体数据与计算机的处理能力和传输能力的局限之间存在着巨大的矛盾。解决这一矛盾的有效办法是采用一定的数据压缩编码算法。

（2）音频/视频处理专用芯片。

音频/视频专用芯片对于大量、快速、实时进行音频/视频数据的压缩/解压缩、图像处理（缩放、平移、修改等）、音频处理（滤波、去噪等）等工作的多媒体技术十分重要。

（3）多媒体计算机软件核心。

一般地，多媒体的软件主要包括：多媒体操作系统（Windows NT、Linux 等）、多媒体驱动软件（音频/视频支撑软件、音频/视频核心软件等）、多媒体创作工具软件、多媒体应用软件等。

根据题意，选项 A、选项 C、选项 D 都在 PC 中存在，视频和音频信息的处理能力是 MPC 和 PC 的主要区别，因此选项 B 是答案。

试题 6 答案

（12）B

试题 7（2006 年 5 月试题 13）

人眼看到的任一彩色光都是亮度、色调和饱和度三个特性的综合效果，其中　(13)　反映颜色的种类。

（13）A. 色调　　　　　B. 饱和度　　　　　C. 灰度　　　　　D. 亮度

试题 7 分析

本题考查颜色的基本概念。

颜色是人的视觉系统对可见光的感知结果。国际照明委员会（CIE）定义了颜色的三个特征分别为色调、饱和度和亮度。

色调，是指颜色的外观，光谱中的红、橙、黄、绿、青、蓝、紫等是基本色调，它用来区别颜色的名称或反映颜色的种类。

饱和度，是指颜色的鲜艳程度，当在一种颜色中加入其他颜色时，该颜色的饱和度就会降低，它用来区别颜色的程度。

亮度，是指颜色的明暗程度，同一色调因为亮度不同也会产生不同的色调。

在强度/饱和度/色调（intensity/saturation/hue）型颜色空间中的 HSL 模型，H 表示色调（Hue），S 表示饱和度（Saturation），L 表示亮度（Luminance）。该类型颜色空间还有 HIS、HSV、LCH 等模型。

试题 7 答案

（13）A

试题 8（2006 年 5 月试题 14）

CD 上声音的采样频率为 44.1kHz，样本精度为 16b/s，双声道立体声，那么其未经压缩的数据传输率为　(14)　。

（14）A. 88.2kb/s　　　B. 705.6kb/s　　　　　C. 1411.2kb/s　　　　　D. 1536.0kb/s

试题 8 分析

本题考查多媒体音频信息的数字化计算。

　　声音是通过物体振动产生的，是通过介质（空气等）传播并能被人或动物听觉器官所感知的波动现象。噪声在其周期性上表现为无规律性，而有规律的声音可用一条连续的曲线来表示，因此也可称为声波。

　　计算机内的音频必须是数字形式的。数字音频是由模拟音频经过采样、量化和编码后得到的。相应地，数字化音频的质量也取决于采样频率和量化位数这两个重要参数。采样是指在某些特定的时刻对模拟信号进行取值。采样的过程是每隔一个时间间隔在模拟信号的波形上取一个幅度值，把时间上的连续信号变成时间上的离散信号。该时间间隔称为采样周期 t，其倒数为采样频率 $f_s=1/t$。

　　奈奎斯特采样定理规定：声音信号的采样频率要用大于原始声音信号最高频率的两倍来进行采样，才能保证原模拟信号不丢失。

　　一般地，人的听觉带宽大约在 20Hz~2kHz 之间，人敏感的声频最高为 22kHz，数字音频文件中对音频的采样频率为 44.1kHz；人的话音频率不超过 4kHz，电话话音编码带宽为 0.3～3.4kHz，其采样频率为 8kHz。

　　声音信息每秒钟存储声音容量的公式为：

　　字节数=采样频率×采样精度（位数）×声道数/8

　　根据题意，未经压缩的数据传输率为 44.1×16×2=1411.2(kb/s)。

试题 8 答案

　　（14）C

试题 9（**2006 年 5 月试题 17**）

　　开发专家系统时，通过描述事实和规则由模式匹配得出结论，这种情况适用的开发语言是　（17）　。

　　（17）A. 面向对象语言　　　　　　　　　　B. 函数式语言

　　　　　C. 过程式语言　　　　　　　　　　　D. 逻辑式语言

试题 9 分析

　　本题考查的是程序设计语言的基本知识。

　　程序设计语言是用于编写计算机程序的语言。按照程序设计语言的级别可以分为低级语言和高级语言。低级语言有机器语言和汇编语言，它与特定的机器有关、功效高，但使用烦琐、复杂、易出错。相比而言，高级语言更接近待解决问题的表示方法，具有与具体机器无关、易学、易用、易维护的特点。

　　面向对象语言的出发点是为了更直接地描述客观世界中存在的事物（对象）以及它们之间的关系。面向对象语言是一类以对象作为基础程序结构单位的程序设计语言，其中对象是基本运算单位，由它的私有数据类型以及对这些数据类型进行处理的操作（即方法）组成。面向对象语言的主要特点有数据抽象、信息隐蔽、信息继承、多态性、动态绑定等。典型的面向对象语言有 C++、Java、Smalltalk 等。

　　函数式程序设计的数据结构本质上是表，而函数又可以作为值出现在表中，因此函数式程序的控制结构取决于函数，以及函数的定义和调用。函数式语言主要用于符号数据处理，如微分和积分演算、数理逻辑、游戏推演以及人工智能等其他领域。典型的函数式程序设计语言有 LISP 等。

过程式语言是面向动作的传统的程序设计语言，即一个计算过程可看做是一系列动作。一个过程式语言程序由一系列的语句组成，每个语句的执行引起若干存储单元中值的改变。过程式语言的特点是通过使用赋值语句改变变量的状态来完成各种任务。典型的过程式语言有 FORTRAN、COBOL、Pascal 等。

逻辑式程序设计语言编写程序时不需要描述具体的解题过程，只需要给出一些必要的事实和规则。这些规则是解决问题的方法的规范说明，根据这些事实和规则，计算机利用谓词逻辑，通过演绎推理得到求解问题的执行序列。这种语言主要用在人工智能领域，也应用在自然语言处理、数据库查询、算法描述等方面，尤其适合于作为专家系统的开发工具。典型的逻辑型程序设计语言有 Prolog 等。

试题 9 答案

（17）D

试题 10（2006 年 5 月试题 18）

高级程序设计语言中用于描述程序中的运算步骤、控制结构及数据传输的是 （18） 。

（18）A. 语句　　　　B. 语义　　　　C. 语用　　　　D. 语法

试题 10 分析

本题考查的是程序设计语言的基本成分。

程序设计语言用来编写计算机程序。语言的基础是一组记号和一组规则。根据规则由记号构成的记号串的总体就是语言。程序设计语言包含三个方面，即语法、语义和语用。

（1）语法的重点是"法"，它是语言组合与使用的准则，表示程序的结构或形式。

（2）语义的重点是"义"，它是语言编写的程序的含义，表示不同的语法结构的特定含义。

（3）语用的重点是"用"，表示程序与使用的关系。在程序设计中，语言的描述都是围绕语法结构展开的。通常先给出各种语句结构的语法，然后给出对应该结构的语义以描述内在含义。

（4）语句用于描述程序中的运算步骤、控制结构及数据传输。

试题 10 答案

（18）A

试题 11（2006 年 5 月试题 19～20）

为了解决进程间的同步和互斥问题，通常采用一种称为 （19） 机制的方法。若系统中有 5 个进程共享若干个资源 R，每个进程都需要 4 个资源 R，那么使系统不发生死锁的资源 R 的最少数目是 （20） 。

（19）A. 调度　　　　B. 信号量　　　　C. 分派　　　　D. 通讯

（20）A. 20　　　　　　　B. 18　　　　　　　C. 16　　　　　　　D. 15

试题 11 分析

本题考查的是操作系统中进程同步与进程互斥的基本知识及应用。

进程互斥是指某一资源同时只允许一个访问者对其访问，具有唯一性和排他性。进程同步是指在互斥的基础上，通过其他机制实现访问者对资源的有序访问。也就是说，同步中已经实现了互斥。

在系统中的某一阶段，多个进程竞争同一资源可能会发生死锁，若无外力作用，这些进程都将永远不能再向前推进。为此，在操作系统的进程管理中最常用的方法是采用信号量（Semaphore）机制。信号量是表示资源的实体，是一个与队列有关的整型变量，其值仅能由 P、V 操作改变。"P 操作"是检测信号量是否为正值，若不是，则阻塞调用进程；"V 操作"是唤醒一个阻塞进程恢复执行。根据用途不同，信号量分为公用信号量和私用信号量。公用信号量用于实现进程间的互斥，初值通常设为 1，它所联系的一组并行进程均可对它实施 P、V 操作；私用信号量用于实现进程间的同步，初始值通常设为 0 或 n。

解法 1：公式法

系统需要的最少资源数可用以下公式表示：

$M+N>M$ 所需的资源数

其中，M 表示进程数；N 表示系统需要的资源数。即 $5+N>5\times4$，$N>15$。

所以，使系统不发生死锁的资源 R 的最少数目是 16。

解法 2：选项验证法

根据题意，5 个进程共享若干个资源 R，每个进程都需要 4 个资源 R，显然分配 20 个 R 资源能使系统不发生死锁，但不是最少数目。因此，首先排除选项 A。再从最少的选项 D 看，分配 15 个 R 资源，使得每个进程拥有 3 个 R 资源，因此只要再分配 1 个 R 资源，就能保证一个进程运行完成，当这个进程释放资源后，其他进程又可以继续运行，直到全部进程完成。因此排除选项 D，选择选项 C。

实际上，信息系统管理工程师考试的上午卷中很多选题都可以应用选项验证法来排除和验证，以此快速定位选项。

试题 11 答案

（19）B　　　（20）C

试题 12（2006 年 5 月试题 21）

在 UNIX 操作系统中，把输入/输出设备看做是 ___（21）___ 。

（21）A. 普通文件　　　B. 目录文件　　　C. 索引文件　　　D. 特殊文件

试题 12 分析

本题考查的是 UNIX 操作系统中设备管理的基本内容。

UNIX 操作系统是一种强大的多任务、多用户操作系统。它在具有交互性、多用户、多任务特点的同时，还拥有移植性好、分级的文件结构，I/O 重定向和管道等特点。通常

UNIX 操作系统被分为三个主要部分，即内核、Shell 和文件系统。

内核是 UNIX 操作系统的核心，直接控制计算机的各种资源。Shell 是 UNIX 内核与用户之间的接口，是 UNIX 的命令解释器。常见的 Shell 有 Bourne Shell（sh）、Korn Shell（ksh）、C Shell（csh）、Bourne-again Shell（bash）等。文件系统用于对存储在存储设备中的文件进行组织管理。通常按照目录层次的方式组织。

UNIX 文件类型分为以下 4 种。

（1）普通文件（-）：又分为文本文件、二进制文件、数据文件。文本文件主要包括 ASCII 文本文件、英文文本文件和一些可执行的脚本文件等；二进制文件主要是 32 位的可执行文件等；数据文件主要是系统中的应用程序运行时产生的文件。

（2）目录文件（d）：目录文件是用来存放文件目录的。

（3）设备文件（1）：设备文件代表着某种设备，一般放在/dev 目录下。它分为块设备文件和字符设备文件，块设备文件以区块为输入输出单元，如磁盘；字符设备文件是以字符作为输入输出单元，如串口。

（4）链接文件（b/c）：链接文件类似于 Windows 系统中的快捷方式，它指向链接文件所链接着的文件。

输入/输出设备在 UNIX 操作系统中是作为特殊文件的。在 UNIX 系统中包括两类设备：块设备和字符设备。设备特殊文件有一个索引节点，在文件系统目录中占据一个节点，但其索引节点上的文件类型与其他文件不同，是"块"或者是"字符"特殊文件。

试题 12 答案

（21）D

试题 13（2006 年 5 月试题 22）

某软盘有 40 个磁道，磁头从一个磁道移至另一个磁道需要 5ms，文件在磁盘上非连续存放，逻辑上相邻数据块的平均距离为 10 个磁道，每块的旋转延迟时间及传输时间分别为 100ms 和 25ms，则读取一个 100 块的文件需要　（22）　时间。

（22）A. 17500ms　　　　B. 15000ms　　　　C. 5000ms　　　　D. 25000ms

试题 13 分析

本题考查操作系统中设备管理的基本知识。

根据题意，读取磁道上数据的处理时间是 100 块文件处理时间的总和。读取一个数据块的时间=寻道时间+旋转延迟时间及传输时间。每块的旋转延迟时间及传输时间共需 125ms，磁头从一个磁道移动到另一个磁道需要 5ms，但文件在磁盘上非连续存放，逻辑上相邻数据块的平均距离为 10 个磁道，即读完一个数据块到下一个数据块寻道时间需要 50ms。所以，读取一个数据块需要 175ms，而读取一个 100 块的文件共需要 17500ms。

试题 13 答案

（22）A

试题 14（2006 年 5 月试题 58）

使用 RAID 作为网络设备有许多好处，以下关于 RAID 的叙述中不正确的是 　(58)　。

（58）A. RAID 使用多块廉价磁盘阵列构成，提高了性能价格比

　　　B. RAID 采用交叉存取技术，提高了访问速度

　　　C. RAID 0 使用磁盘镜像技术，提高了可靠性

　　　D. RAID 3 利用一台奇偶校验盘完成容错功能，减少了冗余磁盘数量

试题 14 分析

本题考查计算机存储的 RAID 类型和特性的知识。

RAID 即廉价的磁盘冗余阵列，是由若干个物理磁盘构成的一个阵列磁盘，数据分散存放在阵列中的物理磁盘上，冗余的磁盘容量用于存放校验信息，用于保证单个磁盘失效时的数据恢复。

采用 RAID 的主要原因是：提高传输速度；扩充存储能力以及可高效恢复磁盘。

RAID 技术主要包括 RAID 0~RAID 50 等数个规范。常见的规范有如下几种。

（1）RAID 0：没有容错设计的条带磁盘阵列，仅提供并行交叉存取功能。RAID 0 只是单纯地提高性能，并没有为数据的可靠性提供保证，而且其中的一个磁盘失效将影响到所有的数据。RAID 0 不能应用于数据安全性高的场合。

（2）RAID 1：具有磁盘镜像和双工功能，可利用并行读/写特性，将数据块同时写入主盘和镜像盘。RAID 1 是磁盘阵列中单位成本最高的，但提高了很高的数据安全性和可用性。当一个磁盘失效时，系统可以自动切换到镜像磁盘上读写，而不需要重组失效的数据。

（3）RAID 2：使用了海明码的编码技术来提供校验与纠错功能。这种编码技术需要多个磁盘存放检查及恢复信息，使得 RAID 2 技术实施复杂，成本昂贵，目前已不使用。

（4）RAID 3：具有并行传输和校验功能的磁盘阵列。RAID 3 与 RAID 2 类似，都将数据条块化分布于不同的硬盘上，区别在于 RAID 3 使用简单的奇偶校验，并用单块磁盘存放奇偶校验信息。如果一块磁盘失效，奇偶盘及其他数据盘可以重新产生数据；如果奇偶盘失效则不影响数据使用。RAID 3 对于大量的连续数据可提供很好的传输率，但对于随机数据来说，奇偶盘会成为写操作的瓶颈。

（5）RAID 4：具有独立的数据硬盘和共享的校验硬盘。RAID 4 使用一块磁盘作为奇偶校验盘，每次写操作都需要访问奇偶盘，因此会引起写操作的瓶颈，RAID 4 使用较少。

（6）RAID 5：具有独立的数据硬盘和分布式校验块。RAID 5 中大部分数据传输只对一块磁盘操作，并可进行并行操作。在 RAID 5 中每一次写操作将产生 4 个实际的读/写操作，其中两次读旧的数据及奇偶信息，两次写新的数据及奇偶信息。

（7）RAID 6：具有独立的数据硬盘与两个独立的分布式校验方案。两个独立的奇偶系统使用不同的算法，数据的可靠性非常高，即使两块磁盘同时失效也不会影响数据的使用。较差的性能和复杂的实施方式使得 RAID 6 很少得到实际应用。

（8）RAID 7：是 RAID 6 的改进，具有最优化的异步高 I/O 速率和高数据传输率。RAID

7 可以看做是一种存储计算机，它与其他 RAID 标准有明显的区别。这种阵列中的所有磁盘，都具有较高的传输速度，有着优异的性能，是目前最高档次的磁盘阵列。

（9）RAID 10：又称为 RAID 0+1 标准，是一种高可靠性与高性能的组合。这种 RAID 是由多个 RAID 等级组合而成，它的优点是同时拥有 RAID 0 的超凡速度和 RAID 1 的数据高可靠性，但是 CPU 占用率同样也更高，而且磁盘的利用率比较低。目前几乎所有的 RAID 控制卡都支持这一等级。

（10）RAID 5E：是在 RAID 5 级别基础上的改进。与 RAID 5 类似，数据的校验信息均匀分布在各硬盘上，但是在每个硬盘上都保留一部分未使用的空间，这部分空间没有进行条带化，最多允许两块物理硬盘出现故障。

（11）RAID 5EE：与 RAID 5E 相比，RAID 5EE 的数据分布更有效率，每个硬盘的一部分空间被用做分布的热备盘。当阵列中的物理硬盘出现故障时，数据重建的速度会更快。

（12）RAID 50：是 RAID 5 与 RAID 0 的结合。RAID 50 具备更高的容错能力，允许某个组内有一个磁盘出现故障，而不会造成数据丢失，同时重建速度有很大提高，但是故障后重建信息的时间比镜像配置情况下要长。

试题 14 答案

（58）C

试题 15（2007 年 5 月试题 1）

　　__(1)__ 不属于计算机控制器中的部件。

（1）A. 指令寄存器 IR　　　　　　　　　　B. 程序计数器 PC
　　　C. 算术逻辑单元 ALU　　　　　　　　D. 程序状态字寄存器 PSW

试题 15 分析

本题考查的是计算机系统硬件的基础知识。

构成计算机控制器的硬件主要有指令寄存器 IR、程序计数器 PC、程序状态寄存器 PSW、时序部件和微操作形成部件等。

中央处理器 CPU 是一台计算机的运算核心和控制核心。CPU、内部存储器和输入/输出设备构成计算机三大核心部件。其功能主要是解释计算机指令以及处理计算机软件中的数据。CPU 由运算器、控制器和寄存器及实现它们之间联系的数据、控制及状态的总线构成。算术逻辑单元 (Arithmetic-Logic Unit, ALU)是中央处理器 CPU 的执行单元，是所有中央处理器的核心组成部分，由 And Gate（与门）和 Or Gate（或门）构成的算术逻辑单元，主要功能是进行二位元的算术运算。

根据题意，算术逻辑单元 ALU 不是构成控制器的部件。

试题 15 答案

（1）C

试题 16（2007 年 5 月试题 2）

在 CPU 与主存之间设置高速缓冲存储器 Cache 的目的是为了__(2)__。

（2）A. 扩大主存的存储容量　　　　　　B. 提高 CPU 对主存的访问效率

　　　C. 既扩大主存容量又提高存取速度　D. 提高外存储器的速度

试题 16 分析

本题考查高速缓存的基础知识。

Cache 的基本原理：它是为了提高存储系统的存取速度而设定的。其理论依据是程序访问的局部性原理。即在一个较短的时间间隔内，CPU 对局部范围的存储器地址频繁访问，而对此地址范围以外的地址访问很少。

高速缓存 Cache 位于 CPU 和主存之间，由硬件实现；容量小，一般在几 KB 到几 MB 之间；速度一般比主存快 5～10 倍，由快速半导体存储器制成；其内容是主存内容的副本，对程序员来说是透明的；Cache 既可存放程序也可存放数据。

当 CPU 访问存储器时，先要将访问的地址通过地址总线送到 Cache 中的页表，与页表中所保存的地址进行比较，以确定要访问地址中的信息是否已经调入高速缓存。

如果比较符合，说明该地址的信息已调入高速缓存。若是读操作则从高速缓存中读出，通过数据总线送到 CPU。

如果比较不符合，说明该地址的信息没有调入高速缓存，必须对主存进行读写操作。若是读操作，就是把该地址的信息从主存读到 CPU，同时将该地址所在的一个页面读出送到高速缓存，对应的地址送到页表。此时若高速缓存已满，则用新页面替换原存于高速缓存中"最近最少使用"的页面。若是写操作，只要将信息写入主存指定地址即可。

试题 16 答案

（2）B

试题 17（2007 年 5 月试题 3）

　　（3）　不是 RISC 设计应遵循的设计原则。

（3）A. 指令条数应少一些

　　B. 寻址方式尽可能少

　　C. 采用变长指令，功能复杂的指令长度长而简单指令长度短

　　D. 设计尽可能多的通用寄存器

试题 17 分析

本题考查指令系统的基础知识。

（1）RISC 指令系统。

代表精简指令系统计算机。其特点包括以下几点。

- 选取使用频率最高的一些简单指令，以及很有用但不复杂的指令。
- 指令长度固定，指令格式种类少，寻址方式种类少。
- 只有取数/存数指令访问存储器，其余指令的操作都在寄存器之间进行。
- 大部分指令在一个机器周期内完成。
- CPU 中通用寄存器数量相当多。

- 以硬布线控制为主，不用或少用微指令码控制。
- 一般用高级语言编程，特别重视编译优化工作，并采用指令流水线调度，以减少程序执行时间。

（2）CISC 指令系统。

代表复杂指令计算机。其特点包括以下几点。

- 指令系统复杂庞大，指令数目一般多达 200~300 条。
- 寻址方式多。
- 指令格式多。
- 指令字长不固定。
- 可访存指令不受限制。
- 各种指令使用频率相差很大。
- 各种指令执行时间相差很大。
- 大多数采用微程序控制器。

试题 17 答案

（3）C

试题 18（2007 年 5 月试题 4）

计算机各功能部件之间的合作关系如下图所示。假设图中虚线表示控制流，实线表示数据流，那么 a、b 和 c 分别表示___（4）___。

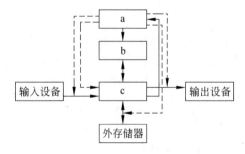

（4）A. 控制器、内存储器和运算器　　　　B. 控制器、运算器和内存储器

　　　C. 内存储器、运算器和控制器　　　　D. 内存储器、控制器和运算器

试题 18 分析

本题考查计算机硬件的基础知识。

按照冯·诺依曼体系结构的设计思想，一个完整的计算机硬件系统由运算器、控制器、存储器、输入设备和输出设备组成。

（1）运算器：进行算术和逻辑运算的部件，运算数据以二进制格式给出，它可以从存储器取出或来自输入设备，运算结构或写入存储器或通过输出设备输出。

（2）控制器：协调整个计算机系统的正常工作，它主要包括指令寄存器、指令译码及时序控制等部件。运算器和控制器又可成为中央处理器 CPU，它是计算机的核心部件。

（3）存储器：存放数据和程序的部件，它通过地址线和数据线与其他部件相连。存储器又可分为外存储器和内存储器。其中，外存储器一般存储需要长期放置的各种数据和程序，而内存储器则存储现场待操作的信息与中间结果，包括机器指令和数据。CPU 和内存储器又称为计算机的系统单元。

（4）输入/输出设备：包括各种输入/输出设备及相应的输入/输出接口。外存储器、输入/输出设备又称为计算机的外部设备，即外设。

根据题意，计算机各功能部件关系图中 c 为内存储器，而 a 为控制器，b 为运算器。

试题 18 答案

（4）B

试题 19（2007 年 5 月试题 5）

____(5)____ 是指系统或组成部分能在其他系统中重复使用的特性。

（5）A. 可扩充性　　　　B. 可移植性　　　　C. 可重用性　　　　D. 可维护性

试题 19 分析

本题考查软件质量属性的基本知识。

McCall 软件质量模型如图 1.6 所示。

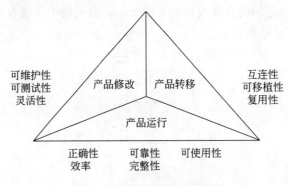

图 1.6　McCall 软件质量模型

系统可扩充性是指系统处理能力和系统功能的可扩充程度，分为系统结构的可扩充能力、硬件设备的可扩充性和软件功能可扩充性等。

系统可移植性是指将系统从一种硬件环境/软件环境下移植到另一种硬件环境/软件环境下所需付出努力的程度，该指标取决于系统中软硬件特性以及系统分析和设计中关于其他性能指标的考虑。

系统可维护性是指将系统从故障状态恢复到正常状态所需努力的程度，一般使用"平均修复时间"来衡量系统的可维护性。

系统可重用性，即复用性，是指系统和（或）其组成部分能够在其他系统中重复使用的程度，分为硬件可重用性和软件可重用性。

试题 19 答案

（5）C

试题 20（2007 年 5 月试题 6）

针对某计算机平台开发的软件系统，其　(6)　越高，越不利于该软件系统的移植。

（6）A. 效率　　　　　B. 成本　　　　　C. 质量　　　　　D. 可靠性

试题 20 分析

本题考查的是软件质量的基本知识。

可移植性是软件质量之一，良好的可移植性可以提高软件的生命周期。代码的可移植性主题是软件。可移植性是软件产品的一种能力属性，其行为表现为一种程度，而表现出来的程度与环境密切相关。

软件系统的可移植性指软件从某一环境转移到另一环境下的难易程度。为获得较高的可移植性，在设计过程中常采用通用的程序设计语言和运行支撑环境。尽量不用与系统底层相关性强的语言。

根据题意，开发效率越高的软件系统，其与硬件或软件环境相关性越强，越不利于软件系统的移植。可靠性、质量等越高的软件系统，越有利于软件系统的移植。

试题 20 答案

（6）A

试题 21（2007 年 5 月试题 7）

系统响应时间和作业吞吐量是衡量计算机系统性能的重要指标。对于一个持续处理业务的系统而言，其　(7)　。

（7）A. 响应时间越短，作业吞吐量越小　　　B. 响应时间越短，作业吞吐量越大

　　　C. 响应时间越长，作业吞吐量越大　　　D. 响应时间不会影响作业吞吐量

试题 21 分析

本题考查计算机系统的总体性能标准的基础知识。

作业吞吐量是对单位时间内完成的工作量的度量。系统响应时间是指提交请求和返回该请求的响应之间使用的时间。

如果一个给定系统持续地收到用户提交的任务请求，则系统的响应时间将对作业吞吐量造成一定影响。通常，对于一个持续处理业务的系统而言，每个任务的响应时间越短，则系统的空闲资源越多，系统作业吞吐量越大；反之，每个任务的响应时间越长，系统作业吞吐量越小。但是，反过来，系统吞吐量越大，平均响应时间不一定越短，比如在不增加任何硬件配置的吞吐量增大的情况下，会把平均响应时间为代价，换取一段时间处理更多的请求。

试题 21 答案

（7）B

试题 22（2007 年 5 月试题 8）

在客户-服务器系统中，　（8）　任务最适于在服务器上处理。

（8）A. 打印浏览　　　　　　　　　　B. 数据库更新

　　　C. 检查输入数据格式　　　　　　D. 显示下拉菜单

试题 22 分析

本题考查客户-服务器系统的基本知识。

客户-服务器系统，简称 C-S 系统，是一类分布式计算机系统。在这个应用模式中，用户只关心完整地解决自己的应用问题，而不关心这些应用问题由系统中哪台或哪几台计算机来完成。在客户-服务器系统中，能为应用提供服务（如文件服务，打印服务，拷贝服务，图像服务，通信管理服务等）的计算机或处理器，当其被请求服务时就成为服务器。一台计算机可能提供多种服务，一个服务也可能要由多台计算机组合完成。与服务器相对，提出服务请求的计算机或处理器在当时就是客户机。从客户应用角度看，这个应用的一部分工作在客户机上完成，其他部分的工作则在（一个或多个）服务器上完成。客户-服务器系统的优点在于：用户使用简单、直观；编程、调试和维护费用低；系统内部负荷可以做到比较均衡，资源利用率较高；允许在一个客户机上运行不同计算机平台上的多种应用；系统易于扩展，可用性较好，对用户需求变化的适应性较好等。由于上述这些优点，客户-服务器系统已广泛应用于中小型企业。

根据题意，客户-服务器系统中服务器配置大容量存储器并安装数据库系统，用于数据的存放和数据检索；客户端安装专用的软件，负责数据的输入、运算和输出。数据库更新任务最适于在服务器上处理。

试题 22 答案

（8）B

试题 23（2007 年 5 月试题 9～10）

某系统的进程状态转换如下图所示，图中 1、2、3 和 4 分别表示引起状态转换时的不同原因，原因 4 表示　（9）　；一个进程状态转换会引起另一个进程状态转换的是　（10）　。

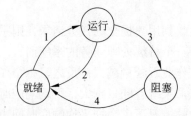

（9）A. 就绪进程被调度　　　　　　　　B. 运行进程执行了 P 操作

　　　C. 发生了阻塞进程等待的事件　　　D. 运行进程时间片到了

（10）A. 1→2　　　　　B. 2→1　　　　　C. 3→2　　　　　D. 2→4

试题 23 分析

本题考查计算机操作系统进程管理的基础知识。

进程是操作系统中最基本的概念。一般来说，按照进程在执行过程中的不同状态至少定义三种不同的进程状态：运行态、就绪态和等待态（又称为阻塞态）。一个进程在创建之后将处于就绪状态。每个进程在执行过程中，任一时刻当且仅当处于如上三种状态之一，同时，在一个进程执行过程中，它的状态将发生改变。

引起进程状态转换的原因如下所述。

（1）运行态→等待态：等待使用资源，如等待外设传输，等待人工干预。

（2）等待态→就绪态：资源得到满足，如外设传输结束，人工干预完成。

（3）运行态→就绪态：运行时间片到，出现有更高优先权进程。

（4）就绪态→运行态：CPU 空闲时选择一个就绪进程。

根据题意，图中原因 1 是由于调度程序的调度引起的；原因 2 是由于时间片用完引起的；原因 3 是由于 I/O 请求引起的，而原因 4 是由于 I/O 完成引起的。

一个进程状态转换引起另一个进程状态转换中 2→1 是可能的，因为当前运行进程的时间片用完，会引起调度程序调度另一个进程投入运行。

试题 23 答案

（9）C　　（10）B

试题 24（2007 年 5 月试题 11）

Windows 的文件关联是将一类文件与一个相关的程序建立联系，当用鼠标双击这类文件时，Windows 就会　(11)　。

（11）A. 弹出对话框提示用户选择相应的程序执行

　　　 B. 自动执行关联的程序，打开文件供用户处理

　　　 C. 顺序地执行相关的程序

　　　 D. 并发地执行相关的程序

试题 24 分析

本题考查 Windows 操作系统中文件关联的基础知识。

Windows 系统中具有文件关联的功能，它大大增加了日常使用操作系统的便利性。所谓的文件关联就是指系统把指定扩展名的文件自动关联到相应的应用程序，比如.doc 文件默认情况下就自动和 Microsoft Word 程序关联。当用户双击.doc 文件的时候，系统会自动用 Microsoft Word 打开这个文件。

以 Windows XP 操作系统为例，设置文件关联的方式为：打开"我的电脑"，单击上面的"工具"选择"文件夹选项"，然后选择"文件类型"，找出要找的后缀名，选择好之后，修改要打开这个类型的程序就可以了。Windows 的文件关联是将一类文件与一个相关的程序建立联系，当双击这类文件时，Windows 就会自动执行关联的程序，打开文件供用户处理。

试题 24 答案

（11）B

试题 25（2007 年 5 月试题 12）

结构化程序中的基本控制结构不包括__（12）__。

（12）A. 嵌套   B. 顺序   C. 循环   D. 选择

试题 25 分析

本题考查程序设计语言的基础知识。

控制成分指明语言允许表达的控制结构，程序员使用控制成分来构造程序中的控制逻辑。理论上已经表明，可计算问题的程序都可以用顺序、选择和循环三种控制结构来描述。

（1）顺序结构：在顺序结构程序中，各语句是按照位置的先后次序顺序执行的，且每个语句都会被执行到。

（2）选择结构：提供了在两种或多种分支中选择其中一个的逻辑。

（3）循环结构：描述了重复计算的过程，通常由三个部分组成，即初始化、需要重复计算的部分和重复的条件。

试题 25 答案

（12）A

试题 26（2007 年 5 月试题 13）

软件开发人员通常用__（13）__软件编写和修改程序。

（13）A. 预处理   B. 文本编辑   C. 链接   D. 编译

试题 26 分析

本题考查的是程序设计语言的基础知识。

软件开发人员通常用文本编辑软件编写和修改程序，如 UltraEdit 软件就是一款较为常用的文本编辑器。它可以编辑文本、十六进制、ASCII 码，可以取代记事本，内建英文单字检查、C++及 VB 指令突显、HTML 标签颜色显示等功能。

预处理是指在程序源代码被编译之前，由预处理器对程序源代码进行的处理，而编译简单地说就是把高级语言变成计算机可以识别的二进制语言。

试题 26 答案

（13）B

试题 27（2007 年 5 月试题 44）

磁盘冗余阵列技术的主要目的是为了__（44）__。

（44）A. 提高磁盘存储容量   B. 提高磁盘容错能力

      C. 提高磁盘访问速度   D. 提高存储系统的可扩展能力

试题 27 分析

本题考查计算机存储的 RAID 的基础知识。

由试题 14 分析所知，RAID 即廉价的磁盘冗余阵列，可以提高磁盘数据的容错能力。

它是由若干个物理磁盘构成的一个阵列磁盘，数据分散存放在阵列中的物理磁盘上，冗余的磁盘容量用于存放校验信息，用于保证单个磁盘失效时的数据恢复。

采用 RAID 的原因还包括：提高传输速度；扩充存储能力以及可高效恢复磁盘等。RAID 技术主要包括 RAID 0~RAID 50 等数个规范。目前经常使用的是 RAID5 和 RAID0+1。

试题 27 答案

（44）B

试题 28（2007 年 5 月试题 52）

系统可维护性主要通过　（52）　来衡量。

（52）A. 平均无故障时间　　　　　　　　　B. 系统故障率

　　　　C. 平均修复时间　　　　　　　　　　D. 平均失效间隔时间

试题 28 分析

本题考查软件质量属性的基础知识。

由试题 19 的分析所知，系统可维护性是指将系统从故障状态恢复到正常状态所需努力的程度，一般使用"平均修复时间"来衡量系统的可维护性。平均无故障时间、平均故障率和平均失效间隔等主要是用来衡量系统的可靠性。

试题 28 答案

（52）C

试题 29（2007 年 5 月试题 53）

当采用系统性能基准测试程序来测试系统性能时，常使用浮点测试程序 Linpack、Whetstone 基准测试程序、SPEC 基准程序、TPC 基准程序等。其中　（53）　主要用于评价计算机事务处理性能。

（53）A. 浮点测试程序 Linpack　　　　　　B. Whetstone 基准测试程序

　　　　C. SPEC 基准程序　　　　　　　　　D. TPC 基准程序

试题 29 分析

本题考查的是基准测试程序的基础知识。

常见的一些计算机系统的性能指标大都是用某种基准程序测量出来的结果。下面介绍几类系统性能的基准测试程序，按评价准确性递减的顺序说明。

（1）实际的应用程序方法：运行例如 C 编译程序、CAD 工具等。

（2）核心基准程序方法：从实际的程序中抽取少量关键循环程序段，并用它们来评价机器的性能。

（3）简单基准测试程序：通常只有 10~100 行而且运行结果是可以预知的。

（4）综合基准测试程序：是为了体现平均执行而人为编制的，类似于核心程序，没有任何用户可以真正运行综合基准测试程序。

（5）整数测试程序：用 C 语言编写，100 条语句。

（6）浮点测试程序 Linpack：用 FORTRAN 语言编写，主要是浮点加法和浮点乘法操作。

（7）Whetstone 基准测试程序：用 FORTRAN 语言编写的综合性能测试程序，主要由执行浮点运算、整数算术运算、功能调用、数组变址、条件转移和超越函数的程序组成。

（8）SPEC 基准程序：是由 SPEC 开发的一组用于计算机性能综合评价的程序。以对 VAX11/780 机的测试结果作为基数，其他计算机的测试结果以相对于这个基数的比例来表示。该基准程序能较全面地反映机器性能，有一定的参考价值。

（9）TPC 基准程序：是由 TPC 开发的评价计算机事务处理性能的测试程序，用以评价计算机在事务处理、数据库处理、企业管理与决策支持系统等方面的性能。

试题 29 答案

（53）D

试题 30（2008 年 5 月试题 1）

在计算机体系结构中，CPU 内部包括程序计数器 PC、存储器数据寄存器 MDR、指令寄存器 IR 和存储器地址寄存器 MAR 等。若 CPU 要执行的指令为：MOV R0，#100（即将数值 100 传送到寄存器 R0 中），则 CPU 首先要完成的操作是 （1） 。

（1）A. 100→R0　　　　B. 100→MDR　　　　C. PC→MAR　　　　D. PC→IR

试题 30 分析

本题考查的是计算机基本工作原理。

计算机指令执行过程按照时间顺序可以分为以下 6 个步骤。

（1）CPU 发出指令地址：在控制器的控制下，把指令地址送入内存的地址寄存器中。

（2）读取指令：待指令地址送给内存后，控制器向内存发出读控制信号，按指令地址从指定单元读取指令。指令读出后先暂时存储在内存的数据寄存器中。

（3）指令送指令寄存器：在控制器的控制下，指令从内存的数据寄存器取出，结果数据总线送入控制器的指令寄存器。

（4）指令译码：指令寄存器中操作码部分送指令译码器，经过指令译码器分析产生相应的操作控制信号送各个执行部件，

（5）按指令操作码执行：根据指令译码器产生的控制信号，完成相应的操作。

（6）形成下一条要取指令的地址。

根据题意，CPU 要执行的指令为：MOV R0，#100（即将数值 100 传送到寄存器 R0 中），则 CPU 首先要完成的操作是把要执行的指令地址送给 PC，访问内存获取指令，即 PC→MAR。接下来的操作如下所示，其中 MBR 为存储器缓冲寄存器：

Memory→MBR

MBR→IR

PC→PC+1

试题 30 答案

（1）C

试题 31（2008 年 5 月试题 2）

使用 __(2)__ 技术，计算机微处理器可以在完成一条指令前就开始执行下一条指令。

(2) A. 迭代   B. 流水线   C. 面向对象   D. 中间件

试题 31 分析

本题考查流水线技术的基本内容。

按照试题 30 的分析，计算机中一条指令的执行需要进行若干个步骤。使用流水线技术，计算机的微处理器可以在完成一条指令前就开始执行下一条指令。为了提高 CPU 的性能，通常采用流水线技术实现指令的执行。流水线技术对性能的提升程度又取决于执行顺序中最花费时间的那一步。

试题 31 答案

(2) B

试题 32（2008 年 5 月试题 5）

内存按字节编址，地址从 90000H 到 CFFFFH，若用存储容量为 16K×8bit 的存储器芯片构成该内存，至少需要 __(5)__ 片。

(5) A. 2   B. 4   C. 8   D. 16

试题 32 分析

本题考查的是内存地址的计算问题。

存储器是计算机系统中的记忆设备，用来存放程序和数据。存储容量=存储单元个数×存储字长。主存容量是指主存中存放二进制代码的总数。存储容量常用字节数（B）来表示，外存中为了表示更大的存储容量，采用 GB、TB 等单位。它们之间的关系可以表示为：

bit   8：1   Byte   1024：1   KB   1024：1   MB   1024：1   GB   1024：1   TB
位   字节

根据题意，内存按字节编址，地址从 90000H 到 CFFFFH 所构成的容量与若干片用存储容量为 16K×8b 的存储器芯片构成的容量相同。因此，先求出内存地址区间为 90000H 到 CFFFFH 所占的存储容量，然后与存储容量为 16K×8b 的存储器芯片容量相除，得到所需要的存储器芯片的数量。

(1) 计算出存储容量：

$$CFFFFH－90000H=3FFFFH$$

内存按字节编址，3FFFFH，即 2^{18}B。

(2) 计算出需要几片这样的存储器芯片：

$$2^{18}B/16K×8b =2^{18}B/ (2^{10}×2^{4} B) =2^{4}(片)$$

试题 32 答案

(5) D

试题 33（2008 年 5 月试题 4）

在计算机中，数据总线宽度会影响　(4)　。

（4）A. 内存容量的大小　　　　　　　　B. 系统的运算速度

　　　C. 指令系统的指令数量　　　　　　D. 寄存器的宽度

试题 33 分析

本题考查计算机系统总线的基础知识。

计算机总线是构成计算机系统的互连机构，是多个系统功能部件之间进行数据传送的公共通道，并在争用资源的基础上进行工作。计算机系统中一般通过总线和接口将主机与 I/O 设备有机组合在一起。总线是连接多个设备的信息传送通道，实际上是一组信号线。

数据信号线是各个模块间传递数据的通道，通常被称为数据总线。数据总线的宽度就是指组成数据总线的信号线的数目，它决定了在该总线上一次可以传送的二进制位数。因此，数据总线宽度会影响系统的运算速度。

试题 33 答案

（4）B

试题 34（2008 年 5 月试题 5）

在计算机中，使用　(5)　技术保存有关计算机系统配置的重要数据。

（5）A. Cache　　　　　B. CMOS　　　　　C. RAM　　　　　D. CD-ROM

试题 34 分析

本题考查计算机方面的基础知识。

在计算机主机启动时，BIOS 首先要完成对设备进行完全的检验和测试的自检，然后初始化基本硬件设备，找到操作系统的引导程序，启动操作系统，并且在操作系统运行的时候，负责直接与计算机的 I/O 设备打交道，接受高层软件的调用，实现软件程序对硬件的操作。在开机状态下按下相关热键，可以进入 BIOS 的设置程序。Standard CMOS Features、Advanced CMOS Features 等都是常见的 BIOS 设置项目，可以利用 BIOS 实现 CMOS 参数的读写修改。也就是说 CMOS 是一块可读写的 RAM 芯片，它集成在主板上，里面保存着当前系统的硬件配置和操作人员设定的某些参数。保存这些参数是通过主板上的纽扣电池供电完成的。

试题 34 答案

（5）B

试题 35（2008 年 5 月试题 6）

利用高速通信网络将多台高性能工作站或微型机互连构成集群系统，其系统结构形式属于　(6)　计算机。

（6）A. 单指令流单数据流（SISD）　　　B. 多指令流单数据流（MISD）

　　　C. 单指令流多数据流（SIMD）　　　D. 多指令流多数据流（MIMD）

试题 35 分析

本题考查计算机系统结构的基础知识。

Flynn 根据不同的指令流——数据流组织方式，将计算机系统分为以下 4 类。

（1）单指令流单数据流（SISD）：其指令部件每次只对一条指令进行译码，并只对一个操作部件分配数据。单处理机是其代表。

（2）单指令流多数据流（SIMD）：以并行处理机为代表，并行处理机包括多个重复的处理单元，由单一指令部件控制，按照同一指令流的要求为它们分配各自所需的不同数据。相联处理机为其代表。

（3）多指令流单数据流（MISD）：具有多个处理单元，按多条不同指令的要求对同一数据流及其中间结果进行不同的处理。一个处理单元的输出又将是另一个处理单元的输入。流水线计算机是其代表。

（4）多指令流多数据流（MIMD）：能实现作业、任务、指令等全面并行的多机系统。MPP 大规模并行处理机及 SMP 对称多处理机是其代表。

试题 35 答案

（6）D

试题 36（2008 年 5 月试题 7）

内存采用段式存储管理有许多优点，但　(7)　不是其优点。

（7）A. 分段是信息逻辑单位，用户可见　　　B. 各段程序的修改互不影响

　　　C. 内存碎片少　　　　　　　　　　　　D. 便于多道程序共享主存的某些段

试题 36 分析

本题考查操作系统存储管理的基本概念。

虚拟存储系统的特点是运行程序访问的地址不是从主存中可以获得的，即运行进程访问的地址与主存可用的地址相脱离。运行进程访问的地址是虚地址，主存中使用的地址是实地址。

分段式存储管理中，它允许程序（作业）占据主存中若干分离的分区。每个分区存储一个程序分段。分段系统中虚地址是一个段号、段内位移的有序对。系统为每一个作业建立一个段表，其内容包括段号与主存起始地址的对应关系、段长和状态等。由于分段式存储管理是以段这个信息逻辑单位来进行存储分配的，因此各段程序修改相互不影响，无内存碎片，也便于信息的共享。

分页式存储管理与分段式存储管理相类似，但是主存被划分为若干定长的页，而页与段不同，不便于实现信息共享。页式系统中虚地址是一个页号、页内地址的有序对。系统为每一个进程建立一个页表，其内容包括进程的逻辑页号与物理页号的对应关系、状态等。采用分页式存储既可以免去移动信息的工作，又可以尽量减少主存的碎片。

试题 36 答案

（7）C

试题 37（2008 年 5 月试题 8）

操作系统的任务是　(8)　。

（8）A. 把源程序转换为目标代码　　　　B. 管理计算机系统中的软、硬件资源
　　　C. 负责存取数据库中的各种数据　　D. 负责文字格式编排和数据计算

试题 37 分析

本题考查操作系统的基础知识。

操作系统是计算机系统最重要的系统软件，它的主要功能是管理计算机所有的软硬件资源，提高资源的利用率，方便用户操作。用户通过操作系统来使用和管理计算机。

操作系统是系统软件的核心，是对裸机功能的扩充和延伸，是第一层系统软件，其他各种软件都是以操作系统为基础，在操作系统的环境下支持工作，是其他软件的共同环境与平台，操作系统的主要部分是频繁用到的，因此是常驻内存的（Reside），计算机加电自检以后，引导程序首先装入操作系统，否则计算机不能做任何事情。

试题 37 答案

（8）B

试题 38（2008 年 5 月试题 9）

若进程 P1 正在运行，操作系统强行终止 P1 进程的运行，让具有更高优先级的进程 P2 运行，此时 P1 进程进入　(9)　状态。

（9）A. 就绪　　　　B. 等待　　　　　　C. 结束　　　　　　D. 善后处理

试题 38 分析

本题考查计算机操作系统进程管理的基础知识。

按照试题 23 的分析，进程作为操作系统中最基本的概念，一般按照进程在执行过程中的不同状态可以定义三种不同的进程状态，即运行态、就绪态和等待态（又称为阻塞态）。

（1）运行态：正在占用处理器。

（2）就绪态：一个进程在创建之后将处于就绪状态。只要获得处理器就可以运行。

（3）等待态：正在等待某个事件的发生。

每个进程在执行过程中，任一时刻当且仅当处于以上三种状态之一，同时，在一个进程执行过程中，它的状态将发生改变。根据题意，由于出现有更高优先权的进程 P2，使 P1 进程释放当前占用的 CPU 资源归 P2 使用，并从运行态转换到就绪态。

试题 38 答案

（9）A

试题 39（2008 年 5 月试题 10）

在 Windows 文件系统中，一个完整的文件名由　(10)　组成。

（10）A. 路径、文件名、文件属性
　　　B. 驱动器号、文件名和文件的属性
　　　C. 驱动器名、路径、文件名和文件的扩展名

　　D. 文件名、文件的属性和文件的扩展名

试题 39 分析

本题考查 Windows 操作系统中文件系统的基础知识。

文件系统是操作系统中负责存取和管理文件信息的机构，它由管理文件所需的数据结构和相应的管理软件以及访问文件的一组操作组成。在 Windows 文件系统中，一个完整的文件名由驱动器名、路径、文件名和文件的扩展名组成。

试题 39 答案

（10）C

试题 40（2008 年 5 月试题 11）

在下图所示的树型文件系统中，方框表示目录，圆圈表示文件，"/"表示路径中的分隔符，"/"在路径之首时表示根目录。假设当前目录是 A2，若进程 A 以如下两种方式打开文件 f2：

　　方式①　fd1=open("(11)/f2",o_RDONLY);

　　方式②　fd2=open("/A2/C3/f2",o_RDONLY);

　　那么，采用方式①比采用方式②的工作效率高。

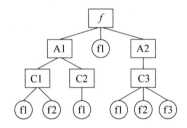

　　（11）A. /A2/C3　　　　　B. A2/C3　　　　　　C. C3　　　　　　　D. F2

试题 40 分析

本题考查操作系统中文件系统的树型目录结构的基础知识。

树型目录结构又称为多级目录结构，它由根目录和多级目录组成。除最末一级目录外，任何一级目录的目录项可以对应一个目录文件，也可以对应一个数据文件，而文件一定是在树叶上。在树型目录中，访问文件是通过路径名来实现的。路径名是从根目录到该文件的通路上所有目录文件名和该文件的符号名组成的一条路径。在树型目录结构中，沿着路径查找文件可能会耗费大量的时间进行查找，一次访问或许要经过若干次间接查找才能找到所要的文件。为此，系统引入了当前目录。用户在一定时间内，可指定某一级的一个目录作为当前目录，而后用户访问某一文件时，只需给出从当前目录到查找的文件间的路径名，不必给出文件的整个路径名，也不用从根目录开始查找，从而减少了查找路径，工作效率提高。根据题意，显然选项 C 为答案。

试题 40 答案

（11）C

试题 41（2008 年 5 月试题 12～13）

虚拟存储管理系统的基础是程序的 __(12)__ 原理，其基本含义是指程序执行时往往会不均匀地访问主存储器单元。根据这个原理，Denning 提出了工作集理论。工作集是进程运行时被频繁地访问的页面集合。在进程运行时，如果它的工作集页面都在 __(13)__ 内，能够使该进程有效地运行，否则会出现频繁的页面调入/调出现象。

（12）A. 全局性 　　　　B. 局部性 　　　　C. 时间全局性 　　　　D. 空间全局性

（13）A. 主存储器 　　　B. 虚拟存储器 　　C. 辅助存储器 　　　　D. U 盘

试题 41 分析

本题考查虚拟存储管理中的局部性原理和 Denning 工作集理论。

存储管理策略的基础是局部性原理，即进程往往会不均匀地高度局部化地访问主存。

局部性表现在时间局部性和空间局部性两方面。其中，时间局部性是指最近被访问的存储位置，很可能不久将还会被访问；空间局部性是指存储访问有成组的倾向，当访问某位置后，很可能也要访问其附近的位置。

存储访问局部性最有意义的结果是：只要进程所需要的页面子集驻留在主存中，进程就可以有效地运行。根据局部性访问特性，Denning 阐述了程序性能的工作集理论。工作集是进程活跃地访问的页面集合。工作集理论指出，为使进程有效地运行，它的页面工作集应该驻留在内存中，否则由于进程频繁地从辅存请求页面，会出现抖动的页面调度活动。

试题 41 答案

（12）B 　　　　（13）A

试题 42（2009 年 11 月试题 1）

以下关于 CPU 的叙述中，错误的是 __(1)__ 。

（1）A. CPU 产生每条指令的操作信号并将操作信号送往相应的部件进行控制

　　　B. 程序计数器 PC 除了存放指令地址，也可以临时存储算术/逻辑运算结果

　　　C. CPU 中的控制器决定计算机运行过程的自动化

　　　D. 指令译码器是 CPU 控制器中的部件

试题 42 分析

本题考查的是计算机系统硬件的基础知识。

CPU、内部存储器和输入/输出设备被称为计算机的三大核心部件。CPU 中央处理器是计算机的运算中心和控制中心。CPU 由运算器、控制器和寄存器及实现它们之间联系的数据、控制及状态的总线构成。其中，控制器主要完成协调和指挥计算机系统的操作，它由程序计数器、指令寄存器、指令译码器、时序产生器和操作控制器组成。

CPU 具有如下几方面的功能。

（1）指令控制：指程序中各指令之间有严格的顺序。

（2）操作控制：指指令的功能是由计算机中的部件执行一系列的操作来实现的。

（3）时间控制：指对各种操作实施时间上的定时。

（4）数据加工：指对数据进行算术运算和逻辑运算等。

试题 42 答案

（1）B

试题 43（2009 年 11 月试题 2）

以下关于 CISC（Complex Instruction Set Computer，复杂指令集计算机）和 RISC（Reduced Instruction Set Computer，精简指令集计算机）的叙述中，错误的是　(2)　。

（2）A. 在 CISC 中，其复杂指令都采用硬布线逻辑来执行

　　B. 采用 CISC 技术的 CPU，其芯片设计复杂度更高

　　C. 在 RISC 中，更适合采用硬布线逻辑执行指令

　　D. 采用 RISC 技术，指令系统中的指令种类和寻址方式更少

试题 43 分析

本题考查指令系统的基础知识。

解法 1：从考查的知识点入手寻找答案

根据试题 17 的分析，RISC 指令系统代表精简指令系统计算机，其特点包括：指令长度固定，指令格式种类少，寻址方式种类少；以硬布线控制为主，不用或少用微指令码控制。排除正确的选项，余下的选项 A 是答案。

解法 2：从题干相似的选项入手寻找答案

根据出题规律，题干相似的一对选项中，通常含有答案选项。观察选项可知，选项 A 和选项 C 是一对相似的选项，都提到采用硬布线逻辑执行。然后，从 CISC 和 RISC 的特征出发，判定选项 A 是答案。

试题 43 答案

（2）A

试题 44（2009 年 11 月试题 3）

以下关于校验码的叙述中，正确的是　(3)　。

（3）A. 海明码利用多组数位的奇偶性来检错和纠错

　　B. 海明码的码距必须大于等于 1

　　C. 循环冗余校验码具有很强的检错和纠错能力

　　D. 循环冗余校验码的码距必定为 1

试题 44 分析

本题考查校验码的基础知识。

为减少和避免数据在计算机系统运行或传送过程中发生错误，在数据的编码上提供了检错和纠错的支持。这种能够发现某些错误或具有自动纠错能力的数据编码称为数据校验码。

一个编码系统中任意两个合法编码（码字）之间不同的二进制位数称为这两个码字的码距，而整个编码系统中任意两个码字的最小距离就是该编码系统的码距。为了使一个系统能检查和纠正一个差错，码间最小距离必须至少是 3。

（1）奇偶校验码

奇偶校验是一种简单有效的校验方法，常用于对存储器数据的检查或传输数据的检查。

偶校验码的构成规则是：每个码字（包括校验位）中1的数目为偶数。

奇校验码的构成规则是：每个码字（包括校验位）中1的数目为奇数。

奇偶校验通过在编码中增加一位校验位来使编码中1的个数为奇数（奇校验）或者为偶数（偶校验），从而使码距变为2。它可以检测代码中奇数位出错的编码，但不能发现偶数位出错的情况，即当合法编码中奇数位发生了错误，即编码中的1变成0或0变成1，则该编码中1的个数的奇偶性就发生了变化，从而会发生错误。

（2）海明码

海明码也是利用奇偶性来检错和纠错的校验方法。海明校验的基本思想是：将有效信息按某种规律分成若干组，每组安排一个校验位进行奇偶测试。在一个数据位组中加入几个校验位，增加数据代码间的码距，当某一位发生变化时会引起校验结果发生变化，不同代码位上的错误会得到不同的校验结果。海明码能检测出两位错误，并能纠正一位错误。

（3）循环码

循环码是应用最广泛的一种编码。在编码中，一个合法代码经过循环移位以后仍然是一个合法代码。一个 $k+r$ 位信息码可以用一个 k 次二进制多项式来表示，将这个 k 位信息码多项式乘以一个 r 次多项式 $G(x)$，形成一个 n 次循环码多项式。校验时用 $G(x)$ 去除循环码多项式，如果余数为零，表示正确，否则出错，其余数可以确定出错位数。

试题 44 答案

（3）A

试题 45（2009 年 11 月试题 4）

以下关于 Cache 的叙述中，正确的是　(4)　。

（4）A. 在容量确定的情况下，替换算法的时间复杂度是影响 Cache 命中率的关键因素

　　B. Cache 的设计思想是在合理成本下提高命中率

　　C. Cache 的设计目标是容量尽可能与主存容量相等

　　D. CPU 中的 Cache 容量应大于 CPU 之外的 Cache 容量

试题 45 分析

本题考查 Cache 高速缓存的基础知识。

根据试题 16 的分析，高速缓存 Cache 位于 CPU 和主存之间，由硬件实现；容量小，一般在几 KB 到几 MB 之间；速度一般比主存快 5～10 倍，由快速半导体存储器制成；其内容是主存内容的副本，对程序员来说是透明的；Cache 既可存放程序也可存放数据。

Cache 的基本原理：它是为了提高存储系统的存取速度而设定的。其理论依据是程序访问的局部性原理。即在一个较短的时间间隔内，CPU 对局部范围的存储器地址频繁访问，而对此地址范围以外的地址访问很少。

同时，根据出题规律，题干相似的一对选项中，通常含有答案选项。观察选项可知，选项 B 和选项 C 中必定含有答案选项。因此，可以在考试中缩小考查范围，快速作出判断，节省考试时间。

试题 45 答案

（4）B

试题 46（2009 年 11 月试题 6～7）

在微型计算机中，通常用主频来描述 CPU 的　__(6)__　；对计算机磁盘工作影响最小的因素是　__(7)__　。

（6）A. 运算速度　　　B. 可靠性　　　　C. 可维护性　　　D. 可扩充性

（7）A. 温度　　　　　B. 湿度　　　　　C. 噪声　　　　　D. 磁场

试题 46 分析

本题考查计算机的基础知识。

在微型计算机中，通常用主频来描述 CPU 的运算速度，主频越高，CPU 的运算速度就越快。对计算机磁盘工作影响最小的因素是噪声。高温、潮湿、有电磁干扰都会对硬盘工作有较大的影响。

试题 46 答案

（6）A　　　（7）C

试题 47（2009 年 11 月试题 8）

计算机各部件之间传输信息的公共通路称为总线，一次传输信息的位数通常称为总线的　__(8)__　。

（8）A. 宽度　　　　　B. 长度　　　　　C. 粒度　　　　　D. 深度

试题 47 分析

本题考查计算机的基础知识。

计算机总线是构成计算机系统的互连机构，是多个系统功能部件之间进行数据传送的公共通道，并在争用资源的基础上进行工作。计算机系统中一般通过总线和接口将主机与 I/O 设备有机组合在一起。总线是连接多个设备的信息传送通道，实际上是一组信号线。一次传输信息的位数通常称为总线的宽度。

数据总线的宽度决定了 CPU 与二级高速缓存、内存以及输入输出设备之间一次数据传输的信息量。地址总线的宽度决定了它能直接访问的内存单元的个数。

试题 47 答案

（8）A

试题 48（2009 年 11 月试题 11）

在操作系统的进程管理中，若系统中有 10 个进程使用互斥资源 R，每次只允许 3 个进程进入互斥段（临界区），则信号量 S 的变化范围是　__(11)__　。

（11）A. −7～1　　　B. −7～3　　　　C. −3～0　　　　D. −3～10

试题 48 分析

本题考查操作系统信号量与 PV 操作的基础知识。

根据题意，系统中有 10 个进程使用互斥资源 R，每次只允许三个进程进入互斥段（临界区），所以信号量 S 的初值为 3。同时，每当一个进程进入互斥段时信号量的值需要减少 1，由此可得信号量 S 的变化范围为–7~3。

试题 48 答案

（11）B

试题 49（2009 年 11 月试题 12～13）

操作系统是裸机上的第一层软件，其他系统软件（如__（12）__等）和应用软件都是建立在操作系统基础上的。下图①②③分别表示__（13）__。

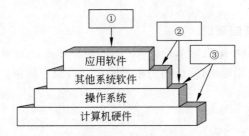

（12）A. 编译程序、财务软件和数据库管理系统软件

　　　 B. 汇编程序、编译程序和 Java 解释器

　　　 C. 编译程序、数据库管理系统软件和汽车防盗程序

　　　 D. 语言处理程序、办公管理软件和气象预报软件

（13）A. 应用软件开发者、最终用户和系统软件开发者

　　　 B. 应用软件开发者、系统软件开发者和最终用户

　　　 C. 最终用户、系统软件开发者和应用软件开发者

　　　 D. 最终用户、应用软件开发者和系统软件开发者

试题 49 分析

本题考查操作系统的基本概念。

根据题意，财务软件、汽车防盗程序、气象预报软件等为应用软件，因此可以排除含有这些的选项，（12）题得到答案 B。

（13）题的答案由以下分析可得：操作系统是计算机系统最重要的系统软件，它的主要功能是用来管理计算机所有的软硬件资源，提高资源的利用率，方便用户操作，用户通过操作系统来使用和管理计算机。

操作系统是系统软件的核心，是对裸机功能的扩充和延伸，是第一层系统软件，是其他软件的共同环境与平台，其他各种软件都是以操作系统为基础，在操作系统的环境下支持工作。操作系统的主要部分是频繁用到的，因此是常驻内存的（Reside），计算机加电自检以后，引导程序首先装入操作系统。应用软件面对最终用户，操作系统是用户与计算机之间的接口。

试题 49 答案

（12）B　　　（13）D

试题 50（2009 年 11 月试题 20）

多媒体中的媒体有两重常用含义，一是指存储信息的实体；二是指表达与传递信息的载体。__（20）__ 是存储信息的实体。

（20）A. 文字、图形、磁带、半导体存储器

　　　B. 磁盘、光盘、磁带、半导体存储器

　　　C. 文字、图形、图像、声音

　　　D. 声卡、磁带、半导体存储器

试题 50 分析

本题考查多媒体的基本概念。

媒体是信息表示和传输的载体。国际电联（ITU-T）定义了以下 5 类媒体。

（1）感觉媒体：表示人对外界的感觉。如声音、图像、文字、动画等。

（2）表示媒体：说明交换信息的类型，定义信息的特征，一般以编码的形式描述。如图像、文本、声音的编码等。

（3）表现媒体：获取和显示信息的设备。如输入、输出的媒体等。

（4）存储媒体：存储数据的物理设备。如磁盘、光盘、内存等。

（5）传输媒体：传输数据的物理设备。如光纤、电缆、无线电波等。

在计算机多媒体技术中，媒体有以下两重含义。

（1）媒体指信息的物理载体，包括存储数据的实体和传递信息的实体。存储和传递信息的实体是指用于存储表示媒体的存储介质，主要包括手册、硬盘、软盘、磁盘、光盘、半导体存储器、磁带，以及相关的播放设备等。按照前面媒体的类型分析，即存储媒体。

（2）媒体指表示与传递信息的载体，如数字、文字、声音、图像、动画、视频等。多媒体中的媒体指的就是这个含义。按照前面媒体的类型分析，即表示媒体。

试题 50 答案

（20）B

试题 51（2009 年 11 月试题 21）

RGB 8：8：8 表示一帧彩色图像的颜色数为 __（21）__ 种。

（21）A. 2^3　　　　　　B. 2^8　　　　　　C. 2^{24}　　　　　　D. 2^{512}

试题 51 分析

本题考查多媒体基础知识。

图像深度是指图像能够表示的颜色位数。表示一个像素颜色的位数越多，则能表达的颜色数或灰度级就越多。一幅彩色图像的每个像素用 R、G、B 三个分量来表示，如题所

述，这三个分量的像素位数都是 8，则最大颜色数目为 $2^{8+8+8}=2^{24}$，也即像素的深度为 24 位。

试题 51 答案

（21）C

试题 52（2009 年 11 月试题 22）

位图与矢量图相比，位图___（22）___。

（22）A. 占用空间较大，处理侧重于获取和复制，显示速度快

B. 占用空间较小，处理侧重于绘制和创建，显示速度较慢

C. 占用空间较大，处理侧重于获取和复制，显示速度较慢

D. 占用空间较小，处理侧重于绘制和创建，显示速度快

试题 52 分析

本题考查数字化图形中矢量图和位图的基础知识。

计算机中图形以数字方式进行记录、处理和存储。这些由数字表达的对象称为数字化图形。数字化图形可分为两大类：位图和矢量图（即矢量化图形）。

位图是由许多像素组成的图像，可以是数码相机拍摄的照片、扫描的图片和从计算机屏幕上抓取的图像等。位图色彩变化丰富，通过编辑操作，可以改变任何形状的区域的色彩显示效果并且容易在不同软件之间切换使用。但是位图在旋转和缩放时，像素会变得模糊，图像会变得不清晰。位图图像文件的大小和需要占用的存储空间大，一般需要进行数据压缩。

矢量图是通过数学的向量方式计算得到的图形，它与像素无关，可以无限地放大，仍然保持平滑清晰，所表达物体的运动、缩放、旋转和填充等都不会降低绘制的精度。矢量图保存最小的信息，文件大小比位图要小，并且文件大小与物体的大小无关；矢量化图形适合电子地图的基本信息格式。矢量图主要用于表示线框型的图画、工程制图和美术字等。

试题 52 答案

（22）A

试题 53（2011 年 5 月试题 1）

使用___（1）___技术，计算机的微处理器可以在完成一条指令前就开始执行下一条指令。

（1）A. 流水线　　　　B. 面向对象　　　　C. 叠代　　　　D. 中间件

试题 53 分析

本题考查流水线技术的基本内容。

按照试题 31 的分析，计算机中一条指令的执行需要进行若干个步骤。使用流水线技术，计算机的微处理器可以在完成一条指令前就开始执行下一条指令。流水线技术对性能的提升程度又取决于执行顺序中最花费时间的那一步。

试题 53 答案

（1）A

试题 54（2011 年 5 月试题 2）

利用通信网络将多台微型机互联构成多处理机系统，其系统结构形式属于　(2)　计算机。

（2）A. 多指令流单数据流（MISD）　　　　B. 多指令流多数据流（MIMD）

　　　C. 单指令流单数据流（SISD）　　　　D. 单指令流多数据流（SIMD）

试题 54 分析

本题考查计算机系统结构的基础知识。

本题与试题 35 为同类题。按照试题 35 的分析，Flynn 根据不同的指令流——数据流组织方式，将计算机系统分为 4 类：多指令流单数据流（MISD）、多指令流多数据流（MIMD）、单指令流单数据流（SISD）和单指令流多数据流（SIMD）。

多指令流多数据流（MIMD）能实现作业、任务、指令等全面并行的多机系统。MPP 大规模并行处理机及 SMP 对称多处理机是其代表。

试题 2 答案

（2）B

试题 55（2011 年 5 月试题 3）

以下关于 RISC 指令系统特点的叙述中，不正确的是 (3) 。

（3）A. 对存储器操作进行限制，使控制简单化

　　　B. 指令种类多，指令功能强

　　　C. 设置大量通用寄存器

　　　D. 其指令集由使用频率较高的一些指令构成，以提高执行速度

试题 55 分析

本题考查指令系统的基础知识。

本题与试题 17 为同类题。按照试题 17 的分析，RISC 指令系统（精简指令系统）指令种类多，指令功能强的说法不正确。

试题 55 答案

（3）B

试题 56（2011 年 5 月试题 4）

　(4)　是反映计算机即时存储信息能力的计算机性能指标。

（4）A. 存取周期　　　B. 存取速度　　　　C. 主存容量　　　　　D. 辅存容量

试题 56 分析

本题考查计算机的基础知识。

主存容量是反映计算机即时存储信息能力的计算机性能指标。主存容量越大，系统功能越强大，可以处理的数据量越大。

试题 56 答案

（4）C

试题 57（2011 年 5 月试题 5）

以下关于段式存储管理的叙述中，不正确的是 __(5)__ 。

（5）A. 段是信息的逻辑单位，用户不可见

B. 各段程序的修改互不影响

C. 地址变换速度快、内存碎片少

D. 便于多道程序共享主存的某些段

试题 57 分析

本题考查操作系统存储管理的基本内容。

本题与试题 36 为同类题。按照试题 36 的分析，分段式存储管理中，它允许程序（作业）占据主存中若干分离的分区。每个分区存储一个程序分段。分段系统中虚地址是一个段号、段内位移的有序对。系统为每一个作业建立一个段表，其内容包括段号与主存起始地址的对应关系、段长和状态等。由于分段式存储管理是以段这个信息逻辑单位来进行存储分配的，因此各段程序修改相互不影响，无内存碎片，也便于信息的共享。

试题 57 答案

（5）C

试题 58（2011 年 5 月试题 6）

栈是一种按 " __(6)__ " 原则进行插入和删除操作的数据结构。

（6）A. 先进先出　　　B. 边进边出　　　C. 后进后出　　　D. 先进后出

试题 58 分析

本题考查栈的基础知识。

从数据结构角度来看，栈也是一种线性表。栈是限定仅在表尾进行插入或删除操作的线性表，退栈的第一个元素为栈顶元素，即栈的修改和删除是按照后进先出（LIFO）的原则来进行的，且是在栈顶进行修改和删除的。根据题中选项，符合题意的为 "先进后出"，意为先进栈的元素，要等位于栈顶的元素都出栈后才能出栈。

试题 58 答案

（6）D

试题 59（2011 年 5 月试题 7）

以下关于汇编语言的叙述中，正确的是 __(7)__ 。

（7）A. 用汇编语言书写的程序称为汇编程序

B. 将汇编语言程序转换为目标程序的程序称为解释程序

C. 在汇编语言程序中，不能定义符号常量

D. 将汇编语言程序翻译为机器语言程序的程序称为汇编程序

试题 59 分析

本题考查汇编语言的基础知识。

编辑程序是帮助用户建立源程序文件的程序；汇编程序是将汇编语言翻译为机器语言

程序的程序；连接程序是将目标文件连接为可执行文件的程序。

编译程序的功能是指在应用源程序执行之前，就将程序源代码"翻译"为目标代码（机器语言），因此其目标程序可以脱离其语言环境独立执行，使用比较方便、效率较高。

解释程序的功能类似于"同声翻译"，应用程序源代码一边由相应语言的解释器"翻译"为目标代码（机器语言），一边执行，因此效率比较低，而且不能生成可独立执行的可执行文件，应用程序不能脱离其解释器，但是这种方式比较灵活，可以动态地调整、修改应用程序。

试题 59 答案

（7）D

试题 60（2011 年 5 月试题 8）

计算机启动时使用的有关计算机硬件配置的重要参数保存在 __（8）__ 中。

（8）A. Cache　　　　　　B. CMOS　　　　　　C. RAM　　　　　　D. CD-ROM

试题 60 分析

本题考查计算机方面的基础知识。

本题与试题 34 为同类题。按照试题 34 的分析，CMOS 是一块可读写的 RAM 芯片，集成在计算机的主板上，当计算机启动时使用的有关计算机硬件配置的重要参数保存在 CMOS 中。

试题 60 答案

（8）B

试题 61（2011 年 5 月试题 10）

以下关于 MIDI 的叙述中，不正确的是 __（10）__ 。

（10）A. MIDI 标准支持同一种乐器音色能同时发出不同音阶的声音

　　　　B. MIDI 电缆上传输的是乐器音频采样信号

　　　　C. MIDI 可以看成是基于音乐乐谱描述信息的一种表达方式

　　　　D. MIDI 消息的传输使用单向异步的数据流

试题 61 分析

本题考查 MIDI 音乐的基础知识。

MIDI 是乐器数字接口的缩写，泛指数字音乐的国际标准。任何电子乐器，只要有处理 MIDI 信息的微处理器，并有合适的硬件接口，都可以称为一个 MIDI 设备。MIDI 不是把音乐的波形进行数字化采样和编码，而是将数字化电子乐器弹奏过程记录下来，当需要播放这首乐曲时，根据记录的乐谱指令，通过音乐合成器生成音乐声波，经过放大后由扬声器播出。

音乐合成器生成音乐采用 MIDI 文件存储。MIDI 文件是用来记录音乐的一种文件格式，后缀名为 .mid 或 .midi。这种文件格式非常特殊，其中记录的不是音频数据，而是演奏音乐的指令，不同的指令与不同乐器相对应。

MIDI 音乐的产生过程如下所述。MIDI 电子乐器通过 MIDI 接口与计算机相连，这样，计算机可通过音序器软件来采集 MIDI 电子乐器发出的一系列指令。这一系列指令可记录到以.mid 为扩展名的 MIDI 文件中。MIDI 音序器是为 MIDI 作曲而设计的计算机程序或电子装置。音序器能够用来记录、播放、编辑 MIDI 事件，能够输入、输出 MIDI 文件。在计算机上音序器可对 MIDI 文件进行编辑和修改。最后，将 MIDI 指令送往音乐合成器，MIDI 合成器实时接收和处理 MIDI 消息，利用数字信号处理器或其他芯片来产生音乐并可通过声音发生器送往扬声器播放出来。

在 MIDI 电缆上传输的是产生声音或执行某个动作的 MIDI 消息指令，MIDI 消息的传输使用单向异步的数据流。

试题 61 答案

（10）B

试题 62（2011 年 5 月试题 62）

多媒体计算机图像文件格式分为静态和动态两种。___(11)___ 属于静态图像文件格式。

（11）A. MPG 文件格式　　　　　　　　　B. MOV 文件格式

　　　C. JPG 文件格式　　　　　　　　　D. AVI 文件格式

试题 62 分析

本题考查图像文件格式的基础知识。

多媒体图像文件格式可分为两大类：静态图像文件格式和动态图像文件格式。常见的多媒体图像文件格式如下。

（1）静态图像文件格式。

- BMP 格式——.bmp

BMP 是一种与设备无关的图像文件格式，特点是图像信息丰富，颜色深度可达 24 位真彩色，占用存储空间大。

- GIF 格式——.gif

GIF 主要用于不同平台之间的交流，一般用于网页制作与网上传输，特点是压缩比高，占存储空间小，不能存储超过 256 色的图像。

- JPEG 格式——.jpg

JPEG 是利用 JPEG 方法压缩的图形文件，适用于网络传输，特点是压缩比高，适用于处理 256 色以上的图像，存储和显示速度慢。

- TIFF 格式——.tiff

TIFF 主要用于扫描仪和桌面出版系统的文件，特点是不依赖操作平台及机型，有多种压缩存储方式，支持单色到 32 位真彩色的图像。

- PNG 格式——.png

PNG 是一种网络图像格式，特点是采用无损压缩，图像不失真，显示速度快，不支持动画效果。

（2）动态图像文件格式。

- AVI 格式——.avi

AVI 一般用于保存电视、电影等各种影像信息，文件数据量较大，特点是具有通用性和开放性，兼容性好，调用方便，图像质量好。

- MOV 格式——.mov

MOV 可以合成视频、音频、动画、静态图像等多种素材，文件数据量大。

- MPEG 格式——.mpeg/.mpg/.dat

MPEG 是运动图像压缩算法的国际标准，它采用有损方法减少运动图像中的冗余信息，压缩效率高，图像和音响质量好。

- ASF 格式——.asf

ASF 是网络上实时传播多媒体的技术标准，特点是压缩率好，图像质量也很好，支持本地或网络回放，可扩充媒体类型、部件下载，可扩展性。

- WMV 格式——.wmv

WMV 是一种动态图像压缩技术，也是一种在网络上实时传播多媒体的技术标准，特点是支持本地或网络回放，可伸缩的媒体类型，流的优先级，多语言支持，丰富的流间关系，可扩展性。

根据题意，只有 JPG 文件格式是静态图像文件格式。

试题 62 答案

（11）C

试题 63（2011 年 5 月试题 32）

以下关于改进信息系统性能的叙述中，正确的是：__（32）__。

（32）A. 将 CPU 时钟周期加快一倍，能使系统吞吐量增加一倍

　　　B. 一般情况下，增加磁盘容量可以明显缩短作业的平均 CPU 处理时间

　　　C. 如果事务处理平均响应时间长，首先应注意提高外围设备的性能

　　　D. 利用性能测试工具，可以找出程序中最花费运行时间的 20%代码，再对这些代码进行优化

试题 63 分析

本题考查改进信息系统性能的基础知识。

基于"程序运行时 20%的代码花费了 80%的时间"的理论，利用性能测试工具，找出程序中最花费运行时间的 20%代码，再对这些代码进行优化，如此操作可以实现改进信息系统性能。

将 CPU 时钟周期加快一倍，不能使系统吞吐量增加一倍，原因是作业运行时间还受到外围设备的制约。

一般情况下，增加磁盘容量可以明显缩短作业的平均 CPU 处理时间的说法也是不正确的。磁盘容量与 CPU 处理时间之间没有直接关系。

如果事务处理平均响应时间长，不仅需要注意提高外围设备的性能，还需要考虑需要处理的平均事务数、CPU 处理速度等。

试题 63 答案

（32）D

1.3　命题趋势分析

参照信息系统管理工程师考试历年真题的考试频率，在此从以下两个方向作分析总结。

（1）纵向分析。计算机软硬件基础部分的内容主要出自计算机组成原理、计算机操作系统、软件工程、数据库原理等。考查的重点主要是存储器系统、指令系统、进程管理、内存管理、关系模式的规范化、软件工程等。该部分的试题难度不大，主要为认知和理解层面的内容。

（2）横向分析。软考采用的是模块化命题模式，在同年同级别考试（系统集成项目管理工程师考试、软件设计师考试、网络工程师考试）的试题中可以发现相同或相似试题的出现。因此，横向总结、归纳中级级别考试试题中出现的计算机软硬件基础部分的内容，将帮助考生全面、系统地把握考核的知识点。

对历年真题的理解和消化是非常重要的环节，同时信息系统项目管理工程师是一个新兴、发展中的职业群体，因此在备考过程中考生应该在建立计算机软硬件基础部分的个人知识体系的同时，跳出圈子，从全局审视考试的发展，对命题方向作一些趋势分析，使自己的知识体系脉络更加清晰和丰满。

预测今后的考试命题内容将有可能拓宽方向，除了选自以上 4 大领域的内容外，还将有可能会选取线性表、图、排序等数据结构的基础内容，信息系统项目管理，数学与经济管理等内容。在此抛砖引玉，以下几个试题供考生作进一步学习、探索和思考。

延伸试题 1

具有 10 个顶点的无向图最多有 ___(1)___ 条边。

（1）A. 0 　　　　B. 9 　　　　C. 10 　　　　D. 45

延伸试题 1 分析

本题考查数据结构的无向图的基本知识。

n 个顶点的无向图最多有 $n(n-1)/2$ 条边，所以答案是 $9\times10/2=45$。

延伸试题 1 答案

（1）D

延伸试题 2

将长度为 n 的单链表链接在长度为 m 的单链表之后的算法的时间复杂度为 ___(2)___。

（2）A. $O(1)$ 　　　B. $O(n)$ 　　　C. $O(m)$ 　　　D. $O(m+n)$

延伸试题 2 分析

本题考查数据结构的线性表时间复杂度的基础知识。

由于将长度为 n 的单链表链接在长度为 m 的单链表之后的操作，需要把长度为 m 的单链表遍历一遍，找到最后一个节点，所以时间复杂度为 $O(m)$。

延伸试题 2 答案

（2）C

延伸试题 3

已知一棵 5 阶 B 树有 53 个关键字，并且每个节点的关键字都达到最少状态，则它的深度是＿＿（3）＿＿。

（3）A. 3　　　　　　　　　B. 4　　　　　　　　　C. 5　　　　　　　　　D. 6

延伸试题 3 分析

本题考查数据结构的 B-树的基础知识。

根据 B-树定义，m 阶 B 树除根之外所有的非终端节点至少有 $\lceil m/2 \rceil$ 个节点，即 3 个，而根节点最少有两个节点，当每个节点的关键字是最少状态时，5 层的满树节点的关键字是 2+3×2+3×2+3+3×2×3×3>53，而 4 层满树节点关键字小于 53，故深度为 5。

延伸试题 3 答案

（3）C

第 2 章　计算机网络通信与信息安全

2.1　考点导航

信息系统管理工程师考试大纲要求考生理解计算机网络的基本原理，并熟悉相关设备的安装、配置与维护；了解信息安全知识等。

计算机网络通信与信息安全主要包括以下几个方面的知识点。

1. 计算机网络知识

1）协议和传输

（1）网络体系结构（网络拓扑、OSI/RM、基本的网络和通信协议）。

（2）ICP/IP 协议基础。

（3）传输介质、传输技术、传输方法、传输控制。

2）局域网和广域网

（1）LAN 拓扑，存取控制，LAN 的组网，LAN 间连接，LAN-WAN 连接。

（2）互联网基础知识及其应用。

（3）网络性能分析（传输速度、线路利用率、线路容量）和性能评估。

（4）网络有关的法律、法规要点。

（5）网络安全（加密解密、授权、防火墙、安全协议）。

（6）远程传输服务。

3）常用网络设备和各类通信设备

4）网络管理与网络软件基础知识

（1）网络管理（运行管理、配置管理、安全管理、故障管理、性能管理、计费管理）。

（2）网络软件（网络操作系统、驱动程序、网络管理系统、网络管理工具）。

2. 信息安全性知识

1）信息安全基本概念

2）计算机病毒防治，计算机犯罪的防范，网络入侵手段及其防范

3）容灾

4）加密与解密机制，认证（数字签名、身份认证）

5）信息系统的安全保护，安全管理措施

6）私有信息保护

7）可用性保障（备份与恢复、改用空间的线路和通信控制设备）

计算机网络通信与信息安全部分在历年信息系统管理工程师考试上午卷中的分值变

化如图 2.1 所示。2006—2011 年的分值分别为 13 分、11 分、10 分、8 分、10 分，平均分值为 10.4 分。该部分是信息系统管理的应用技术（系统管理、安全管理、故障管理等）的基础理论，在考试中平均约占 13.8%的比重。考生可以结合历年网络工程师考试中覆盖的相关知识点进行备考，结合自身情况，查漏补缺，夯实基础，构建计算机网络通信与信息安全部分的知识体系。

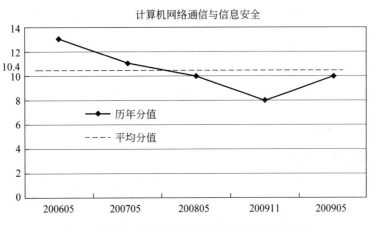

图 2.1　计算机网络通信与信息安全考点分值情况

　　软考统计分析表明，每年软考考点重复考查率达到 12%～16%。因此，对历年软考真题的研读有助于缩短对考试考点与内容的熟悉过程，有助于顺利通过信息系统管理工程师考试。

2.2　历年真题解析

试题 1（2006 年 5 月试题 7～8）

　　相对于 DES 算法而言，RSA 算法的__(7)__，因此，RSA__(8)__。

（7）A. 加密密钥和解密密钥是不相同的　　　　B. 加密密钥和解密密钥是相同的

　　　C. 加密速度比 DES 要高　　　　　　　　D. 解密速度比 DES 要高

（8）A. 更适用于对文件加密　　　　　　　　　B. 保密性不如 DES

　　　C. 可用于对不同长度的消息生成消息摘要　D. 可以用于数字签名

试题 1 分析

　　本题考查密码算法的基础知识。

　　对称密钥密码算法和非对称密钥密码算法的对比如下。

　　（1）一般要求：

- 对称密钥密码算法加密和解密使用相同的密钥；收发双方必须共享密钥。

- 非对称密钥密码算法加密和解密使用不同的密钥；发送方拥有加密或解密密钥，而接收方拥有另一密钥。

（2）安全性要求：

- 对称密钥密码算法密钥必须保密；若没有其他信息，解密消息是不可能或至少是不可行的；知道算法和若干密文不足以确定密钥。
- 非对称密钥密码算法中两个密钥之一必须是保密的；若没有其他信息，解密消息是不可能或至少是不可行的；知道算法和其中一个密钥以及若干密文不足以确定另一密钥。

DES 是对称密钥密码算法，它的加密密钥和解密密钥是相同的。RSA 是非对称密钥密码算法，它使用不同的密钥分别用于加密和解密数据，还可以用于数字签名。对称密钥密码算法的效率要比非对称密钥密码算法高很多，适用于对文件等大量的数据进行加密。

试题 1 答案

（7）A　　　（8）D

试题 2（2006 年 5 月试题 9）

驻留在多个网络设备上的程序在短时间内同时产生大量的请求消息冲击某 Web 服务器，导致该服务器不堪重负，无法正常响应其他合法用户的请求，这属于 ___（9）___ 。

（9）A. 网上冲浪　　　B. 中间人攻击　　　C. DDoS 攻击　　　D. MAC 攻击

试题 2 分析

本题考查网络安全的常用攻击方法的基础知识。

多个网络设备上的程序在短时间内同时向某个服务器产生大量的请求，使服务器超负荷，无法正常响应其他合法应用的请求，这是典型的分布式拒绝服务攻击（DDoS）。

DDos 攻击很难防御，可以采取部分措施来对其进行检测和封堵。对数据包的 IP 地址进行过滤可以封堵特定 IP 地址段的数据包，为系统访问提供更高级别的身份认证可以封堵某些非法用户的攻击，使用工具软件检测不正常的高流量可以有效地检测 DDos 攻击从而采取防范措施。

中间人攻击，简称为 MITM 攻击，是一种"间接"的入侵攻击，这种攻击模式是通过各种技术手段将受入侵者控制的一台计算机虚拟放置在网络连接中的两台通信计算机之间，这台计算机就成为"中间人"。它拦截正常的网络通信数据，并进行数据篡改和嗅探，而通信的双方却毫不知情。SMB 会话劫持、DNS 欺骗等攻击都是典型的中间人攻击。

试题 2 答案

（9）C

试题 3（2006 年 5 月试题 43）

在信息系统的用户管理中，近年来提出了一种方便、安全的身份认证技术。它采用软硬件相结合、一次一密的强双因子认证模式，很好地解决了安全性与易用性之间的矛盾。它是 ___（43）___ 身份认证方式。

（43）A. 用户名/密码　　　B. IC 卡　　　C. 动态密码　　　D. USB Key 认证

试题 3 分析

本题考查信息系统用户管理的基本知识。

计算机网络世界中的一切信息包括用户的身份信息都是用一组特定的数据来表示的，计算机只能识别用户的数字身份，所有对用户的授权也是针对用户数字身份的授权。

对用户的身份认证基本方法可以分为如下三种。

（1）根据所知道的信息来证明身份。

（2）根据所拥有的东西来证明身份。

（3）直接根据独一无二的身体特征来证明身份。

计算机及网络系统中常用的身份认证方式主要有以下几种。

（1）用户名/密码方式。用户的密码是由用户自己设定的，在登录时输入正确的密码，计算机就认为操作者就是合法用户。从安全性上看，由于过程中使用的是静态密码，该方式是一种不安全的身份认证方式。

（2）IC 卡（智能卡）认证。智能卡是一种内置集成电路的芯片，芯片中存有与用户身份相关的数据。智能卡由专门的厂商通过专门的设备生产，是不可复制的硬件。在登录时将 IC 卡插入专门的读卡器读取即可验证用户的身份。但由于每次从 IC 卡中读取的数据是静态的，还是存在安全隐患。

（3）动态密码。是根据专门的算法生成一个不可预测的随机数字组合，每个密码只能使用一次。由于其安全特性，被广泛运用于网上银行、电子商务、电子政务、电信运营商、VPN 等应用领域。目前主流用于生成动态密码的终端有硬件令牌、短信密码和手机令牌。

（4）USB Key 认证。这是在信息系统的用户管理中，近几年发展起来的一种方便、安全的身份认证技术。它采用软硬件相结合、一次一密的强双因子认证模式，很好地解决了安全性与易用性之间的矛盾。USB Key 是一种 USB 接口的硬件设备，它内置单片机或智能卡芯片，可以存储用户的密钥或数字证书，利用 USB Key 内置的密码算法实现用户身份的认证。基于 USB Key 身份认证系统主要有两种应用模式：基于冲击/响应的认证模式和基于 PKI 体系的认证模式。由于其安全特性，被广泛应用于网上银行、电子政务等领域。

（5）生物识别技术。是一种通过可测量的身体或行为等生物特征进行身份认证的技术。其中，身体特征主要包括指纹、掌型、视网膜、虹膜、人体气味、DNA 等，行为特征主要包括签名、语音、行动步态等。

为了进一步加强认证的安全性，需采用双因素认证，即将两种认证方式结合起来。常见的双因素认证主要有：动态口令牌+用户名/密码方式；USB Key 认证+用户名/密码方式；两层用户名/密码方式等。

试题 3 答案

（43）D

试题 4（2006 年 5 月试题 48）

目前在信息系统中使用较多的是 DES 密码算法，它属于__(48)__类密码算法。

（48）A. 公开密钥密码算法　　　　　　　B. 对称密码算法中的分组密码

　　　　 C. 对称密码算法中的序列密码　　　D. 单向密码

试题 4 分析

本题考查密码算法的基础知识。

对称密钥密码算法和非对称密钥密码算法的对比如下。

（1）一般要求。

- 对称密钥密码算法加密和解密使用相同的密钥；收发双方必须共享密钥。
- 非对称密钥密码算法加密和解密使用不同的密钥；发送方拥有加密或解密密钥，而接收方拥有另一密钥。

（2）安全性要求。

- 对称密钥密码算法密钥必须保密；若没有其他信息，解密消息是不可能或至少是不可行的；知道算法和若干密文不足以确定密钥。
- 非对称密钥密码算法中两个密钥之一必须是保密的；若没有其他信息，解密消息是不可能或至少是不可行的；知道算法和其中一个密钥以及若干密文不足以确定另一密钥。

对称密钥密码体制从加密模式上可分为序列密码和分组密码两大类。分组密码的工作方式是将明文分为固定长度的组，对每一组明文用同一密钥和同一种算法来加密，输出的密文长度也是固定长度的。

信息系统中使用较多的 DES 是对称密钥密码算法中的分组密码算法，它的加密密钥和解密密钥是相同的。

试题 4 答案

（48）B

试题 5（2006 年 5 月试题 51）

由 IETF 定义的 　(51)　 协议是常见的网络管理协议。

（51）A. SNMP 　　　　B. RMON 　　　　　C. CMIP 　　　　　　D. IP

试题 5 分析

本题考查网络管理的基本知识。

简单网络管理协议 SNMP 是由 IETF 研究小组为了解决在 Internet 上的路由器管理问题提出来的。远程网络监控 RMON 是 SNMP 的扩展协议，最初为了解决从一个中心点管理各局域分网和远程站点的问题。通用管理信息协议 CMIP 是由国际标准化组织 ISO 为解决不同厂商、不同机种的网络之间互通而建立的开放系统互联网络管理协议。网间 IP 协议是为了计算机网络相互连接进行通信而设计的协议，任何厂商生产的计算机系统，只要遵守 IP 协议就可以与因特网互连互通。

试题 5 答案

（51）A

试题 6（2006 年 5 月试题 59）

属于网络 112.10.200.0/21 的地址是　(59)　。

(59) A. 112.10.198.0　　　　　　　　　　　B. 112.10.206.0

　　　C. 112.10.217.0　　　　　　　　　　　D. 112.10.224.0

试题 6 分析

网络 112.10.200.0/21 的二进制表示　　　　01110000 00001010 11001000 00000000

地址 112.10.198.0 的二进制表示　　　　　　01110000 00001010 11000110 00000000

地址 112.10.206.0 的二进制表示　　　　　　01110000 0001010 11001110 00000000

地址 112.10.217.0 的二进制表示　　　　　　01110000 00001010 11011001 00000000

地址 112.10.224.0 的二进制表示　　　　　　01110000 0001010 11100000 00000000

可以看出，只有地址 112.10.206.0 与网络 112.10.200.0/21 满足最长匹配关系，所以地址 112.10.206.0 属于 112.10.200.0/21 网络。

试题 6 答案

(59) B

试题 7（2006 年 5 月试题 60）

通过代理服务器可使内部局域网中的客户机访问 Internet，　(60)　不属于代理服务器的功能。

(60) A. 共享 IP 地址　　　　　　　　　B. 信息缓存

　　　C. 信息转发　　　　　　　　　　　D. 信息加密

试题 7 分析

本题考查代理服务器的基础知识。

代理服务器是为了节约 IP 地址资源、降低因特网接入成本而采用的技术，它拥有 Internet 连接共享、提高访问速度、信息转发以及节约带宽等诸多优点。

在局域网中实现代理服务器接入时，必须有一台专门的计算机作为代理服务器，为其他的计算机提供服务，代理服务器将网络分为两段：一段连接因特网，接入的方法可以是 ADSL、PSTN、ISDN 等；另一段连接局域网，通过交换机或 Hub 连接。

通常代理服务器的实现有 Internet 连接共享 ICS、WinGate 以及 SyGate 等多种方式。

试题 7 答案

(60) D

试题 8（2006 年 5 月试题 61）

与多模光纤相比较，单模光纤具有　(61)　等特点。

(61) A. 较高的传输率、较长的传输距离、较高的成本

　　　B. 较低的传输率、较短的传输距离、较高的成本

　　　C. 较高的传输率、较短的传输距离、较低的成本

　　　D. 较低的传输率、较长的传输距离、较低的成本

试题 8 分析

本题考查光纤的基础知识。

光纤不会向外界辐射电子信号，同时其传输的带宽大大超过铜质线缆，光纤支持的最大连接距离达到 2km 以上，所以光纤是组建大规模网络的必然选择。

光纤可以分为单模光纤、多模光纤。其中，"模"是指以一定的角度进入光纤的一束光线。多模光纤使用发光二极管（LED）作为发光设备，而单模光纤使用的是激光二极管（LD）。两者的特点说明如下。

多模光纤的特点是：成本低、宽芯线、聚光好、耗散大，主要用于低速度、短距离的通信，如同一办公楼或者距离相对较近的区域内的网络连接。单模光纤的特点是：成本高、窄芯线、需要激光源、耗散小、高效，主要用于高速度、长距离的通信，如用来连接办公楼之间或者地理分散更广的网络。

试题 8 答案

（61）A

试题 9（2006 年 5 月试题 62～63）

CDMA 系统中使用的多路复用技术是　（62）　。我国自行研制的移动通信 3G 标准是　（63）　。

（62）A. 时分多路　　　B. 波分多路　　　C. 码分多址　　　D. 空分多址

（63）A. TD-SCDMA　　B. WCDMA　　　C. CDMA2000　　　D. GPRS

试题 9 分析

本题考查移动通信的基础知识。

移动通信系统有多种分类方法。若按信号性质分，可分为模拟和数字；按调制方式分，可分为调频、调相和调幅；按多址连接方式分，可分为频分多址（FDMA）、时分多址（TDMA）和码分多址（CDMA）。

CDMA 系统是基于码分技术（扩频技术）和多址技术的通信系统，系统为每个用户分配各自的特定地址码。地址码之间具有相互准正交性，从而在时间、空间和频率上都可以重叠；将需传送的具有一定信号带宽的信息数据，用一个带宽远大于信号带宽的伪随机码进行调制，使原有的数据信号的带宽被扩展，接收端进行相反的过程，进行解扩，增强了抗干扰的能力。中国移动、中国联通所使用的GSM移动电话网采用的便是 FDMA 和 TDMA 两种方式的结合。

TD-SCDMA 是我国提出的第三代移动通信标准（简称 3G），它以中国知识产权为主，被国际广泛接受和认可。除了 TD-SCDMA 外，3G 还有两个国际标准，它们是美国主导的 CDMA2000 和欧洲主导的 WCDMA。我国三大运营商使用的标准为：移动 TD-SCDMA、联通 WCDMA、电信 CDMA2000。

试题 9 答案

（62）C　　　（63）A

试题 10（2006 年 5 月试题 64）

"<title style="italic">science</title>" 是 XML 中一个元素的定义，其中元素的内容是___(64)___。

(64) A. title　　　　　　B. style　　　　　　C. italic　　　　　　D. science

试题 10 分析

本题考查 XML 元素标记的基础知识。

可扩展标记语言 XML 与 HTML 一样都是标准通用标记语言（SGML）。XML 与 HTML 的区别在于：XML 扩展性比 HTML 强大，XML 语法比 HTML 严格，XML 与 HTML 互补。

根据题意，"<title style="italic">science</title>" 是一个 XML 元素的定义。其中，title 是元素标记名称，style 是元素标记属性名称，italic 是元素标记属性值，science 是元素内容。

试题 10 答案

(64) D

试题 11（2006 年 5 月试题 65）

某校园网用户无法访问外部站点 210.102.58.74，管理人员在 Windows 操作系统下可以使用___(65)___判断故障发生在校园网内还是校园网外。

(65) A. ping 210.102.58.74　　　　　　　　B. tracert 210.102.58.74

　　　 C. netstat 210.102.58.74　　　　　　　 D. arp 210.102.58.74

试题 11 分析

本题考查常用的网络命令。

（1）ping 命令

ping 命令是一个测试程序，可以检测本地主机是否能与另一台主机交换数据报文。如：ping www.tup.com.cn，ping 的参数可以是 IP 地址或 URL。根据返回的信息即可推断 TCP/IP 参数是否设置正确以及运行是否正常。

当网络无法访问外部站点时，采用 ping 操作能判断用户与外部站点的连通性，但是无法判断故障处于校园网内还是校园网外。

（2）netstat 命令

netstat 命令用于显示与 IP、TCP、UDP 和 ICMP 相关的统计数据。一般可以用于检验本机各端口的网络连接情况。

命令格式如：netstat -a。选项中的命令格式不符合要求。

（3）ipconfig 命令

ipconfig 命令是一个实用程序，可用来显示当前的 TCP/IP 配置的设置值，包括 IP 地址、子网掩码和默认网关等。这些信息实际上是进行网络测试和故障分析的必要项目，可以用来检验人工配置的 TCP/IP 设置是否正确。

（4）ARP 命令

ARP 命令可以查看和修改本地计算机上的 ARP 表项。ARP 命令对于查看 ARP 缓存和解决地址解析问题非常有用。

（5）net 命令

net 命令可以用来核查计算机之间的 NetBIOS 连接。

（6）tracert 命令

数据报文从本地计算机发出至目的地需要经过多个网关，tracert 命令可以用来跟踪数据报文使用的路由，还可以用来检测故障的位置。因此，可以用该命令判断故障发生在校园网内还是校园网外。

试题 11 答案

（65）B

试题 12（2007 年 5 月试题 60）

小李在维护企业的信息系统时，无意中将操作系统中的系统文件删除了，这种不安全行为属于介质＿＿（60）＿＿。

（60）A. 损坏　　　　　　B. 泄漏　　　　　C. 意外失误　　　　　D. 物理损坏

试题 12 分析

本题考查安全管理中介质安全的基础知识。

介质安全包括介质数据的安全及介质本身的安全。目前，该层次上常见的不安全情况大致有三类：损坏、泄漏、意外失误。

（1）损坏：主要包括自然灾害、物理损坏、设备故障等。

（2）泄漏：主要包括电磁辐射、乘机而入、痕迹泄漏等。

（3）意外失误：主要包括操作失误和意外疏漏等。

根据题意，小李的这种不安全行为属于介质意外失误。

试题 12 答案

（60）C

试题 13（2007 年 5 月试题 61）

信息系统中的数据安全措施主要用来保护系统中的信息，可以分为以下 4 类。用户标识与验证属于＿＿（61）＿＿措施。

（61）A. 数据库安全　　　B. 终端识别　　　C. 文件备份　　　　D. 访问控制

试题 13 分析

本题考查信息系统的数据安全措施的基本知识。

在计算机信息系统中存储的信息主要包括数据信息和各种功能文件信息两大类。对数据信息的安全保护，以数据库信息的保护最为典型；对各种功能文件的保护，则终端安全很重要。数据安全性措施主要有以下 4 类。

（1）数据库安全。数据库安全对数据库系统所管理的数据和资源提供安全保护。一般包括物理完整性、逻辑完整性、元素完整性、数据的加密、用户鉴别、可获得性和可审计性。

（2）终端识别。又称为回叫保护，系统需要对联机的用户终端位置进行核定。为保证终端标识的安全，可能需要对计算机终端进行物理保护，也可以用其他的技术鉴别计算机终端。

（3）文件备份。备份能在数据或系统丢失的情况下恢复操作。备份的频率应与系统/应用程序的重要性相联系。

（4）访问控制。是指防止对计算机及计算机系统进行非授权访问和存取。主要采用两种方式实现：一种是限制访问系统的人员；另一种是限制进入系统的用户所能做的操作。前一种主要通过用户标识与验证来实现，而后一种则依靠存取控制来实现。

试题 13 答案

（61）D

试题 14（2007 年 5 月试题 62）

在 Windows 操作环境中，采用　（62）　命令来查看本机 IP 地址及网卡 MAC 地址。

（62）A. ping　　　　　　　B. tracert　　　　　　C. ipconfig　　　　　　D. nslookup

试题 14 分析

本题考查常用的网络命令。

由试题 11 分析所知，ipconfig 命令是一个实用程序，它可以用来显示当前的 TCP/IP 配置的设置值，包括 IP 地址、子网掩码和默认网关等。这些信息实际上是进行网络测试和故障分析的必要项目，可以用来检验人工配置的 TCP/IP 设置是否正确。nslookup 命令的功能是查询一台机器的 IP 地址和其对应的域名，它通常需要一台域名服务器来提供域名服务。它可以指定查询的类型，可以查到 DNS 记录的生存时间，还可以指定使用哪个 DNS 服务器进行解释。该命令的一般格式为：nslookup 域名/IP 地址。

试题 14 答案

（62）C

试题 15（2007 年 5 月试题 63）

下面关于 ARP 协议的描述中，正确的是　（63）　。

（63）A. ARP 报文封装在 IP 数据报中传送

　　　B. ARP 协议实现域名到 IP 地址的转换

　　　C. ARP 协议根据 IP 地址获取对应的 MAC 地址

　　　D. ARP 协议是一种路由协议

试题 15 分析

本题考查 ARP 的基础知识。

ARP 是地址解析协议的英文缩写，它的基本功能是通过目标设备的 IP 地址，查询目标设备的 MAC 地址，以保证通信的顺利进行。如果源站要和一个新的目标通信，首先由源站发出 ARP 请求广播包，其中包含目标的 IP 地址，然后目标返回 ARP 响应包，其中包含自己的 MAC 地址。这时，源站一方面把目标的 MAC 地址装入要发送的数据帧中，一方面把得到的 MAC 地址添加到自己的 ARP 表中。当一个站与多个目标进行了通信后，在其 ARP 表中就积累了多个表项，每一项都是 IP 地址与 MAC 地址的映射关系。ARP 报文封装在以太帧中传送。

试题 15 答案

（63）C

试题 16（2007 年 5 月试题 64）

以下给出的 IP 地址中，属于 B 类地址的是 （64） 。

（64）A. 10.100.207.17　　　　　　　　　　B. 203.100.218.14

　　　C. 192.168.0.1　　　　　　　　　　　D. 132.101.203.31

试题 16 分析

本题考查计算机网络相关的计算方法。

在现行主流的 IPv4 标准中，IP 地址采用 4 单位 8 位一组共计 32 位的二进制数值来表示。为了方便起见，通常把这个 8 位一组的二进制数值转换成十进制数值，并以小数点隔开表示。IP 地址可以分为网络标识和主机标识两部分，其中，网络标识从左起高位字节开始标识为网络，主机标识在其之后标识具体的主机。

IP 地址共可分为 5 类常规地址。

A 类：由一个字节的网络标识和三个字节的主机标识组成。A 类 IP 地址范围为 1.0.0.0~127.255.255.255。

B 类：由两个字节的网络标识和两个字节的主机标识组成。B 类 IP 地址范围为 128.0.0.0~191.255.255.255。

C 类：由三个字节的网络标识和一个字节的主机标识组成。C 类 IP 地址范围为 192.0.0.0~223.255.255.255。

D 类：多用于多路广播组用户。D 类 IP 地址范围为 224.0.0.0~239.255.255.255。

E 类：仅用于实验。E 类 IP 地址范围为 240.0.0.0~255.255.255.255。

试题 16 答案

（64）D

试题 17（2007 年 5 月试题 65）

基于 MAC 地址划分 VLAN 的优点是 （65） 。

（65）A. 主机接入位置变动时无须重新配置　　B. 交换机运行效率高

　　　C. 可以根据协议类型来区分 VLAN　　　D. 适合于大型局域网管理

试题 17 分析

本题考查虚拟局域网 VLAN 相关技术的基础知识。

虚拟局域网（VLAN）是把交换式局域网划分为多个不同的逻辑网络。一个 VLAN 可以包含多个处于不同物理位置的网络设备,形成一个广播域,不同 VLAN 间的通信需要路由器或三层交换机的支持。使用 VLAN 可以抑制广播风暴,提高网络的安全性,针对不同的用户实行不同的管理策略。

划分 VLAN 可使用不同的技术,一般有以下三种划分方法。

(1)基于端口的 VLAN 划分。又称为静态分配 VLAN。它对交换机端口进行重新分配,为交换机的各个端口指定所属的 VLAN。

(2)基于 MAC 地址的 VLAN 划分。又称为动态分配 VLAN。由于网卡 MAC 地址是唯一的,前 8 位表示厂商标识,后 4 位表示网卡标识,动态 VLAN 可以根据设备的 MAC地址来划分所属的 VLAN。

(3)基于 IP 地址的 VLAN 划分。又称基于网络层协议划分 VLAN。它可以根据网络层地址或协议类型划分所属的 VLAN。

基于 MAC 地址划分 VLAN 的优点是无论一台设备连接到交换网络的哪个地方,接入交换机通过查询 VLAN 管理策略服务器,根据设备的 MAC 地址就可以确定该设备的 VLAN成员身份。这种方法使得用户可以在交换网络中改变接入位置,而仍能访问所属的 VLAN。

试题 17 答案

(65)A

试题 18(2007 年 5 月试题 66～68)

某网络结构如下图所示。在 Windows 操作系统中配置 Web 服务器应安装的软件是__(66)__。在配置网络属性时 PC1 的"默认网关"应该设置为__(67)__,首选 DNS 服务器应设置为__(68)__。

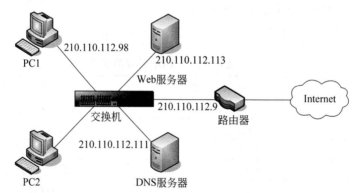

(66)A. iMail　　　　　B. IIS　　　　　　C. Wingate　　　　D. IE 6.0
(67)A. 210.110.112.113　　　　　　　　B. 210.110.112.111
　　C. 210.110.112.98　　　　　　　　　D. 210.110.112.9
(68)A. 210.110.112.113　　　　　　　　B. 210.110.112.111
　　C. 210.110.112.98　　　　　　　　　D. 210.110.112.9

试题 18 分析

本题考查计算机网络的基础知识。

IIS（Internet Information Services，互联网信息服务）是由微软提供的基于运行 Microsoft Windows 的互联网基本服务。IIS 作为当今流行的 Web 服务器之一可提供强大的 Internet 和 Intranet 服务功能。iMail 是一款邮件服务器软件，Wingate 是一款代理服务器软件，IE 6.0 则是一款众所周知的浏览器软件。

默认网关是一个用于 TCP/IP 协议的配置项，是一个可直接到达的 IP 路由器的 IP 地址。配置默认网关可以在 IP 路由表中创建一个默认路径。一台主机可以有多个网关。默认网关的意思是一台主机如果找不到可用的网关，就把数据包发给默认指定的网关，由这个网关来处理数据包。现在主机使用的网关，一般指的是默认网关。PC1 的"默认网关"应该设置为路由器上 PC1 端 IP 地址，即 210.110.112.9。

DNS（域名系统）是一种 TCP/IP 的标准服务，负责 IP 地址和域名之间的转换。DNS 服务允许网络上的客户机注册和解析 DNS 域名。将域名映射为 IP 地址的过程称为域名解析。PC1 的首选 DNS 服务器应该设置为 210.110.112.111。

试题 18 答案

（66）B　　　（67）D　　　（68）B

试题 19（2007 年 5 月试题 69）

WWW 服务器与客户机之间采用 __(69)__ 协议进行网页的发送和接收。

（69）A. HTTP　　　　　　B. URL　　　　　　C. SMTP　　　　　　D. HTML

试题 19 分析

本题考查计算机网络协议的基础知识。

在 Internet 应用中，采用 TCP、UDP 协议的服务列举如表 2.1 所示。

表 2.1　使用 TCP、UDP 协议的服务

协　　议	关　键　词	描　　述
TCP	FTP	文件传输控制连接
TCP	Telnet	远程登录
TCP	SMTP	简单邮件传输协议
TCP	POP3	邮局协议版本 3
TCP	HTTPS	安全 HTTP
TCP/UDP	DNS	DNS 服务器
UDP	DHCP Server-Client	DHCP 服务-客户机
UDP	TFTP	简单文件传送协议
UDP	HTTP	超文本传输协议

由表 2.1 所知，浏览 Web 页面采用 HTTP，发送电子邮件采用 SMTP，HTTP、Telnet 和 SMTP 均采用 TCP 作为传输层协议。IP 电话采用 UDP 方式传输话音数据。HTML 是超文本标记语言，它是 WWW 的描述语言，可以使用 HTML 写代码实现网页。URL 是统一资源定位符，确定了要浏览的网络地址。

试题 19 答案

（69）A

试题 20（2007 年 5 月试题 70）

通过局域网接入因特网，图中箭头所指的两个设备是　（70）　。

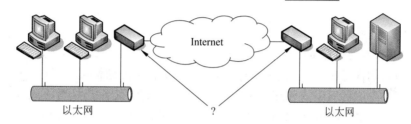

（70）A. 二层交换机　　　　B. 路由器　　　　C. 网桥　　　　D. 集线器

试题 20 分析

本题考查计算机网络的基本知识。

路由器是连接因特网中各局域网、广域网的设备，它会根据信道的情况自动选择和设定路由，以最佳路径按前后顺序发送信号。路由器是互联网络的枢纽。目前路由器已经广泛应用于各行各业，各种不同档次的产品已成为实现各种骨干网内部连接、骨干网间互联和骨干网与互联网互联互通业务的主力军。路由器和交换机之间的主要区别就是交换发生在 OSI 参考模型第二层（数据链路层），而路由发生在第三层，即网络层。这一区别决定了路由和交换在移动信息的过程中需使用不同的控制信息，所以两者实现各自功能的方式是不同的。

根据题意，局域网接入因特网要通过路由器，图中箭头所指的两个设备是路由器。

试题 20 答案

（70）B

试题 21（2008 年 5 月试题 61）

企业中有大量的局域网，每一局域网都有一定的管理工具，如何将这些众多实用的管理工具集成在系统管理的架构中，这是　（61）　应实现的功能。

（61）A. 存储管理　　　　　　　　B. 安全管理工具
　　　C. 用户连接管理　　　　　　D. IT 服务流程管理

试题 21 分析

本题考查信息系统网络中运行管理工具的基础知识。

按照运行管理工具的功能及分类，用户连接管理指在企业中有大量的局域网，每一局域网都具有一定的管理工具。如何将这众多的实用管理工具集成在系统管理的架构中，使得各种客户机可以连接到系统的主服务器上，使用户可以高效共享系统提供的文件、打印和各种应用服务。存储管理是指在开放企业的网络环境中，服务器具有数据中心的功能，从而实现自动文件备份、文件迁移、灾难恢复等功能。安全管理是为了保证正在运行的系统安全而采取的管理措施，它能监视系统危险情况，一旦出现险情就应立即隔离，并能把险情控制在最小范围之内。IT 服务流程管理主要包括 IT 服务计费及服务级别管理，根据事先与业务部门所约定的服务级别进行 IT 计费，转换 IT 部门称为责任中心，同时还能够提供成本分析、资源利用报告、资源监控等功能。

试题 21 答案

（61）C

试题 22（2008 年 5 月试题 62）

如果希望别的计算机不能通过 ping 命令测试服务器的连通情况，可以　（62）　。

（62）A. 删除服务器中的 ping.exe 文件　　　　B. 删除服务器中的 cmd.exe 文件

　　　　C. 关闭服务器中 ICMP 的端口　　　　　D. 关闭服务器中的 Net Logon 服务

试题 22 分析

本题考查常用网络命令的使用。

（1）ping 命令

ping 命令是一个测试程序，可以检测本地主机是否能与另一台主机交换数据报文。如：ping www.tup.com.cn，ping 的参数可以是 IP 地址或 URL。根据返回的信息即可推断 TCP/IP 参数是否设置正确以及运行是否正常。

当网络无法访问外部站点时，采用 ping 操作能判断用户与外部站点的连通性，但是无法判断故障处于校园网内还是校园网外。

（2）netstat 命令

netstat 命令用于显示与 IP、TCP、UDP 和 ICMP 相关的统计数据。一般可以用于检验本机各端口的网络连接情况。

命令格式如：netstat -a。选项中的命令格式不符合要求。

（3）ipconfig 命令

ipconfig 命令是一个实用程序，可用来显示当前的 TCP/IP 配置的设置值，包括 IP 地址、子网掩码和默认网关等。这些信息实际上是进行网络测试和故障分析的必要项目，可以用来检验人工配置的 TCP/IP 设置是否正确。

（4）ARP 命令

ARP 命令可以查看和修改本地计算机上的 ARP 表项。ARP 命令对于查看 ARP 缓存和解决地址解析问题非常有用。

（5）net 命令

net 命令可以用来核查计算机之间的 NetBIOS 连接。

（6）tracert 命令

数据报文从本地计算机发出至目的地需要经过多个网关，tracert 命令可以用来跟踪数据报文使用的路由，还可以用来检测故障的位置。

根据题意，选项 A 和选项 B 首先排除，因为删除服务器中的这些文件将会影响命令程序的正常运行。ping 命令验证 IP 级连通性，当发现计算机不能上网，而自身 IP 设置没有问题时，可以使用 ping 命令向目标主机名或 IP 地址发送 ICMP 回应请求，即测试机器连通情况使用了 ICMP。如果关闭服务器上的 ICMP 端口，是可以让其他的计算机不能通过 ping 命令测试服务器的连通情况的。针对网络黑客使用 ICMP 的 bug，网络管理员会使用网络交换设备上关闭该协议的方法使得 ping 命令的数据包被过滤。

试题 22 答案

（62）C

试题 23（2008 年 5 月试题 63）

以下关于网络存储描述正确的是　（63）　。

（63）A. SAN 系统是将存储设备连接到现有的网络上，其扩展能力有限

　　　B. SAN 系统是将存储设备连接到现有的网络上，其扩展能力很强

　　　C. SAN 系统使用专用网络，其扩展能力有限

　　　D. SAN 系统使用专用网络，其扩展能力很强

试题 23 分析

本题考查网络存储的基础知识。

观察 4 组选项发现，A、B 与 C、D 分别为两组对比选项。从网络存储的概念了解到，SAN 存储区域网络是一种专用网络，它可以把一个或多个系统连接到存储设备和子系统。SAN 可以被看作是负责存储传输的"后端"网络，而"前端"网络负责正常的 TCP/IP 传输。因此，可以排除 A、B 组的选项。同时，与 NAS 相比，SAN 具有无限的扩展能力，具有更高的连接速度和处理能力。因此，选项 D 是答案。

试题 23 答案

（63）D

试题 24（2008 年 5 月试题 64）

某银行为用户提供网上服务，允许用户通过浏览器管理自己的银行账户信息。为保障通信的安全性，该 Web 服务器可选的协议是　（64）　。

（64）A. POP　　　　　　　B. SNMP　　　　　　C. HTTP　　　　　　D. HTTPS

试题 24 分析

本题考查 TCP/IP 和 OSI 模型的基础知识。

TCP/IP 协议族由 5 层组成：物理层、数据链路层、网络层、传输层和应用层。前面 4 层与 OSI 的前 4 层相对应，提供物理标准、网络接口、网络互联以及传输功能，而 OSI 的最高三层在 TCP/IP 中用应用层来表示。根据题意，POP 是邮局协议，SNMP 是简单网络

管理协议，HTTP 是超文本传输协议，HTTPS 是安全超文本传输协议。银行网上服务需要安全性要求，因此 Web 服务器可以选用 HTTPS 协议。

试题 24 答案

（64）D

试题 25（2008 年 5 月试题 65～66）

运行 Web 浏览器的计算机与网页所在的计算机要建立 __（65）__ 连接，采用 __（66）__ 协议传输网页文件。

（65）A. UDP　　　　　B. TCP　　　　　C. IP　　　　　D. RIP

（66）A. HTTP　　　　　B. HTML　　　　　C. ASP　　　　　D. RPC

试题 25 分析

本题考查 TCP/IP 和 OSI 模型的基础知识。

浏览 Web 页面采用 HTTP，发送电子邮件采用 SMTP，HTTP、Telnet 和 SMTP 等均采用 TCP 作为传输层协议。运行 Web 浏览器的计算机与网页所在的计算机要建立 TCP 连接，采用 HTTP 传输网页文件。

试题 25 答案

（65）B　　　　　（66）A

试题 26（2008 年 5 月试题 67）

__（67）__ 不属于电子邮件协议。

（67）A. POP3　　　　　B. SMTP　　　　　C. IMAP　　　　　D. MPLS

试题 26 分析

本题考查计算机网络协议的基础知识。

POP3 是邮局协议版本 3，SMTP 是简单邮件传输协议，IMAP 是邮件获取协议，它们都属于电子邮件协议。MPLS 多协议标记交换是一种标记机制的包交换技术。

试题 26 答案

（67）D

试题 27（2008 年 5 月试题 68）

在 Windows Server 2003 操作系统中可以通过安装 __（68）__ 组件创建 FTP 站点。

（68）A. IIS　　　　　B. IE　　　　　C. POP3　　　　　D. DNS

试题 27 分析

本题考查网络操作系统中应用服务器配置的基本知识。

IE 是微软的浏览器，POP3 是邮局协议版本 3，DNS 是域名系统，只有 IIS 符合要求。IIS 是建立 Internet/Intranet 的基本组件，通过超文本传输协议传输信息，还可以配置 IIS 以提供文件传输协议和其他服务。

试题 27 答案

（68）A

试题 28（2008 年 5 月试题 69～70）

以下列出的 IP 地址中，不能作为目标地址的是 (69) ，不能作为源地址的是 (70) 。

(69) A. 0.0.0.0　　　　　　　　　　　　　　B. 127.0.0.1

　　　C. 100.10.255.255　　　　　　　　　　　D. 10.0.0.1

(70) A. 0.0.0.0　　　　　　　　　　　　　　B. 127.0.0.1

　　　C. 100.255.255.255　　　　　　　　　　D. 10.0.0.1

试题 28 分析

本题考查计算机 IP 地址相关的基础知识。

按照试题 16 的分析，IP 地址共可分为 A、B、C、D、E 5 类常规地址。

A 类：由一个字节的网络标识和三个字节的主机标识组成。A 类 IP 地址范围为 1.0.0.0~127.255.255.255。

B 类：由两个字节的网络标识和两个字节的主机标识组成。B 类 IP 地址范围为 128.0.0.0~191.255.255.255。

C 类：由三个字节的网络标识和一个字节的主机标识组成。C 类 IP 地址范围为 192.0.0.0~223.255.255.255。

D 类：多用于多路广播组用户。D 类 IP 地址范围为 224.0.0.0~239.255.255.255。

E 类：仅用于实验。E 类 IP 地址范围为 240.0.0.0~255.255.255.255。

主要用于网络中的特殊用途的 IP 地址有以下几类。

（1）网络地址。主机地址每一位都是"0"的 IP 地址，用来表示整个物理网络，它指的是物理网络本身。

（2）广播地址。主机地址每一位都是"1"的 IP 地址，当一个包被发送到某个物理网络的广播地址时，这个包将送达该网络上的每一台主机。

（3）回路地址。127.0.0.1 保留为本地回路测试地址，名为 Local host。

（4）私有地址。如 1 个 A 类地址、16 个 B 类地址和 255 个连续的 C 类地址。

根据题意，0.0.0.0 每一位都是 0 表示本地计算机，不能作为目标地址。A 类地址 100.255.255.255 是广播地址，不能作为源地址。

试题 28 答案

(69) A　　　　(70) C

试题 29（2009 年 11 月试题 5）

"http://www.rkb.gov.cn"中的"gov"代表的是 (5) 。

(5) A. 民间组织　　　　B. 商业机构　　　　　C. 政府机构　　　　　D. 高等院校

试题 29 分析

本题考查域名系统的基础知识。

域名系统 DNS 的逻辑结构是一个分层的域名树。域名级数是从右到左的，按照圆点"."分开的部分确定，有几个圆点就是有几级。

Internet 网络信息中心（Internet Network Information Center）管理着域名树的根，称为根域。根域没有名称，用圆点表示，是域名空间的最高级别，经常是省略的。根域下面是顶级域，分为国家顶级域和通用顶级域。顶级域下面是二级域，这是正式注册给组织和个人的唯一名称。二级域下面，组织机构还可以划分子域，使其各个分支部门都获得一个专用的名称标识。域名 http://www.rkb.gov.cn 的顶级域名为 cn，gov 表示机构性质为政府部门，rkb 是网络名。常见域名后缀及其含义如表 2.2 所示。

表 2.2　常见域名及其含义

域　　名	含　　义
com	商业组织，公司
gov	政府部门
net	网络服务商
org	非盈利组织
edu	教研机构
int	国际组织
mil	美国军部
cn	中国国家顶级域名
com.cn	中国公司和商业组织域名
net.cn	中国网络服务机构域名
gov.cn	中国政府机构域名
org.cn	中国非盈利组织域名
biz	新国际域名：代表商务网站
info	新国际域名：代表信息网与信息服务
name	新国际域名：代表一般的信息服务使用

试题 29 答案

（5）C

试题 30（2009 年 11 月试题 59）

网络设备管理是网络资源管理的重要内容。在网络设备中，网关属于　（59）　。

（59）A. 网络传输介质互联设备　　　　　　B. 网络物理层互联设备

　　　　C. 数据链路层互联设备　　　　　　　D. 应用层互联设备

试题 30 分析

本题考查的是网络设备的基础知识。

网络设备管理是网络资源管理的重要内容。常用的网络互联设备有：中继器、集线器、网桥、交换机、路由器、网关等。它们可以按照如下标准进行分类。

（1）网络传输介质互联设备：调制解调器、T 形连接器等。

（2）物理层互联设备：中继器、集线器 Hub 等。

（3）数据链路层互联设备：网桥、交换机等。

（4）应用层互联设备：网关、多协议路由器等。

试题 30 答案

（59）D

试题 31（2009 年 11 月试题 60）

网络管理包含 5 部分内容：__（60）__、网络设备和应用配置管理、网络利用和计费管理、网络设备和应用故障管理以及网络安全管理。

（60）A. 网络数据库管理　　　　　　　　B. 网络性能管理

　　　　C. 网络系统管理　　　　　　　　D. 网络运行模式管理

试题 31 分析

本题考查网络管理的基础知识。

网络管理的目的是协调、保持网络系统的高效、可靠运行，当网络出现故障时，能够及时地告知和处理。网络管理包含网络性能管理、网络设备和应用配置管理、网络利用和计费管理、网络设备和应用故障管理以及网络安全管理。

（1）网络性能管理：衡量及利用网络性能，实现网络性能监控和优化。

（2）网络设备和应用配置管理：监控网络和系统配置信息，从而可以跟踪和管理各种版本的硬件和软件元素的网络操作。

（3）网络利用和计费管理：衡量网络利用个人或小组网络活动，主要负责网络使用规则和账单等。

（4）网络设备和应用故障管理：负责监测、日志、通告用户（一定程度上可能）自动解除网络问题。

（5）网络安全管理：控制网络资源访问权限，从而不会导致网络遭到破坏。

试题 31 答案

（60）B

试题 32（2009 年 11 月试题 66）

网络安全体系设计可从物理线路安全、网络安全、系统安全、应用安全等方面来进行，其中，数据库容灾属于__（66）__。

（66）A. 物理线路安全和网络安全　　　　B. 应用安全和网络安全

　　　　C. 系统安全和网络安全　　　　　D. 系统安全和应用安全

试题 32 分析

本题考查网络安全体系设计的基础知识。

网络安全体系设计可从物理线路安全、网络安全、系统安全、应用安全等方面来进行，其中，数据库容灾属于系统安全和应用安全考虑范畴。数据库容灾指当应用系统和数据库发生不可抗力（如地震、火山喷发、海啸等）的时候，可以通过启用在异地实时在线的备用应用系统以及备用数据库立即接管，保证应用的顺利进行。厂家的落实方案有：数据库冷备、双机本地热备、数据库热备等。

试题 32 答案

（66）D

试题 33（2009 年 11 月试题 67）

包过滤防火墙对数据包的过滤依据不包括＿＿（67）＿＿。

（67）A. 源 IP 地址　　　　B. 源端口号　　　　　　C. MAC 地址　　　　　　D. 目的 IP 地址

试题 33 分析

本题考查防火墙的基础知识。

企业为了保障自身服务器和数据安全都会选择采用防火墙。

包过滤防火墙是用一个软件检查每一个通过的网络包中的基本信息（IP 源地址和目的地址、协议、端口号等），将这些信息与设立的规则进行比较，最后决定整个包是丢弃还是接收通过。

包过滤防火墙的优点如下。

（1）防火墙对每条传入和传出网络的包实行低水平控制。

（2）每个 IP 包的字段都被检查，如 IP 源地址、IP 目的地址、协议、端口等。防火墙基于这些信息应用过滤规则。

（3）防火墙可以识别和丢弃带欺骗性源 IP 地址的包。

（4）包过滤防火墙是两个网络之间访问的唯一来源。

（5）包过滤防火墙通常被包含在路由器数据报中，所以不需要额外系统来处理这个特征如下。

包过滤防火墙的工作原理如下。

（1）使用过滤器。

数据包过滤用在内部主机和外部主机之间，过滤系统是一台路由器或是一台主机。过滤系统根据过滤规则来决定是否让数据包通过。

数据包过滤是通过对数据包的 IP 头和 TCP 头或 UDP 头的检查来实现的，主要信息有：IP 源地址、IP 目的地址、协议（TCP 包、UDP 包和 ICMP 包）、端口等。

（2）过滤器的实现。

一般使用过滤路由器实现。过滤路由器比普通路由器更加仔细地检查数据包，除了决定是否有到达目标地址的路径外，还要决定是否应该发送数据包。

路由器的过滤策略主要有以下几个。

① 拒绝或允许来自某主机或某网段的所有连接。

② 拒绝或允许来自某主机或某网段的指定端口的连接。

③ 拒绝或允许本地主机或本地网络与其他主机或其他网络的所有连接。

④ 拒绝或允许本地主机或本地网络与其他主机或其他网络的指定端口的连接。

试题 33 答案

（67）C

试题 34（2009 年 11 月试题 68）

某网站向 CA 申请了数字证书，用户通过　（68）　来验证网站的真伪。

（68）A. CA 的签名　　B. 证书中的公钥　　　C. 网站的私钥　　　　D. 用户的公钥

试题 34 分析

本题考查 CA 数字证书的基础知识。

信息时代，在网络、公司内外网中，使用数字证书实现身份识别和电子信息加密已越来越普遍。CA 作为国家认可的权威、公正、可信的第三方机构，主要负责签发证书、认证证书、管理已颁发证书的机关等。CA 通过制定政策和具体步骤来验证、识别用户身份，并对用户证书进行签名，以确保证书持有者的身份和公钥的拥有权。

根据题意，某 Web 网站向 CA 申请了数字证书。用户登录该网站时，通过验证 CA 签名，可确认该数字证书的有效性，从而验证网站的真伪。

试题 34 答案

（68）A

试题 35（2009 年 11 月试题 69）

下面选项中，不属于 HTTP 客户端的是　（69）　。

（69）A. IE　　　　　　B. Netscape　　　　　C. Mozilla　　　　　D. Apache

试题 35 分析

本题考查 HTTP 服务的基础应用操作知识。

HTTP 是一个客户端和服务器端请求和应答的标准（TCP）。HTTP 客户端是利用 HTTP 从 HTTP 服务器上下载并显示 HTML 文件，并让用户与这些文件互动的软件。其中，HTML 是超文本标记语言，是目前网络上应用最为广泛的语言，也是构成网页文档的主要语言。根据题意，选项中 IE、Netscape、Mozilla 及 Safari、Firefox、Opera 等都是常见的网页浏览器，而 Apache 则是一款 Web 服务器软件。

试题 35 答案

（69）D

试题 36（2009 年 11 月试题 70）

下列网络互联设备中，属于物理层的是　（70）　。

（70）A. 中继器　　　B. 交换机　　　　　C. 路由器　　　　　D. 网桥

试题 36 分析

本题考查的是网络设备的基础知识。

根据试题 27 的分析，网络设备管理是网络资源管理的重要内容。常用的网络互联设备中中继器、集线器等属于物理层设备。

试题 36 答案

（70）A

试题 37（2011 年 5 月试题 9）

连接数据库过程中需要指定用户名和密码，这种安全措施属于 (9) 。

(9) A. 数据加密　　　　　　　　　　B. 授权机制

　　 C. 用户标识与鉴别　　　　　　　D. 视图机制

试题 37 分析

本题考查计算机数据库安全机制的基础知识。

数据库安全机制是用于实现数据库的各种安全策略的功能集合。

（1）用户标识与鉴别。

如题中所述，连接数据库过程中需要指定用户名和密码，这种安全措施属于用户标识与鉴别。该种安全措施的目的是防止非法用户进入和使用信息资源，访问控制的手段包括用户识别代码、密码等。标识和鉴别功能保证了只有合法的用户才能存取系统中的资源。

近年来一些实体认证新技术在数据库系统集成中也得到了应用。常用的方法有通行字认证、数字证书认证、智能卡认证和个人特征识别等。

（2）数据加密。

数据加密是指通过将数据和信息进行编码而使得侵入者不能阅读或理解，以此来保护数据和信息。同时，数据加密必然会带来数据存储与索引、密钥分配和管理等一系列问题，加密也会明显降低数据库的访问与运行效率。因此，保密性与可用性之间存在着冲突，需要妥善解决它们之间的矛盾。

（3）授权机制。

授权机制是指指定用户对数据库对象的操作权限。在用户级别上，可以授予数据库模式和数据操纵方面的几种授权，例如创建和删除索引、创建新关系、添加或删除关系中的属性、删除关系、查询数据、插入新数据等。在数据库对象级别上，可以将上述访问权限应用于数据表、基本表、视图和列等。

（4）视图机制。

视图是关系数据库系统提供给用户以多种角度观察数据库中数据的重要机制。视图是从一个或几个基本表（或视图）导出的表，它是一个虚表。数据库中只存放视图的定义，而不存放视图对应的数据。视图提供了一种灵活而简单的方法，以个人化方式授予访问权限。在授予用户对特定视图的访问权限时，该权限只用于在该视图中定义的数据项，而未用于完整基本表本身。因此，视图机制是指通过视图访问而将基本表中视图外的数据对用户屏蔽从而实现安全性。

试题 37 答案

（9）C

试题 38（2011 年 5 月试题 42）

在 ISO 建立的网络管理模型中，___(42)___ 单元是使用最为广泛的。

（42）A. 性能管理　　　B. 配置管理　　　　　C. 计费管理　　　　　D. 故障管理

试题 38 分析

本题考查 ISO 网络管理模型和网络管理的基础知识。

本题与试题 31 为同类题。按照试题 31 的分析，网络管理是一项保证成功运行网络和商业活动的关键因素。网络管理的目的是协调、保持网络系统的高效、可靠运行，当网络出现故障时，能够及时地告知和处理。网络管理包含网络性能管理、网络设备和应用配置管理、网络利用和计费管理、网络设备和应用故障管理以及网络安全管理。

故障管理负责监测、日志、通告用户，在一定程序上可能自动解决网络问题，以确保网络的高效运行，这是因为故障可能引起停机时间或网络退化等。在 ISO 建立的网络管理模型中，故障管理单元是使用最为广泛的。

试题 38 答案

（42）D

试题 39（2011 年 5 月试题 44）

用户安全审计与报告的数据分析包括检查、异常探测、违规分析与_(44)___。

（44）A. 抓取账户使用情况　　　　　　　B. 入侵分析

　　　　C. 时间戳的使用　　　　　　　　D. 登录失败的审核

试题 39 分析

本题考查计算机安全的基础知识。

按照 ISO 国际标准的定义，计算机安全审计是通过独立地回顾和检查系统的记录，来评估系统控制的恰当性，从而确保系统按照既定的安全策略和安全过程运行，查明破坏安全的原因，并且提出在安全控制、安全策略与过程等方面应予以改进的建议。审计记录应该包括如下这些信息：事件发生的时间和地点、引发事件的用户、事件的类型、事件成功与否等。用户安全审计与报告的数据分析包括检查、异常探测、违规分析与入侵分析。

试题 39 答案

（44）B

试题 40（2011 年 5 月试题 48）

对于整个安全管理系统来说，应该将重点放在 ___(48)___，以提高整个信息安全系统的有效性与可管理性。

（48）A. 响应事件　　　B. 控制风险　　　　　C. 信息处理　　　　　D. 规定责任

试题 40 分析

本题考查信息系统安全管理的基础知识。

信息安全是一个动态发展的过程，不仅是技术问题，还要从规划、管理、制度等多个因素上考虑。对于整个安全管理系统来说，应该将重点放在控制风险，以提高整个信息安全系统的有效性与可管理性。

试题 40 答案

（48）B

试题 41（2011 年 5 月试题 56）

现在计算机及网络系统中常用的身份认证的方式主要有以下 4 种，其中 （56） 是最简单也是最常用的身份认证方法。

（56）A. IC 卡认证　　　　　　　　　　　B. 动态密码

　　　 C. USB Key 认证　　　　　　　　　 D. 用户名/密码方式

试题 41 分析

本题考查信息系统用户管理的基本知识。

本题与试题 3 是同类题。按照试题 3 的分析，用户名/密码方式是 4 种常用的身份认证方式中最简单也是最常用的身份认证方法。

试题 41 答案

（56）D

试题 42（2011 年 5 月试题 66）

 （66） 不属于电子邮件相关协议。

（66）A. POP3　　　　　B. SMTP　　　　　　C. MIME　　　　　　D. MPLS

试题 42 分析

本题考查计算机网络协议的基础知识。

POP3 协议是电子邮件协议，SMTP 是简单邮件传输协议，MIME 协议是支持在电子邮件中传输音频和图像的协议。MPLS 不属于电子邮件相关协议，它是一种标记机制的包交换技术，为网络数据流量提供了目标、路由、转发和交换等能力。

试题 42 答案

（66）D

试题 43（2011 年 5 月试题 67）

在 Windows 操作系统下，FTP 客户端可以使用 （67） 命令显示客户端目录中的文件。

（67）A. !dir　　　　　B. dir　　　　　　C. get　　　　　　D. put

试题 43 分析

本题考查 Windows 操作系统中 FTP 基本命令的内容。

FTP 是 TCP/IP 协议组中的协议之一，它是 Internet 文件传送的基础，由一系列规格说明文档组成，目标是提高文件的共享性，提供非直接使用远程计算机，使存储介质对用户透明和可靠高效地传送数据。在 TCP/IP 协议中，FTP 标准命令 TCP 端口号为 21，Port 方式数据端口为 20。

FTP 地址格式为：ftp://用户名：密码@FTP 服务器 IP 或域名：FTP 命令端口/路径/文件名。

FTP 常用命令说明如下。

! 命令：从 FTP 子系统退出到外壳。

? 命令：显示 FTP 命令说明。类似于 help。

cd 命令：更改远程计算机上的工作目录。

close 命令：结束与远程服务器的 FTP 会话并返回命令解释程序。

lcd 命令：更改本地计算机上的工作目录。

mdelete 命令：删除远程计算机上的文件。

! dir 命令：用于显示客户端当前目录的文件信息。

dir 命令：用于显示 FTP 服务器端有哪些文件可供下载。

get 命令：使用当前文件转换类型将远程文件复制到本地计算机。

put 命令：使用当前文件传送类型将本地文件复制到远程计算机上。

quote 命令：将参数逐字发送到远程 FTP 服务器，将返回单个的 FTP 回复代码。

user 命令：指定远程计算机的用户。

试题 43 答案

（67）D

试题 44（2011 年 5 月试题 68）

以下 IP 地址中，不能作为目标地址的是　(68)　。

（68）A. 0.0.0.0　　　　B. 10.0.0.1　　　　　　C. 100.0.0.1　　　　　　D. 100.10.1.0

试题 44 分析

本题考查计算机 IP 地址相关的基础知识。

按照试题 28 的分析，0.0.0.0 每一位都是 0 表示本地计算机，不能作为目标地址。

试题 44 答案

（68）A

试题 45（2011 年 5 月试题 69）

在 OSI 七层结构模型中，处于数据链路层与传输层之间的是　(69)　。

（69）A. 物理层　　　　B. 网络层　　　　　　C. 表示层　　　　　　D. 会话层

试题 45 分析

本题考查计算机网路体系结构的基础知识。

国际标准化组织 ISO 于 1983 年提出开放系统互连参考模型 OSI /RM。在 OSI /RM 中，采用了 7 个层次的体系结构，从上到下分别是应用层、表示层、会话层、传输层、网络层、数据链路层、物理层。

各层的功能与连接方式说明如下。

（1）应用层：网络服务与使用者应用程序间的一个接口。

（2）表示层：数据表示、数据安全、数据压缩。

（3）会话层：建立、管理和终止会话。

（4）传输层：用一个寻址机制来标识一个特定的应用程序（端口号）。

（5）网络层：基于网络层地址（IP 地址）进行不同网络系统间的路径选择。

（6）数据链路层：通过使用接收系统的硬件地址或物理地址来寻址。

（7）物理层：建立、维护和取消物理连接。

根据题意，处于数据链路层与传输层之间的是网络层。网络层关系到子网的运行控制。

试题 45 答案

（69）B

试题 46（2011 年 5 月试题 70）

Internet 提供了各种服务，如通信、远程登录、浏览和文件传输等，下列各项中 （70）不属于 Internet 提供的服务。

（70）A. WWW　　　　B. HTML　　　　　　C. E-mail　　　　　　D. Newsgroup

题 46 分析

本题考查因特网及其应用的基础知识。

Internet 提供的最常见的服务有：收发电子邮件、共享远程的资源、FTP 服务、浏览 WWW、信息查询系统 Gopher、广域信息服务器 WAIS、网络文件搜索系统 Archie 等。

根据题意，万维网 WWW、电子邮件 E-mail、新闻组 Newsgroup 等都是 Internet 所提供的服务，而 HTML 是一种超文本标记语言，由一些特定符号和语法组成，对 Web 页的内容、格式及 Web 页中的超级链接进行描述，可以用 HTML 编写代码，实现网页。

试题 46 答案

（70）B

2.3　命题趋势分析

参照信息系统管理工程师考试历年真题的考试频率，在此从以下两个方向作分析总结。

（1）纵向分析：计算机网络通信与信息安全部分考查的重点主要是 IP 地址与域名、路由技术、VLAN 技术、防火墙技术、身份认证技术、网络安全策略、加解密技术、VPN 等。该部分的试题主要为理解和应用层面的内容。

（2）横向分析：软考采用的是模块化命题模式，在同年同级别考试网络工程师考试的试题中可以发现相同或相似试题的出现。因此，横向总结、归纳中级级别考试试题中出现的计算机网络通信与信息安全部分的内容，将帮助考生全面、系统地把握考核的知识点。

预测今后的考试命题内容将有可能拓宽方向，除了选自以上的内容外，还将有可能会选取信息安全风险分析与管理、网络软件系统、组网工程等内容。在此抛砖引玉，以下几个试题供考生作进一步学习、拓展和思考。

延伸试题 1

确定网络的层次结构及各层采用的协议，是网络设计中 （1） 阶段的主要任务。

（1）A. 网络需求分析　　　　　　　　B. 网络体系结构设计
　　　C. 网络设备选型　　　　　　　　D. 网络安全性设计

延伸试题 1 分析

本题考查网络方案设计的基本内容。

网络方案设计主要包括网络需求分析、网络系统结构设计、网络安全性设计、网络设备选型等设计规划过程。

在网络需求分析阶段的主要任务是了解企业用户的现状，弄清用户的目的，掌握资金投入的额度，了解企业用户环境，确定企业用户的数据流管理架构。在网络体系结构设计阶段的主要任务是确定网络的层次结构及各层采用的协议。在网络安全性设计阶段的主要任务是完成可靠性与容错设计、网络安全体系的设计。在网络设备选型阶段的主要任务是根据体系结构、安全性要求，结合经济可行性等确定网络设备的选型。

延伸试题 1 答案

（1）B

延伸试题 2

Linux 中一种常用的引导工具是　(2)　，而测试与 P 地址为 165.113.1.170 的网关是否连通的命令是 ping 165.113.1.170。

（2）A. reboot　　　　　B. lilo　　　　　C. gone　　　　　D. restart

延伸试题 2 分析

本题考查网络操作系统 Linux 的基础知识。

lilo 是 Linux 的引导工具，而且为所有主流 Linux 发行商所采用。

延伸试题 2 答案

（2）B

延伸试题 3

　(3)　是转移风险的一种方法。目前已有多家国外相关公司在中国成立分公司。相关公司会聘请专业人员深入企业的网络化生成经营过程中，从企业内部发现漏洞和风险，提出合理化建议或主动采取措施。

（3）A. 计算机保险　　　B. 风险基金　　　C. 风险投资　　　D. 计算机基金

延伸试题 3 分析

本题考查应对风险对策的基本知识。

风险预防是在风险发生之前采取一定的措施来降低风险发生的可能性。风险预防是一种新兴的安全防护理论，它在对现有的计算环境进行正确的风险评估的基础上，采用合理的风险预防策略及技术解决方案进行高效率防范。风险预防包括风险转移、风险基金和计算机保险等。

延伸试题 3 答案

（3）A

第 3 章　数据库基础知识

3.1　考点导航

信息系统管理工程师考试大纲要求考生理解数据库基本原理，熟悉常用数据库管理系统的安装、配置与维护。

数据库基础知识主要包括以下几个方面的知识点。

1. 数据库基础知识

1）数据库系统基本概念

2）数据库系统体系结构

集中式数据库系统，Client-Server 数据库系统、分布式数据库系统。

3）关系数据库标准语言 SQL

（1）SQL 的功能与特点。

（2）用 SQL 进行数据定义（表、视图、索引、约束）。

（3）用 SQL 进行数据操作（数据检索、数据插入/删除/更新、触发控制）。

（4）安全控制和授权。

（5）应用程序中的 API、嵌入 SQL。

4）数据库的管理与控制

（1）数据库管理系统的功能和特征。

（2）数据库事务管理、数据库备份与恢复技术、并发控制。

数据库基础知识部分在历年信息系统管理工程师考试上午卷中的分值变化如图 3.1 所

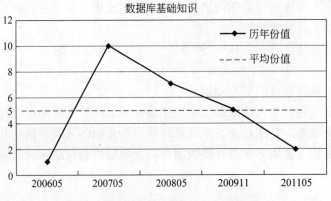

图 3.1　数据库基础知识考点分值情况

示。2006—2011 年的分值分别为 1 分、10 分、7 分、5 分、2 分，平均分值为 5 分。该部分是信息系统管理从业人员的理论基础内容，平均约占 6.6%的比重。考生应结合自身情况，查漏补缺，夯实基础，稳扎稳打，确保攻克基础部分。

软考统计分析表明，每年软考考点重复考查率达到 12%~16%。因此，对历年软考真题的研读有助于缩短对考试考点与内容的熟悉过程，有助于顺利通过信息系统管理工程师考试。

3.2　历年真题解析

试题 1（2006 年 5 月试题 27）

实体联系图（ER）的基本成分不包括___（27）___。

（27）A. 实体　　　　　B. 联系　　　　　C. 属性　　　　　D. 方法

试题 1 分析

本题考查数据库系统的基础知识。

实体联系图（ER 图）的基本成分是实体、联系和属性。

（1）实体：客观存在并可相互区别的事物。实体可以是具体的人、事、物，也可以是抽象的概念或联系。

（2）属性：实体所具有的某一特征。一个实体可以由若干个属性来刻画。

（3）联系：分为实体（型）内部的联系和实体（型）之间的联系。实体内部的联系通常是指组成实体的各属性之间的联系。实体之间的联系通常是指不同实体集之间的联系。两个实体型之间的联系可以分为：一对一联系（记为 $1:1$）、一对多联系（记为 $1:n$）和多对多联系（记为 $m:n$）。

在实体联系图中，实体用矩形表示，矩形框内写明实体名；属性用椭圆形表示，并用无向边将其与相应的实体连接起来；联系用菱形表示，菱形框内写明联系名，并用无向边分别与有关实体连接起来，同时在无向边旁标上联系的类型（$1:1$，$1:n$ 或 $m:n$）。如果联系具有属性，则这些属性也要用无向边与该联系连接起来。

试题 1 答案

（27）D

试题 2（2007 年 5 月试题 14）

关系数据库是___（14）___的集合，其结构是由关系模式定义的。

（14）A. 元组　　　　　B. 列　　　　　C. 字段　　　　　D. 表

试题 2 分析

本题考查关系数据库系统的基本概念。

关系模型是目前最重要的一种数据模型。关系数据库系统采用关系模型作为数据的组织方式，在用户看来，关系模型中的数据的逻辑结构是一张二维表，由行和列组成。在关系模型中，实体以及实体间的联系都用关系来表示。关系模型要求关系必须是规范化的，最基本的条件就是关系的每一个分量必须是一个不可分的数据项，即不允许表中还有表。

关系数据库可以定义为是一个被组织成一组正式描述的表格的数据项的收集，这些表格中的数据能以许多不同的方式被存取或重新召集而不需要重新组织数据库表格。

试题 2 答案

（14）D

试题 3（2007 年 5 月试题 15）

职工实体中有职工号、姓名、部门、参加工作时间、工作年限等属性，其中，工作年限是一个　(15)　属性。

（15）A. 派生　　　　　　B. 多值　　　　　　C. 复合　　　　　　D. NULL

试题 3 分析

本题考查关系数据库系统中的基础知识。

在数据库中一个实体包含多个属性，那么可以从其他属性中得来的属性就称为派生属性。根据题意，职工实体中的工作年限属性是派生属性，因为工作年限可以从参加工作时间和当前时间得到。多值属性是指一个属性可以有不同的可能值。NULL 表示允许空值。

试题 3 答案

（15）A

试题 4（2007 年 5 月试题 16～17）

诊疗科、医师和患者的关系模式及它们之间的 E-R 图如下所示：

诊疗科（<u>诊疗科代码</u>，诊疗科名称）

医师（<u>医师代码</u>，医师姓名，<u>诊疗科代码</u>）

患者（<u>患者编号</u>，患者姓名）

其中，带实下划线的表示主键，虚下划线的表示外键。若关系诊疗科和医师进行自然连接运算，其结果集为　(16)　元关系。医师和患者之间的治疗观察关系模式的主键是　(17)　。

（16）A. 5　　　　　　　B. 4　　　　　　　C. 3　　　　　　　D. 2

（17）A. 医师姓名、患者编号　　　　　　B. 医师姓名、患者姓名

　　　C. 医师代码、患者编号　　　　　　D. 医师代码、患者姓名

试题 4 分析

本题考查关系模式和 E-R 图的基本概念和性质。

根据题意，关系诊疗科和医师进行自然连接运算。两个关系进行自然连接时，选择两个关系公共属性上相等的元组，去掉重复的属性列构成新关系。因此，去掉"诊疗科代码"这个重复属性，自然连接运算的结果集为 4 元关系。

E-R 模型向关系模型的转换规则如下所述。

（1）一个实体型转换为一个关系模式，实体的属性就是关系的属性，实体的关键字就是关系的码。

（2）一个一对一的联系可以转换为一个独立的关系模式，也可以与任意一端对应的关系模式合并。如果转换为一个独立的模式，则与该联系相连的各实体的码以及联系本身的属性均转换为关系的属性，每个实体的码均是该关系的候选键。如果与某一端实体对应的关系模式合并，则需要在该关系模式的属性中加入另一个关系模式的码和联系本身的属性。

（3）一个一对多的联系可以转换为一个独立的关系，也可以与任意多端对应的关系模式合并。如果转换为一个独立的模式，则与该联系相连的各实体的码以及联系本身的属性均转换为关系的属性，而关系的码为多端实体的码。如果与多端实体对应的关系模式合并，则需要在该关系模式中加入一端关系模式的码和联系本身的属性。

（4）一个多对多的联系转换为一个独立的关系模式，与该联系相连的各实体的码以及联系本身的属性均转换为关系的属性，而关系的码为各实体码的组合。

（5）三个以上实体间的一个多元联系可以转换为一个独立的关系模式，与该联系相连的各实体的码以及联系本身的属性均转换为关系的属性，而关系的码为各实体码的组合。

根据题意，医师和患者之间的治疗观察之间是一个多对多的关系。由上述分析得知，一个多对多的联系转换为一个独立的关系模式，与该联系相连的各实体的码以及联系本身的属性均转换为关系的属性，而关系的码为各实体码的组合。医师关系的主键是医师代码，患者关系的主键是患者编号，因此，治疗观察关系模式的主键由医师关系和患者关系的主键构成，即医师代码和患者编号。

试题 4 答案

（16）B　　　（17）C

试题 5（2007 年 5 月试题 18）

通过　（18）　关系运算，可以从表 1 和表 2 得到表 3。

表　1

课程号	课程名
10011	计算机文化
10024	数据结构
20010	数据库系统
20021	软件工程
20035	UML 应用

表　2

课程号	教师名
10011	赵军
10024	李小华
10024	林志鑫
20035	李小华
20035	林志鑫

表　3

课程号	课程名	教师名
10011	计算机文化	赵军
10024	数据结构	李小华
10024	数据结构	林志鑫
20035	UML 应用	李小华
20035	UML 应用	林志鑫

（18）A. 投影　　　　B. 选择　　　　C. 笛卡儿积　　　　D. 自然连接

试题 5 分析

本题考查的是数据库关系运算方面的基础知识。

解法 1：从考查的知识点入手寻找答案

投影运算：是从关系 R 中选择出若干属性列组成新的关系，该操作对关系进行垂直分割，消去某些列，并重新安排列的顺序，再删去重复元组。

选择运算：在关系 R 中选择满足给定条件的所有元组。选择运算是从行的角度进行的运算。

笛卡儿积运算：设有关系 R（n 列 p 行）和 S（m 列 q 行），将 R 和 S 中所有行和列合并成 n+m 列 p×q 行的过程称为笛卡儿积运算。

连接运算：设有关系 R 和 S，将 R 和 S 依据一定逻辑条件合并的过程称为连接运算，即有条件的笛卡儿积运算。

自然连接运算：设有关系 R 和 S，取其共有列相等的元组进行合并的过程称为自然连接运算，即相等处连接运算。

根据题意，上表为自然连接关系运算。

解法 2：选项验证法

直接从选项进行考查分析，投影运算是进行垂直方向上的操作，无法从两列的表 1 和表 2 获得表 3。选择运算是进行水平方向上的操作，同样也无法得到表 3。笛卡儿积运算获得的是所有行和列合并的表。因此，排除无关选项后，只有自然连接运算符合要求。

实际上，信息系统管理工程师考试的上午试卷中很多试题都可以应用选项验证法来排除和验证，以此快速定位选项。同时，排除和验证的顺序有时从反方向（从 D 到 A）开始，可以更快确定正确的选项。

试题 5 答案

（18）D

试题 6（2007 年 5 月试题 19）

设有一个关系 EMP（职工号，姓名，部门名，工种，工资），查询各部门担任"钳工"的平均工资的 SELECT 语句为：

```
SELECT 部门名, AVG(工资)AS 平均工资
    FROM EMP
    GROUP BY  (19)
HAVING 工种='钳工'
```

（19）A. 职工号　　　　　B. 姓名　　　　　C. 部门号　　　　　D. 工种

试题 6 分析

本题考查 SQL 的基础知识。

SQL 是介于关系代数与关系演算之间的结构化查询语言，它可以进行数据操作、数据定义和数据控制。

使用 SELECT 语句进行数据查询是数据库中的核心操作。

简单查询的语句格式为：

```
SELECT [ALL|DISTINCT] select_list
FROM table_name
```

其中，select_list 中用*表示当前或视图的所有列；用 table_name.*表示指定表或视图的所有列；用 column_name1[[AS] column_title1], column_name2[[AS] column_title2][, …]或者用[column_title1=] column_name1[,column_title2=] column_name2[,…]表示指定列并更改列标题。ALL 和 DISTINCT 是 SELECT 语句中的可选项，用于在查询结果中消除重复行。如果想在指定的列中检索单一记录，可以使用"DISTINCT"关键字，因为 DISTINCT 将会丢弃 SELECT 指定列的重复记录；如果需要显示结果表中的重复行，可以指定"ALL"，意为保留结果表中的所有行。

GROUP BY 子句与 HAVING 子句的格式为：

```
SELECT column_name1, column_name2[,…n]
FROM table_name
WHERE search_condition
GROUP BY group_by_expression
HAVING search_condition
```

GROUP BY 子句将查询结果按分组选项的值（group_by_expression）进行分组，该属性列相等的记录为一个组。通常，在每组中通过集合函数来计算一个或者多个列。如果 GROUP BY 子句带有 HAVING 短语，则只有满足指定条件（search_condition）的组才能输出。

使用 HAVING 子句时，还可以用 HAVING 子句为分组统计进一步设置统计条件，限制 SELECT 语句返回的行数。HAVING 子句与 GROUP BY 子句的关系类似于 WHERE 子句与 SELECT 子句的关系。HAVING 子句应该处于 GROUP BY 子句之后。

根据题意需要查询不同部门中担任"钳工"的职工的平均工资，第三条语句应该是按"部门名"进行分组，然后再按第四条语句的条件工种='钳工'进行选取。正确的语句应该是：

```
SELECT 部门名,AVG(工资)AS 平均工资
    FROM EMP
    GROUP BY 部门名
HAVING 工种='钳工'
```

试题 6 答案

（19）C

试题 7（2007 年 5 月试题 20）

设关系模式 R（A，B，C），传递依赖指的是　(20)　。

（20）A. 若 A→B，B→C，则 A→C　　　　　B. 若 A→B，A→C，则 A→BC

C. 若 A→C，则 AB→C   D. 若 A→BC，则 A→B，A→C

试题 7 分析

本题考查关系规范化理论的基础知识。

设 R（U）是属性 U 上的一个关系模式，X 和 Y 是 U 的子集。在 R（U）中，如果 X→Y（Y 不是 X 的真子集），且 Y→X 不成立，Y→Z，则称 Z 对 X 传递函数依赖。

范式基本分为如下几类。

（1）第一范式（1NF）：关系模式 R 中每个关系 r 的属性值都是不可分的原子值。

（2）第二范式（2NF）：关系模式 R 是 1 NF，且每个非主属性完全函数依赖于候选键。

（3）第三范式（3NF）：关系模式 R 是 1 NF，且每个非主属性都不传递依赖于候选键。

（4）BC 范式（BCNF）：关系模式 R 是 1 NF，且每个属性都不传递依赖于候选键。

2NF 排除了关系模式中非主属性对键的部分函数依赖；3NF 排除了关系式中非主属性对键的传递函数依赖。

试题 7 答案

（20）A

试题 8（2007 年 5 月试题 47）

输入数据违反完整性约束导致的数据库故障属于__（47）__。

（47）A. 介质故障   B. 系统故障   C. 事务故障   D. 网络故障

试题 8 分析

本题考查数据库故障的基础知识。

当系统运行过程中发生故障时，利用数据库后备副本和日志文件可以将数据库恢复到故障前的某个一致性状态。数据库故障主要分为事务故障、系统故障和介质故障。

（1）事务故障：是指事务在运行至正常终点前被终止，此时数据库可能处于不正确的状态，恢复程序要在不影响其他事务运行的情况下强行回滚该事务，即撤销该事务已经作出的任何对数据库的修改。事务故障的恢复由系统自动完成。

（2）系统故障：是指造成系统停止运转的任何事件，使得系统要重新启动。系统故障的恢复是由系统在重新启动时自动完成的，此时恢复子系统撤销所有未完成的事务并重做所有已提交的事务。

（3）介质故障：通常被称为硬故障。这类故障将破坏数据库或部分数据库，并影响正在存取的这部分数据的所有事务，日志文件也将被破坏。恢复的方法是重装数据库，然后重做已完成的事务。

试题 8 答案

（47）C

试题 9（2007 年 5 月试题 48）

数据备份是信息系统运行与维护中的重要工作，它属于__（48）__。

（48）A. 应用程序维护   B. 数据维护   C. 代码维护   D. 文档维护

试题 9 分析

本题考查的是数据备份的基本知识。

在信息系统运行过程中，为保证数据信息的持续完整和正确性，通常需要间隔一段时间进行一次数据备份。保存下来的备份数据可以在系统出现故障时，帮助系统恢复到故障前的正常状态。数据备份又可以分为完全备份、增量备份、差异备份、按需备份等。

（1）完全备份将所有文件写入到备份介质中。

（2）增量备份只备份上次备份之后更改过的文件。

（3）差异备份则备份上次完全备份后更改过的所有文件。

（4）按需备份是在正常的备份安排之外额外进行的备份。

试题 9 答案

（48）B

试题 10（2007 年 5 月试题 57）

在某企业信息系统运行与维护过程中，需要临时对信息系统的数据库中的某个数据表的全部数据进行临时的备份或者导出数据，此时应该采取___（57）___的备份策略。

（57）A. 完全备份　　　　B. 增量备份　　　　C. 差异备份　　　　D. 按需备份

试题 10 分析

本题考查的是数据备份的基本知识。

解法 1：从考查的知识点入手寻找答案

按照试题 9 的分析，数据备份又可以分为完全备份、增量备份、差异备份、按需备份等。根据题意是临时对信息系统的数据库中的某个数据表的数据进行临时备份或导出数据，因此采用的是按需备份的策略。

解法 2：选项验证法

从题干中找到关键词"全部数据"，因此可以先排除增量备份和差异备份；同时还有一个关键词是"临时"，因此可以定位为按需备份。

试题 10 答案

（57）D

试题 11（2008 年 5 月试题 14～15）

由于软硬件故障可能造成数据库中数据被破坏，数据库恢复就是___（14）___。可用多种方法实现数据库恢复，如定期将数据库作备份；在进行事务处理时，对数据更新（插入、删除、修改）的全部有关内容写入___（15）___。

（14）A. 重新安装数据库管理系统和应用程序

　　　B. 重新安装应用程序，并将数据库做镜像

　　　C. 重新安装数据库管理系统，并将数据库做镜像

　　　D. 在尽可能短的时间内，将数据库恢复到故障发生前的状态

（15）A. 日志文件　　　　B. 程序文件　　　　C. 检查点文件　　　　D. 图像文件

试题 11 分析

本题考查的是关系数据库事务处理方面的基础知识。

数据库系统大多数都采取了各种保护措施来防止数据库的安全性和完整性被破坏，保证并发事务正确执行，但是计算机系统的硬件故障、软件故障、计算机操作员的失误和恶意破坏等仍然不可避免，这也就需要数据库管理系统具备数据库恢复功能，即在尽可能短的时间里，把数据库从错误状态恢复到某一已知的正确状态。

数据库恢复技术和并发控制都是事务处理技术。数据库恢复机制中的两个关键技术是建立冗余数据和利用冗余数据实施数据库的恢复。其中，建立冗余数据最常用的技术是数据转存和登录日志文件。转存即为定期将数据库复制，以作备份。当数据库被破坏时，通过备份恢复数据转存时的状态。日志文件是用来记录事务对数据库的更新（插入、删除、修改）操作的文件。以记录为单位的日志文件包括各个事务的开始标记、结束标记和所有更新操作，每个日志记录的内容主要包括事务标识、操作的类型、操作对象、更新前数据的旧值和更新后数据的新值。数据库恢复则在进行事务处理时，对数据更新（插入、删除、修改）的全部有关内容写入日志文件来恢复系统的状态。

试题 11 答案

（14）D　　　（15）A

试题 12（2008 年 5 月试题 16～18）

某公司的部门（部门号，部门名，负责人，电话）、商品（商品号，商品名称，单价，库存量）和职工（职工号，姓名，住址）三个实体之间的关系如表 1、表 2 和表 3 所示。假设每个部门有一位负责人和一部电话，但有若干名员工；每种商品只能由一个部门负责销售。

表 1

部门号	部门名	负责人	电话
001	家电部	E002	1001
002	百货部	E026	1002
003	食品部	E030	1003

表 2

商品号	商品名称	单价	库存量
30023	微机	4800	26
30024	打印机	1650	7
…	…	…	…
30101	毛巾	10	106
30102	牙刷	3.8	288

表 3

职工号	姓名	住址
E001	王军	南京路
E002	李晓斌	淮海路
E021	柳烨	江西路
E026	田波	西藏路
E028	李晓斌	西藏路
E029	刘丽华	淮海路
E030	李彬彬	唐山路
E031	胡慧芬	昆明路
E032	吴昊	西直门
E033	黎明明	昆明路
…	…	…

a. 若部门名是唯一的，请将下述部门 SQL 语句的空缺部分补充完整。

```
CREATE TABLE 部门(部门号 CHAR(3)) PRIMARY KEY,
                部门名 CHAR(10) (16) ,
                负责人 CHAR(4),
                电话 CHAR(20)
                 (17) ;
```

（16）A. NOT NULL　　　　　　　　　　　B. UNIQUE

　　　　C. UNIQUE KEY　　　　　　　　　　D. PRIMARY KEY

（17）A. PRIMARY KEY（部门号）NOT NULL NUIQUE

　　　　B. PRIMARY KEY（部门号）NUIQUE

　　　　C. PRIMARY KEY（负责人）REFERENCES 职工（姓名）

　　　　D. PRIMARY KEY（负责人）REFERENCES 职工（职工号）

b. 查询各部门负责人的姓名及住址的 SQL 语句如下：

```
SELECT 部门号,姓名,住址 FROM 部门,职工 (18) ;
```

（18）A. WHERE 职工号=负责人　　　　B. WHERE 职工号='负责人'

　　　　C. WHERE 姓名=负责人　　　　　D. WHERE 姓名='负责人'

试题 12 分析

本题考查 SQL 的基础知识。

SQL 语句中的 CREATE TABLE 是用来创建表的，其语法格式如下：

```
CREATE TABLE [database_name.[owner].|owner.] table_name
({<column_definition>
|column_name AS computed_column_expression
|<table_constraint>: : =[CONSTRAINT constraint_name]}
|[{PRIMARY KEY|UNIQUE}[,…n]
)
[ON {filegroup|DEFAULT}]
[TEXTIMAGE_ON {filegroup|DEFAULT}]
<column_definition>::={column_name data_type}
[COLLATE <collation_name>]
…
```

其主要参数说明如下。

（1）database_name 表示要在其中创建表的数据库名称，table_name 是新建表的名称，column_name 是表中的列名，computed_column_expression 是定义计算列值的表达式。

（2）ON {filegroup|DEFAULT}指定存储表的文件组，如果指定 filegroup，则表将存储在指定的文件组中。数据库必须存储该文件组。如果指定 DEFAULT，或者根本未指定

ON 参数，则表存储在默认文件组中。

（3）TEXTIMAGE_ON 表示 text、ntext 和 image 列存储在指定文件组中的关键字。

（4）data_type 指定列的数据类型。可以是系统数据类型或用户定义数据类型。

根据题意，部门名是唯一的，所以（16）题答案选择 UNIQUE 表示部门名属性。（17）题的 A 选项和 B 选项显然是错误的，首先排除，答案在 C 选项和 D 选项中。而职工关系的主键是职工号，所以部门关系的外键负责人需要用 PRIMARY KEY（负责人）REFERENCES 职工（职工号）来约束。（18）题要求查询各部门负责人的姓名和住址，因此需要使用到部门和职工两张表进行查询处理，使用到的条件是 WHERE 职工号=负责人。

试题 12 答案

（16）B   　　（17）D   　　（18）A

试题 13（2008 年 5 月试题 19～20）

站在数据库管理系统的角度看，数据库系统一般采用三级模式结构，如下图所示。图中①②处应填写___（19）___，③处应填写___（20）___。

（19）A. 外模式/概念模式   　　　　　　B. 概念模式/内模式

　　　C. 外模式/概念模式映像   　　　　D. 概念模式/内模式映像

（20）A. 外模式/概念模式   　　　　　　B. 概念模式/内模式

　　　C. 外模式/概念模式映像   　　　　D. 概念模式/内模式映像

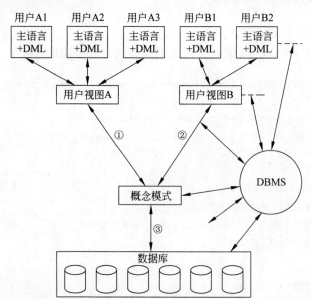

试题 13 分析

本题考查数据库系统中模式的基本知识。

从数据库管理系统角度来看，数据库系统通常采用三级模式结构，即数据库管理系统内部的系统结构，三级模式结构分别是外模式、模式和内模式。数据库管理系统在这三级模式之间提供了两层映像，它们是外模式/模式映像、模式/内模式映像。

（1）外模式/模式映像存在于外部级和概念级之间，实现了外模式到概念模式之间的互相转换，该映像通常包含在各自外模式的描述中。当模式改变时，数据库管理员对各个外模式/模式映像作相应改变，可以使外模式保持不变，应用程序也不需要修改，保证了数据与程序的逻辑独立性。

（2）模式/内模式映像存在于概念级和内部级之间，实现了概念模式到内模式之间的互相转换，该映像定义通常包含在模式描述中。当数据库的存储结构改变时，数据库管理员对模式/内模式作相应改变，可以使外模式保持不变，应用程序也不需要修改，保证了数据与程序的物理独立性。

试题 13 答案

（19）C　　　（20）D

试题 14（2009 年 11 月试题 14）

对表 1 和表 2 进行　（14）　关系运算可以得到表 3。

表 1

项目号	项目名
00111	ERP 管理
00112	搜索引擎
00113	数据库建设
00211	软件测试
00311	校园网规划

表 2

项目号	项目成员
00111	张小军
00112	李华
00112	王志敏
00211	李华
00311	王志敏

表 3

项目号	项目名	项目成员
00111	ERP 管理	张小军
00112	搜索引擎	李华
00112	搜索引擎	王志敏
00211	校园网规划	李华
00311	校园网规划	王志敏

（14）A. 投影　　　　B. 选择　　　　　C. 自然连接　　　　D. 笛卡儿积

试题 14 分析

本题考查数据库关系运算方面的基础知识。

自然连接是一种特殊的等值连接，它要求两个关系中进行比较的分量必须是相同的属性组，并且在结果中把重复的属性列去掉。

等值连接和自然连接之间的区别在于：是否去掉重复的属性列，等值连接是不需要去掉重复的属性列的；是否要求相等属性值的属性名相同，等值连接中不要求相等属性值的属性名相同，而自然连接要求相等属性值的属性名必须相同才能自然连接。

根据题意，表 1 中每一项乘以表 2 中的每一项，去掉重复的属性列，即进行自然连接可以得到表 3。

试题 14 答案

（14）C

试题 15（2009 年 11 月试题 15～18）

设有员工关系 Emp（员工号，姓名，性别，部门，家庭地址），其中，属性"性别"的取值只能为 M 或 F；属性"部门"是关系 Dept 的主键。要求可访问"家庭地址"的某个成分，如邮编、省、市、街道以及门牌号。关系 Emp 的主键和外键分别是 (15) 。"家庭地址"是一个 (16) 属性。创建 Emp 关系的 SQL 语句如下：

```
CREATE TABLE Emp(
员工号 CHAR(4),
姓名 CHAR(10),
性别 CHAR(1) (17) ,
部门 CHAR(4) (18) ,
家庭住址 CHAR (30),
PRIMARY KEY(员工号));
```

（15）A. 员工号、部门   B. 姓名、部门
       C. 员工号、家庭住址   D. 姓名、家庭住址

（16）A. 简单   B. 复合   C. 多值   D. 派生

（17）A. IN (M，F)   B. LIKE('M', 'F')
       C. CHECK('M', 'F')   D. CHECK(性别, IN ('M', 'F'))

（18）A. NOT NULL   B. REFERENCES Dept（部门）
       C. NOT NULL UNIQUE   D. REFERENCES Dept（'部门'）

试题 15 分析

本题考查关系数据库方面的基础知识。

根据题意，关系 Emp 的主键和外键显然是员工号和部门。

试题（16）中 4 个选项的含义分别是：多值属性是指一个元素可以有不同的可能值；派生属性是指可以由已有的属性计算出的属性；简单属性是原子的、不可再分的；复合属性是可以细分为更小的部分。由题意，"要求可访问'家庭地址'的某个成分，如邮编、省、市、街道以及门牌号"，可知，"家庭地址"是一个复合属性，它可以再细分为邮编、省、市、街道以及门牌号等。

CHECK 约束用于限制列中的值的范围。如果对单个列定义 CHECK 约束，那么该列只允许特定的值。如果对一个表定义 CHECK 约束，那么约束会在特定的列中对值进行限制。由题意，试题（17）中 CHECK(性别, IN ('M', 'F'))语句表示进行完整性约束。

由题意，"属性"部门"是关系 Dept 的主键"，即"部门"为外键。试题（18）中 REFERENCES Dept（部门）语句表示进行参考完整性约束。

试题 15 答案

（15）A   （16）B   （17）D   （18）B

试题 16（2011 年 5 月试题 27）

数据库的设计过程可以分为 4 个阶段，在 ___(27)___ 阶段，完成为数据模型选择合适的存储结构和存取方法。

（27）A. 需求分析　　　　　　　　　　　B. 概念结构设计

　　　 C. 逻辑结构设计　　　　　　　　　D. 物理结构设计

试题 16 分析

本题考查数据库的设计过程的基础知识。

按照规范设计的方法，数据库的设计过程可以分为需求分析阶段、概念结构设计阶段、逻辑结构设计阶段、物理结构设计阶段和数据库实施阶段。

需求分析阶段进行需求收集与分析，得到数据字典描述的数据需求，用数据流图描述的处理需求。概念结构设计阶段对需求进行综合、归纳与抽象，形成一个独立于具体 DBMS 的概念模型。逻辑结构设计阶段将概念结构转换为 DBMS 支持的数据模型，并对其进行优化。物理结构设计阶段为逻辑数据模型选取一个适合应用环境的物理结构（包括存储结构和存取方法）。数据库实施阶段则运用 DBMS 提供的数据语言及其宿主语言，根据逻辑设计和物理设计的结果建立数据库，编制与调试应用程序，组织数据入库，并进行试运行。最后经过试运行即可投入正式运行。在数据库系统运行过程中还需要对其进行评价、调整和修改。数据库应用系统是一个不断反复的过程。

试题 16 答案

（27）D

试题 17（2011 年 5 月试题 31）

软硬件故障都可能破坏数据库的数据，数据库恢复就是 ___(31)___ 。

（31）A. 重新安装数据库管理系统和应用程序

　　　 B. 重新安装应用程序，并做数据库镜像

　　　 C. 重新安装数据库管理系统，并做数据库镜像

　　　 D. 在尽可能短的时间内，把数据库恢复到故障发生前的状态

试题 17 分析

本题考查数据库恢复的基础知识。

本题与试题 11 为同类题。按照试题 11 的分析，数据库系统大多数都采取了各种保护措施来防止数据库的安全性和完整性被破坏，保证并发事务正确执行，但是计算机系统的硬件故障、软件故障、计算机操作员的失误和恶意破坏等仍然不可避免，这也就需要数据库管理系统具备数据库恢复功能，即在尽可能短的时间里，把数据库从错误状态恢复到某一已知的正确状态。根据题意，软硬件故障都可能破坏数据库的数据，数据库恢复就是在尽可能短的时间内，把数据库恢复到故障发生前的状态。

试题 17 答案

（31）D

3.3 命题趋势分析

参照信息系统管理工程师考试历年真题的考试频率，在此从以下两个方向作分析总结。

（1）纵向分析：数据库基础知识部分的内容主要出自数据库原理。考查的重点主要是关系模式的规范化、数据库的关系运算、E-R 图等。该部分的试题难度不大，主要为认知和理解层面的内容。

（2）横向分析：软考采用的是模块化命题模式，在同年同级别考试（系统集成项目管理工程师考试、软件设计师考试、网络工程师考试）的试题中可以发现相同或相似试题的出现。因此，横向总结、归纳中级级别考试试题中出现的计算机软硬件基础部分的内容，将帮助考生全面、系统地把握考核的知识点。

对历年真题的理解和消化是非常重要的环节，同时信息系统项目管理工程师是一个新兴、发展中的职业群体，因此在备考过程中考生应该在建立数据库基础知识部分的个人知识体系的同时，跳出圈子，从全局审视考试的发展，对命题方向作一些趋势分析，使自己的知识体系脉络更加清晰和丰富。

预测今后的考试命题内容将有可能拓宽方向，除了选自己考核过的领域的内容外，还将有可能会选取海量时空数据的存储和管理、SQL Server 程序设计、云计算环境下数据库处理等内容。在此抛砖引玉，以下几个试题供考生作进一步学习、探索和思考。

延伸试题 1

物联网时代数据总量、复杂性以及用户的查询需求都在不断增加，如何有效地存储和管理海量时空数据是关键所在。在海量数据管理中，用户并不特别在乎查询结果百分之百的正确，而是非常关心查询结果返回的延迟时间，也即，海量时空数据的查询的特点之一为___(1)___。

（1）A. 时效性　　　　B. 不可预知性　　　　C. 复杂性　　　　D. 扩展性

延伸试题 1 分析

本题考查海量时空数据的查询主要特点的基础知识。

物联网时代，数据总量和复杂性不断增加，用户的查询需求（比如多维聚集及模式识别）越来越多，也越来越复杂。针对海量时空数据的查询主要有三个特点。

（1）不可预知性。用户建立海量数据管理系统，目的不是单纯地为了使日常的事务处理行为自动化，而是想通过对海量历史数据的查询与分析，辅助完成商业规划、问题求解以及决策支持等活动。但是在系统创建之初，用户无法预测可能产生的所有查询需求。

（2）复杂性。当数据量达到 PB 级别时，即便是非常简单的查询操作，它的执行也会变得异常复杂。

（3）时效性。在海量数据管理的众多应用中，用户并不特别在乎查询结果百分之百的正确，而是非常关心查询结果返回的延迟时间。

延伸试题 1 答案

（1）A

延伸试题 2

批处理是包含一个或者多个 Transact-SQL 语句的组，它将一次性地发送到 SQL Server 中执行，用 ＿＿（2）＿＿ 来通知 SQL Server 一批 Transact-SQL 语句的结束。

（2）A. SELECT　　　　B. CREATE　　　　C. GO　　　　D. USE

延伸试题 2 分析

本题考查 SQL Server 程序设计中批处理与流程控制的基础知识。

批处理是包含一个或者多个 Transact-SQL 语句的组，它将一次性地发送到 SQL Server 中执行，用 GO 来通知 SQL Server 一批 Transact-SQL 语句的结束。一些 SQL 语句不可以放在批处理中进行处理，它们需要遵守以下规则：大多数 CREATE 命令要在单个批命令中进行，但 CREATE DATEBASE，CREATE TABLE 和 CREATE INDEX 例外。

延伸试题 2 答案

（2）C

延伸试题 3

＿＿（3）＿＿ 是一种数据访问机制，它允许用户访问单独的数据行，而非对整个行集进行操作（通过使用 SELECT、UPDATE 或者 DELETE 语句进行）。

（3）A. 索引　　　　B. 游标　　　　C. 触发器　　　　D. 视图

延伸试题 3 分析

本题考查 SQL Server 程序设计中游标的基本知识。

游标是一种数据访问机制，它允许用户访问单独的数据行，而非对整个行集进行操作（通过使用 SELECT、UPDATE 或者 DELETE 语句进行）。用户可以通过单独处理每一行逐条收集信息并对数据逐行进行操作。这样，可以降低系统开销和潜在的阻隔情况。用户也可以使用这些数据生成 Transact-SQL 代码并立即执行或输出。

延伸试题 3 答案

（3）B

第4章 信息系统开发和运行管理知识

4.1 考点导航

信息系统管理工程师考试大纲要求考生熟悉信息化和信息系统基础知识，了解信息系统开发的基础过程与方法，掌握信息系统的管理与维护知识、工具与方法。

信息系统开发和运行管理知识主要包括以下几个方面的知识点。

1. 信息化、信息系统与信息系统开发基本知识

1）信息化、信息系统、信息工程概念

2）信息系统结构与中间件数据

3）知识产权、信息系统、互联网相关的法律、法规

4）信息系统开发各阶段的目标和任务

5）信息系统开发工具、开发环境、开发方法概念

6）信息系统开发项目管理基本知识

2. 系统分析设计基础知识

1）系统分析的目的和任务

2）结构化分析设计方法和工具

3）系统规格说明书

4）系统总体结构设计、详细设计

5）系统设计说明书

6）面向对象分析设计与统一建模语言（UML）

3. 系统实施基础知识

1）系统实施的主要任务

2）结构化程序设计、面向对象程序设计、可视化程序设计

3）程序设计语言的选择，程序设计风格

4）系统测试的目的、类型和方法

5）测试设计和管理

6）系统转换知识

4. 系统运行管理知识

1）系统（计算机系统、数据库系统、计算机网络管理）运行管理

2）系统运行管理各类人员的职责

3）系统的成本管理、用户管理、安全管理、性能管理

4）系统运行操作（系统控制操作、数据 I/O 管理、操作手册）

5）资源管理（硬件资源管理、软件资源管理、数据资源管理、网络资源管理、相关设备和设施管理、文档管理）

6）系统故障管理（处理步骤、监视、恢复过程、预防措施）

7）发布式系统管理

8）系统运行管理工具（自动化操作工具、监视工具、诊断工具）

9）系统运行管理的标准化

5. 系统维护知识

1）系统维护的内容（软件维护、硬件维护、数据维护）

2）系统维护的类型（完善性维护、适应性维护、纠错性维护、预防性维护）

3）系统维护方法（日常检查、定期检查、预防维护、事后维护、远程维护）

4）按合同维护

5）系统维护工具的特点

6）系统的可维护性（可理解性、可测试性、可修改性）

7）系统维护的组织管理

6. 系统评价基础知识

1）系统的技术评价（目标评价、功能评价、性能评价、运行方式评价）

2）系统成本的构成

3）系统经济效益的评价（性能效益、节省成本效益）及其评价方式

　　信息系统开发和运行管理知识部分在历年信息系统管理工程师考试上午卷中的分值变化如图 4.1 所示。2006—2011 的分值分别为 33 分、31 分、38 分、42 分、42 分，平均分值为 37.2 分。该部分是信息系统管理工程师考试上午卷中最核心的内容，在考试中占有最重要的比重，平均约占 49.6%。考生对该部分内容掌握得熟练与否，将直接影响到是否

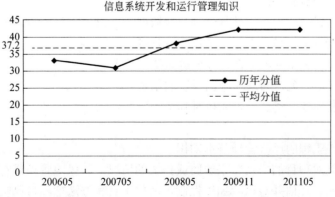

图 4.1　信息系统开发和运行管理知识考点分值情况

能成为一名合格的信息系统管理工程师，是否能顺利通过信息系统管理工程师考试。

软考统计分析表明，每年软考考点重复考查率达到 12%~16%。因此，对历年软考真题的研读有助于缩短对考试考点与内容的熟悉过程，有助于顺利通过信息系统管理工程师考试。

4.2 历年真题解析

试题 1（2006 年 5 月试题 15）

在软件项目管理中可以使用各种图形工具来辅助决策，下面对 Gantt 图的描述中，不正确的是 （15） 。

（15）A. Gantt 图表现了各个活动的持续时间

      B. Gantt 图表现了各个活动的起始时间

      C. Gantt 图反映了各个活动之间的依赖关系

      D. Gantt 图表现了完成各个活动的进度

试题 1 分析

本题考查信息系统开发项目管理中甘特图的基础知识。

Gantt 图（甘特图）又称横道图，它的横轴表示时间、纵轴表示活动、线条表示整个计划和时间的活动完成情况，这种图示的方式表示出特定项目的活动顺序与持续时间，是一种常用于项目管理的图表。Gantt 图主要关注进度管理，能部分地反映项目管理的时间、成本和范围的三重约束，可以表现一个软件系统开发过程中各个活动的起始时间，可以反映各个活动的持续时间、活动的进度以及活动的并行性，但是不能反映各个活动之间的依赖关系。活动之间的依赖关系要用工程网络图（又称活动图）来表现。

试题 1 答案

（15）C

试题 2（2006 年 5 月试题 16）

在软件项目开发过程中，评估软件项目风险时， （16） 与风险无关。

（16）A. 高级管理人员是否正式承诺支持该项目

      B. 开发人员和用户是否充分理解系统的需求

      C. 最终用户是否同意部署已开发的系统

      D. 开发需要的资金是否能按时到位

试题 2 分析

本题考查软件工程的风险管理基本知识。

风险是指可能对项目的成功带来威胁或损失的情况，而风险管理是在风险给项目带来损失之前，就指明、评估并对风险加以控制，使用工具和方法把项目风险限制在一个可接受的范围内。

从宏观上看，可将风险分为项目风险、技术风险和商业风险。

项目风险是指潜在的预算、进度、人员和组织、资源、用户和需求方面的问题，以及它们对软件项目的影响。项目复杂性、规模和结构的不确定也构成项目的风险因素。

技术风险是指潜在的设计、实现、接口、检验和维护方面的问题。规格说明的多义性、技术上的不确定性、技术陈旧、最新技术（不成熟）也是风险因素。

商业风险威胁到待开发软件的生存能力。商业风险主要有：开发的软件虽然很优秀但不是市场真正所想要的（市场风险）；开发的软件不再符合公司的整个软件产品战略（策略风险）；开发了销售部门不清楚如何推销的软件；由于重点转移或人员变动而失去上级管理部门的支持（管理风险）；没有得到预算或人员的保证（预算风险）。

就目前情况来说，软件项目面临的最大的 10 种风险如下。

（1）受过技术培训的技术人员短缺。

（2）大量的用户需求被修改。

（3）需求不明确。

（4）士气低落。

（5）项目外部决定的影响。

（6）不符合性能需求。

（7）不现实的进度。

（8）采用了大量新技术。

（9）缺乏商业知识。

（10）连接故障/低性能。

软件开发中风险与高级管理人员的支持程度有关，与对系统需求理解的程度有关，与开发资金的及时投入有关，但是与最终用户无关，同时系统的最后部署与运行不属于开发过程。

试题 2 答案

（16）C

试题 3（2006 年 5 月试题 23～24）

下图（T 为终端，WS 为工作站）所示信息系统的硬件结构属于　__(23)__。系统规格说明书是信息系统开发过程中　__(24)__　阶段的最后结果。

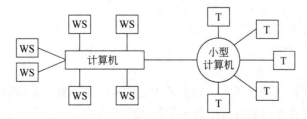

（23）A. 集中式　　　　B. 分布-集中式　　　　C. 分布式　　　　D. 混合式

　　（24）A. 系统分析　　　　B. 系统设计　　　　C. 系统实施　　　　D. 系统运行和维护

试题 3 分析

　　本题考查信息系统的硬件结构和开发过程的基础知识。

　　信息系统的硬件结构是指系统的硬件、软件、数据等资源在空间的分布情况。信息系统的硬件结构一般有三种类型：集中式、分布式和分布-集中式。

　　（1）集中式：信息资源在空间上集中配置的系统称为集中式系统。以配有相应外围设备的单台计算机为基础的系统就是典型的集中式系统。

　　（2）分布式：利用计算机网络把分布在不同地点的计算机硬件、软件、数据等资源联系在一起服务于一个共同的目标而实现相互通信和资源共享。

　　（3）分布-集中式：由于系统内部有某些大而复杂的处理过程，微型计算机难以胜任，故采用一台或几台小型/超小型计算机作为整个系统的主机和信息处理交换的中枢，外加若干微型计算机和网络构成。

　　根据题意，如图所示的信息系统的硬件结构属于分布-集中式。

　　信息系统的开发阶段一般可以分为系统分析阶段、系统设计阶段、系统实施阶段、系统运行和维护阶段。系统分析阶段的最后结果是系统规格说明书，它通过一组图表和文字说明描述了目标系统的逻辑模型，而系统设计阶段的最后结果是设计人员提交的系统设计说明书。

试题 3 答案

　　（23）B　　（24）A

试题 4（2006 年 5 月试题 25）

　　＿＿（25）＿＿不属于面向管理控制的系统。

　　（25）A. 电子数据处理系统（EDPS）　　　　B. 知识工作支持系统（KWSS）

　　　　　C. 事务处理系统（TPS）　　　　　　　D. 计算机集成制造系统（CIMS）

试题 4 分析

　　本题考查信息系统类型的基础知识。

　　根据信息服务对象的不同，企业中信息系统可以分为以下三类。

　　（1）面向作业处理的系统。是用来支持业务处理、实现处理自动化的信息系统。主要有办公自动化系统（OAS）、事务处理系统（TPS）、数据采集与监控系统（DAMS）。

　　（2）面向管理控制的系统。是辅助企业管理、实现管理自动化的信息系统。主要有电子数据处理系统（EDPS）、知识工作支持系统（KWSS）、计算机集成制造系统（CIMS）。

　　（3）面向决策计划的系统。主要有决策支持系统（DSS）、战略信息系统（SIS）、管理专家系统（MES）。

　　根据题意，电子数据处理系统、知识工作支持系统和计算机集成制造系统属于面向管理控制的系统，而事务处理系统属于面向作业处理的系统。

试题 4 答案

（25）C

试题 5（2006 年 5 月试题 26）

在信息系统分析阶段，对数据流图的改进，包括检查数据流图的正确性和提高数据流图的易理解性，下面说法中不正确的是　(26)　。

（26）A. 数据流图中，输入数据与输出数据必须匹配

　　　　B. 数据流图的父图和子图必须平衡

　　　　C. 任何一个数据流至少有一端是处理框

　　　　D. 数据流图中适当的命名，可以提供易理解性

试题 5 分析

本题考查信息系统分析阶段数据流图的基本知识。

数据流图是一种最常用的结构化分析工具，它从数据传递和加工的角度，以图形的方式刻画系统内数据的运动情况。对数据流图的改进，包括检查数据流图的正确性和提高数据流图的易理解性。

（1）检查数据流图的正确性。

- 数据是否守恒，即输入数据与输出数据是否匹配。但是数据不守恒的情况不一定是错误的，需要认真加以推敲。
- 数据存储的使用是否恰当。在一套数据流图中的任何一个数据存储，必定有流入的数据流和流出的数据流。
- 父图和子图是否平衡。父图中某一处理框的输入、输出数据流必须出现在相应的子图中。
- 任何一个数据流至少有一端是处理框。数据流不能从外部实体直接到数据存储，也不能从数据存储直接到外部实体，也不能在外部实体之间或数据存储之间流动。

（2）提高数据流图的易理解性。

- 简化处理间的联系。
- 保持分解的均匀性。
- 适当命名。

试题 5 答案

（26）A

试题 6（2006 年 5 月试题 28）

在 UML 的关系中，表示特殊与一般的关系是　(28)　。

（28）A. 依赖关系　　　　B. 泛化关系　　　　C. 关联关系　　　　D. 实现关系

试题 6 分析

本题考查 UML 中的关系的基本知识。

在 UML 中有 4 种关系：依赖、关联、泛化和实现。

（1）依赖（dependency）：是两个事物间的语义关系，其中一个事物发生变化会影响另一个事物的语义。

（2）关联（association）：是一种结构关系，它描述了一组链，链是对象之间的连接。聚合是一种特殊类型的关联，它描述了整体和部分间的结构关系。

（3）泛化（generalization）：是一种特殊/一般关系，特殊元素的对象可替代一般元素的对象。

（4）实现（realization）：是类元之间的语义关系，其中的一个类元指定了由另一个类元保证执行的契约。

试题 6 答案

（28）B

试题 7（2006 年 5 月试题 29）

下列选项中，符合 UML 动态建模机制的是　（29）　。

（29）A. 状态图　　　　　B. 用例图　　　　　C. 类图　　　　　D. 对象图

试题 7 分析

本题考查 UML 中图的基本知识。

UML 中的图分为以下几类。

（1）用例图。

（2）静态图：包括类图、对象图和包图。

（3）行为图：包括状态图和活动图。

（4）交互图：包括顺序图和合作图。

（5）实现图：包括组件图和配置图。

在 UML 中静态建模的图有用例图、类图、对象图、构件图和配置图，动态建模的图有状态图、活动图、顺序图和协作图。

试题 7 答案

（29）A

试题 8（2006 年 5 月试题 30）

在结构化设计方法和工具中，IPO 图描述了　（30）　。

（30）A. 数据在系统中传输时所通过的存储介质和工作站点与物理技术的密切联系

　　　B. 模块的输入输出关系、处理内容、模块的内部数据和模块的调用关系

　　　C. 模块之间的调用关系，体现了模块之间的控制关系

　　　D. 系统的模块结构及模块间的联系

试题 8 分析

本题考查结构化设计中 HIPO 技术的基本知识。

IPO 图是一种反映模块的输入、处理和输出的图像化表格。其中的 I、P、O 即代表"输入"、"处理"、"输出"。它描述了模块的输入输出关系、处理内容、模块的内部数据和模块

的调用关系，是系统设计的重要成果，也是系统实施阶段编制程序设计任务书和进行程序设计的出发点和依据。

HIPO 图由分层次自顶向下分解系统，将每个模块的输入、处理和输出管理表示得到。其 HIPO 分层示意图自顶向下将总模块分解为模块 1、模块 2、…、模块 n，各模块再继续向下细分，如模块 2 分解为模块 2.1、模块 2.2、…、模块 2.n，模块 2.2 分解为模块 2.2.1、模块 2.2.2、…、模块 2.2.n 等。

试题 8 答案

（30）B

试题 9（2006 年 5 月试题 31）

下列选项中，＿＿（31）＿＿不属于结构化分析方法所使用的工具。

（31）A. 数据流图　　　　　　　　B. 判定表和判定树

　　　　C. 系统流程图　　　　　　　D. ER（实体联系）图

试题 9 分析

本题考查信息系统分析工具的基本知识。

信息系统分析阶段，结构化分析方法的工具有以下几种。

（1）数据流图：描述了系统的分解，即描述了系统由哪几部分组成，各部分之间的联系等。

（2）数据字典：以特定格式记录下来，并对系统的数据流图中各个基本要素的内容和特征进行完整的定义和说明。

（3）实体联系图：描述数据流图中数据存储及其之间的关系。

（4）结构化语言：描述加工处理的结构化语言。

（5）判定表和判定树：描述加工的图形工具。

根据题意，数据流图、判定表和判定树、ER（实体联系）图都是结构化分析方法的工具，而系统流程图是表达系统执行过程的描述工具，是系统设计阶段使用的工具。

试题 9 答案

（31）C

试题 10（2006 年 5 月试题 32～33）

在系统的功能模块设计中，要求适度控制模块的扇入扇出。下图中模块 C 的扇入和扇出系数分别为＿＿（32）＿＿。经验证明，扇出系数最好是＿＿（33）＿＿。

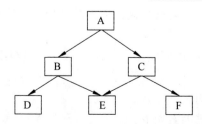

（32）A.1 和 2　　　　　B.0 和 2　　　　　C.1 和 1　　　　　D.2 和 1

（33）A.1 或 2　　　　　B.3 或 4　　　　　C.5 或 6　　　　　D.7 或 8

试题 10 分析

本题考查信息系统功能模块设计原则的基本知识。

模块设计应该遵循的原则除了提高聚合程度、降低模块之间的耦合程度以外，还应该考虑到如下一些原则。

（1）系统分解有层次。

（2）适宜的系统深度和宽度比例。

（3）模块大小适中。

（4）适度控制模块的扇入扇出。

（5）较小的数据冗余。

模块的扇入指模块直接上级模块的个数，模块的扇出则为模块的直属下级模块个数。模块的扇入数一般来说越大越好，说明该模块的通用性较强。扇出过大会导致系统控制和协调困难，扇出过小则可能说明该模块本身规模过大。

根据题意，模块 C 的扇入系统为 1，扇出系统为 2。经验证明，扇出的个数最好是 3 或 4，一般不要超过 7。

试题 10 答案

（32）A　　　（33）B

试题 11（2006 年 5 月试题 34）

下列选项中，不属于详细设计的是　（34）　。

（34）A. 模块结构设计　　　　　　　　B. 代码设计

　　　C. 数据库设计　　　　　　　　　D. 人机界面设计

试题 11 分析

本题考查信息系统设计的基础知识。

系统详细设计包括代码设计、数据库设计、输入设计、输出设计、用户接口界面设计、处理过程设计等。模块结构设计不属于详细设计，属于系统体系结构设计的内容。

试题 11 答案

（34）A

试题 12（2006 年 5 月试题 35）

系统实施阶段任务复杂，风险程度高。人们总结出系统实施的 4 个关键因素，其中不包括　（35）　。

（35）A. 软件编制　　　B. 进度安排　　　C. 人员组织　　　D. 任务分解

试题 12 分析

本题考查信息系统实施的关键因素的内容。

信息系统实施的 4 个关键因素如下。

（1）进度的安排。做好实施阶段的进度计划是完成实施的基本保证。

（2）人员的组织。实施阶段需要较多的专业面广的人员。

（3）任务的分解。在实际实施中需要将不同技术内容的工作或同一类工作中不同性质或有完成顺序要求的工作加以进一步分析并排列好先后顺序，处理好优先关系。在任务分解中除按分析和设计中已经明确的划分，即将系统划分为业务系统和技术系统并对两类系统所包含的具体任务进行分解外，还会在实施中遇到必须完成的而在系统分析和设计中未明确的任务，也要列入任务并排列在进度表中。

（4）开发环境的构建。系统开发环境包括硬件环境、软件环境和网络环境。

根据题意，可排除选项 A。

试题 12 答案

（35）A

试题 13（2006 年 5 月试题 36）

在开发信息系统的过程中，程序设计语言的选择非常重要。下面选项中，选择准则　(36)　是错误的。

（36）A. 是否容易把设计转换为程序　　　　B. 满足信息系统需要的编译效率

　　　　C. 有良好的开发工具支持　　　　　　D. 技术越先进的程序设计语言越好

试题 13 分析

本题考查信息系统实施过程中程序设计语言的特性与选择的内容。

程序设计语言是程序设计人员用以求解问题的工具。程序设计语言的选择准则主要有以下几个。

（1）是否易于把设计转换为程序，保证编写程序的正确性。

（2）编译效率，程序设计语言的编译器的性能决定目标代码的运行效率。

（3）可移植性。

（4）是否有开发工具，可以缩短编写源程序的时间，改进源程序的质量。

（5）源程序的可维护性，是否易于从设计转变为源程序和语言本身的某些规定。

选择程序设计语言需要考虑的因素有：项目的应用领域、系统开发的方法、算法及数据结构的复杂性、系统运行的环境、语言的性能、开发人员的知识及语言的熟练程序等，并不是技术越先进的程序设计语言越好。

试题 13 答案

（36）D

试题 14（2006 年 5 月试题 37）

软件开发中经常说到的 β 测试是由用户进行的，属于　(37)　。

（37）A. 模块测试　　　　B. 联合测试　　　　C. 使用性测试　　　　D. 白盒测试

试题 14 分析

本题考查软件测试的基础知识。

软件测试是根据开发各阶段的需求、设计等文档或程序的内部结构，精心设计测试用例，并利用该测试用例来运行程序以便发现错误的过程。软件测试的目标是希望能以最少的人力和时间发现潜在的各种错误和缺陷。

信息系统测试包括软件测试、硬件测试和网络测试。一般人们所说的测试指的是信息系统开发的软件测试。测试的类型主要有：模块测试、联合测试、验收测试、系统测试。

（1）模块测试：是对一个模块进行测试，根据模块的功能说明，检查模块是否有错误。

（2）联合测试：即通常所说的联调。联合测试可以发现总体设计中的错误。

（3）验收测试：检验系统说明书的各项功能与性能是否实现和满足要求。常见的验收测试有 α 测试和 β 测试。这两种测试都是由用户进行的，其中前者由使用者在应用系统开发所在地与开发者一同进行观察记录，后者由用户在使用环境中独立进行。

（4）系统测试：是对整个系统的测试，将硬件、软件、操作人员看作一个整体，检验它是否有不符合系统说明书的地方。

软件测试的主要方法由人工测试和机器测试组成。人工测试指的是采用人工方式进行测试，经验表明，组织良好的人工测试可以发现程序中 30%~70% 的编码错误和逻辑设计错误。机器测试是把事先设计好的测试用例作用于被测程序，比较测试结果与预期结果是否一致，如果不一致，则说明被测程序可能存在错误。人工测试还可以分为人工复查、走查和会审。机器测试可以分为黑盒测试和白盒测试。

黑盒测试也称为功能测试，是将软件看成黑盒子，在完全不考虑软件的内部结构和特性的情况下，测试软件的外部特性。黑盒测试主要是为了发现以下几类错误。

（1）是否有错误的功能或遗漏的功能。

（2）界面是否有误，输入是否能够被正确接收，输出是否正确。

（3）是否有数据结构或外部数据库访问错误。

（4）性能是否能够被接受。

（5）是否有初始化或终止性错误。

白盒测试也称为结构测试，是将软件看成透明的白盒，根据程序的内部结构和逻辑来设计测试用例，对程序的路径和过程进行测试，检查是否满足设计的需要。其原则如下。

（1）程序模块中的所有独立路径至少被执行一次。

（2）在所有的逻辑判断中，取"真"和取"假"的两种情况至少都能被执行一次。

（3）每个循环都应在边界条件和一般条件下各被执行一次。

（4）测试程序内部数据结构的有效性等。

试题 14 答案

（37）C

试题 15（2006 年 5 月试题 38）

下面有关测试的说法正确的是___（38）___。

（38）A. 测试人员应该在软件开发结束后开始介入

B. 测试主要是软件开发人员的工作

C. 要根据软件详细设计中设计的各种合理数据设计测试用例

D. 严格按照测试用例计划进行，避免测试的随意性

试题 15 分析

本题考查软件测试的原则的内容。

在信息系统软件测试时应该遵循的基本原则如下。

（1）应尽早并不断进行测试。"测试人员应该在软件开发结束后开始介入"的说法是不正确的。测试应该在需求阶段就开始介入，贯穿在开发的各阶段中，以便及早发现错误和纠正错误。

（2）测试工作应避免由原开发软件的人或小组来承担（单元测试除外）。"测试主要是软件开发人员的工作"的说法是不正确的。测试应该由专门的测试人员来完成。

（3）在设计测试方案时，不仅要确定输入数据，而且要从系统的功能出发确定输出结果。

（4）在设计测试用例时，不仅要包括合理、有效的输入条件，也要包括不合理、失效的输入条件。"要根据软件详细设计中设计的各种合理数据设计测试用例"的说法是不正确的，忽略了对异常、不合理的情况进行测试。

（5）在测试程序时，不仅要检测程序是否做了该做的事，还要检测程序是否做了不该做的事。

（6）充分重视测试中的群集现象。经验表明，测试后软件中仍存在错误的概率与已经发现的错误数成正比。

（7）严格按照测试计划来进行，避免测试的随意性。测试计划应包括测试内容、进度安排、人员安排、测试环境、测试工具、测试资料等。严格地按照测试计划可以保证进度，使各方面都得以协调进行。

（8）妥善保存测试计划、测试用例，作为软件文档的组成部分，为维护提供方便。

因此，选项 D 的说法是正确的。

试题 15 答案

（38）D

试题 16（2006 年 5 月试题 39）

新旧信息系统的转换方式不包括 **（39）** 。

（39）A. 直接转换　　　B. 逐个模块转换　　　C. 并行转换　　　D. 分段转换

试题 16 分析

本题考查系统的试运行和转换的基本内容。

系统的试运行是系统调试工作的延续。新系统试运行成功之后，要进行新系统和旧系统之间的互相转换。新旧系统之间的转换方式有三种，它们是直接转换、并行转换和分段转换。

试题 16 答案

（39）B

试题 17（2006 年 5 月试题 40～41）

针对下面的程序和对应的流程图，找出对应的判定覆盖路径__（40）__和语句覆盖的路径__（41）__。

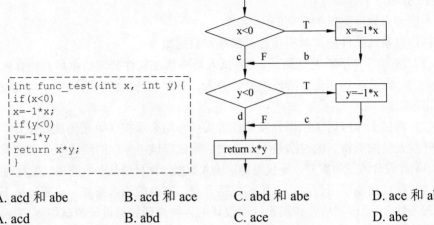

```
int func_test(int x, int y){
if(x<0)
x=-1*x;
if(y<0)
y=-1*y
return x*y;
}
```

（40）A. acd 和 abe   B. acd 和 ace   C. abd 和 abe   D. ace 和 abe

（41）A. acd   B. abd   C. ace   D. abe

试题 17 分析

本题考查白盒测试的基础内容。

白盒测试是对软件的过程性细节做详细检查。通过对程序内部结构和逻辑的分析来设计测试用例。适合于白盒测试的设计技术主要有：逻辑覆盖法、基本路径测试等。

逻辑覆盖以程序内部的逻辑结构为基础进行测试。根据覆盖情况的不同，逻辑覆盖可以分为：语句覆盖、判定覆盖、条件覆盖、判定条件覆盖、多重覆盖和路径覆盖。

（1）判定覆盖是设计若干个检测用例，使得程序中的每个判断的取真分支和取假分支至少被执行一次。根据题意，图中的判定覆盖路径为 acd 和 abe 或 abd 和 ace。

（2）语句覆盖是设计若干个检测用例，使得程序中的每条语句至少被执行一次。根据题意，很明显图中的语句覆盖路径为 abe。

试题 17 答案

（40）A   （41）D

试题 18（2006 年 5 月试题 42）

在信息系统的组装测试中，模块自顶向下的组合方式如下图所示，按照先深度后宽度的增量测试方法，测试顺序为__（42）__。

（42）A. M1→M2→M4→M3→M5→M6

       B. M1→M2→M3→M4→M5→M6

       C. M4→M5→M6→M2→M3→M1

       D. M1→M2→M4→M5→M6→M3

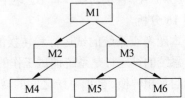

试题 18 分析

本题考查组装测试的基本内容。

解法 1：从考查的知识点入手寻找答案

组装测试也称为集成测试。通常，组装测试有两种方法：一种是分别测试各个模块，再把这些模块组合起来进行整体测试，即为非增量式集成；另一种是把下一个要测试的模块组合到已测试好的模块中，测试完后再将下一个需测试的模块组合起来进行测试，逐步把所有模块组合在一起，并完成测试，即为增量式集成。

增量式测试技术有自顶向下的增量方式和自底向上的增量方式两种测试方法。其中，自顶向下的增量方式是模块按程序的控制结构，从上到下的组合方式。再增加测试模块时有先深度后宽度和先宽度后深度两种次序。先深度后宽度的方法是把程序结构中的一条主路径上的模块相组合。先宽度后深度的方法是把模块按层进行组合。

根据题意，M1→M2→M4→M3→M5→M6 为测试顺序。

解法 2：选项排除法

观察发现，选项 A 和选项 D 为相仿选项。通常相仿选项中的一个为正确答案。可以只查看分析选项 A 和选项 D 中后三个模块 M3、M5 和 M6 的次序。由于要求按照先深度后宽度的增量测试方法，M5 和 M6 为同层，显然 M5→M6→M3 的次序是不正确的。选项 B 和选项 C 也不正确，因此选项 A 为答案。

试题 18 答案

（42）A

试题 19（2006 年 5 月试题 44）

企业在衡量信息系统的吞吐率时，MIPS 是非常重要的一个指标，其公式表示为(44) 。

（44）A. MIPS=指令数/（执行时间×1000000）

　　　B. MIPS=指令数/（执行时间×10000）

　　　C. MIPS=指令数/（执行时间×1000）

　　　D. MIPS=指令数/（执行时间×100）

试题 19 分析

本题考查信息系统管理中性能评价指标的内容。

反映计算机系统负载和工作能力的常用指标主要有三类，分别是系统响应时间、系统吞吐率和资源利用率。其中，系统的吞吐率是指单位时间内的工作量。系统吞吐率是系统生产力的度量标准，描述了在给定时间内系统处理的工作量。反映系统吞吐率的概念说明如下。

（1）MIPS（每秒百万次指令）：公式表示为 MIPS=指令数/（执行时间×1 000 000）。

（2）MFLOPS（每秒百万次浮点运算）：公式表示为 MFLOPS=浮点指令数/（执行时间×1 000 000）。

（3）BPS（位每秒）：计算机网络信号传输速率一般以每秒传送数据位（bit）来度量。

（4）PPS（数据报文每秒）：通信设备的吞吐量通常由单位时间内能够转发的数据报文数量表示。

（5）TPS（事务每秒）：系统每秒处理的事务数量。

另外，从 MIPS 所表达的含义，即每秒百万条指令上来考虑，只有选项 A 中含有 1 000 000（百万）的数字。所以选项 A 的公式表示是正确的。

试题 19 答案

（44）A

试题 20（2006 年 5 月试题 45）

在系统管理标准中，以流程为基础，以客户为导向的 IT 服务管理指导框架采用的是__（45）__，它已在 IT 管理领域广泛传播。

（45）A. ITIL 标准   B. COBIT 标准   C. ITSM 参考模型   D. MOF

试题 20 分析

本题考查系统管理标准的基础知识。

OGC 发布的 ITIL 标准已经成为 IT 管理领域事实上的标准，它作为一种以流程为基础、以客户为导向的 IT 服务管理指导框架，摆脱了传统 IT 管理以技术管理为焦点的弊端，实现了从技术管理到流程管理，再到服务管理的转换。

COBIT 标准首先由 IT 审查者协会提出，主要目的是实现商业的可说明性和可审查性。

MOF（管理运营框架）为企业客户使用微软的产品和技术提供了全面详细的技术和过程指导，使客户的核心业务系统能够安全可靠地运行，实现高可用性、高性能和良好的可管理性。

HP 通过 ITSM 标准规范客户化的 IT 运作流程，帮助客户管理运行维护管理系统平台。HP 在 ITIL 的基础之上，融合了自身多年来对各行业顶尖公司的 IT 部门进行服务支持的营运经验，设计了独特的"HP ITSM"参考模型，用以帮助企业对 IT 系统的规划、研发、实施和运营进行有效管理，它贯穿了整个 IT 服务周期，结合流程、人员和技术三大关键性要素，确保以更低的成本和更短的时间帮助客户获得更高效的回报。

试题 20 答案

（45）A

试题 21（2006 年 5 月试题 46）

在资源管理中，软件资源管理包括软件分发管理。软件分发管理中不包括__（46）__。

（46）A. 软件部署   B. 安全补丁分发

      C. 远程管理和控制   D. 应用软件的手工安装和部署

试题 21 分析

本题考查软件分发管理的基础知识。

由于企业不断升级或部署新软件的需求，要求保持业务应用的适应性和有效性。在企业范围内，手工为每个业务系统和桌面系统部署应用和实施安全问题修复已经成为过去，因此选项 D 应用软件的手工安装和部署是所选答案。软件分发管理的支持工具可以自动完成软件部署的全过程。在相应的管理工具的支持下，软件分发管理可以自动化或半自动化地完成软件分发任务。软件分发管理包括三点内容：软件部署、安全补丁分发和远程管理和控制。

试题 21 答案

（46）D

试题 22（2006 年 5 月试题 47）

随着企业所建的信息系统越来越多，对统一身份认证系统的需求越来越迫切，该系统为企业带来的益处包括　(47)　。

① 用户使用更加方便　　　　　　　　② 安全控制力度得到加强
③ 减轻管理人员的负担　　　　　　　④ 安全性得到提高

（47）A. ①、②、③　　　　　　　　B. ①、③、④
　　　C. ②、③、④　　　　　　　　D. ①、②、③、④

试题 22 分析

本题考查信息系统用户管理的基础知识。

当前，信息安全已经引起人们的重视。大量的统计数据表明，安全问题往往是从企业内部出现的，特别是用户身份的盗用，往往会造成一些重要数据的泄漏或损失。身份认证是身份管理的基础，完成了身份认证之后，接下来就需要进行身份管理。统一用户管理的益处主要有以下几方面。

（1）用户使用更加方便。

（2）安全控制力度得到加强。

（3）减轻管理人员的负担。

（4）安全性得到提高。

试题 22 答案

（47）D

试题 23（2006 年 5 月试题 49）

在故障及问题管理中，鱼骨头法被经常用于　(49)　活动。

（49）A. 问题发现　　　B. 问题因果分析　　　C. 问题解决　　　D. 问题预防

试题 23 分析

本题考查信息系统故障及问题管理的基本知识。

问题分析的方法主要有 4 种：Kepner&Tregoe 法、鱼骨图法、头脑风暴法和流程图法。

（1）Kepner&Tregoe 法：是一种分析问题的方法，即出发点是解决问题是一个系统的过程，应该最大程序上利用已有的知识和经验。它把问题分解为 5 个阶段：定义问题、描述问题、找出产生问题的可能原因、测试最可能的原因和验证问题原因。

（2）鱼骨图法：又称为因果图法。鱼骨图法是分析问题原因常用的方法之一。鱼骨图就是将系统或服务的故障或者问题作为"结果"，以导致系统发生失效的诸因素作为"原因"绘出图形，进而通过图形分析从错综复杂、多种多样的因素中找出导致问题出现的主要原因的一种图形。

试题 23 答案

（49）A

试题 24（2006 年 5 月试题 50）

信息系统的平均修复时间（MTTR）主要用来度量系统的__（50）__。

（50）A. 可靠性　　　　　B. 可维护性　　　　　C. 可用性　　　　D. 环境适应性

试题 24 分析

本题考查信息系统性能及能力管理的基本知识。

信息系统性能评价指标中的计算机系统工作能力指标，主要有系统响应时间、系统吞吐率、资源利用率。其他综合性能指标主要如下所示。

（1）可靠性。通常反映系统处理用户工作的可用性或处理过程失败或错误的概率。MTBF（平均故障间隔时间）是系统在相邻两次故障之间工作时间的数学期望。

（2）可维护性。系统失效后在规定时间内可被修复到规定运行水平的能力。可维护性用系统发生一次失败后，系统返回正常状态所需的时间来度量，它包含诊断、失效定位、失效校正等时间。一般使用相邻两次故障间工作时间的数学期望 MTTR（平均修复时间）来表示。

（3）可扩展性。系统的软硬件的扩充能力，可以提高系统性能。

（4）可用性。可维修系统在某时刻能提供有效使用的程度。

（5）功耗。系统电能消耗量。

（6）兼容性。系统现有的硬件或软件与另一个系统或多种系统的硬件和软件的兼容能力和经过整合进行共同工作的能力。

（7）安全性。程序和数据等信息的安全程度。

（8）保密性。确保系统内信息和数据不被非法人员存取。

（9）环境适应性。系统对环境的适应能力，即外界环境改变时系统为保护正常工作的进行调节的能力。

试题 24 答案

（50）B

试题 25（2006 年 5 月试题 52）

高可用性的信息系统应该具有较强的容错能力，提供容错的途径不包括__（52）__。

（52）A. 使用空闲备件　　　B. 负载平衡　　　　C. 备份/恢复　　　　D. 镜像

试题 25 分析

本题考查信息系统可用性的基本内容。

容错是指系统在排除了某些类型的故障后继续正常运行。具有高可用性的系统应该具有较强的容错能力。提供容错的途径有使用空闲备件、负载平衡、镜像、复现和热可更换。因此，选项 C 备份/恢复不是容错方法。

试题 25 答案

（52）C

试题 26（2006 年 5 月试题 53）

影响系统可维护性的因素不包括　　（53）　。

（53）A. 可理解性　　　B. 可测试性　　　　　C. 可修改性　　　　　D. 可移植性

试题 26 分析

本题考查信息系统可维护性的基础内容。

系统的可维护性是对系统进行维护的难易程度的度量，影响系统可维护性的因素主要有以下三个。

（1）可理解性。外来人员理解系统的结构、接口、功能和内部过程的难易程度。

（2）可测试性。对系统进行诊断和测试的难易程度。

（3）可修改性。对系统各部分进行修改的难易程度。

试题 26 答案

（53）D

试题 27（2006 年 5 月试题 54）

系统响应时间是衡量计算机系统负载和工作能力的常用指标。用 T 表示系统对某用户任务的响应时间：T_{user} 表示为运行用户任务本身所占用的计算机运行时间；T_{sys} 表示为完成该任务，系统占用的计算机运行时间。正确的公式为　（54）　。

（54）A. $T = T_{user}$　　　B. $T = T_{sys}$　　　　　C. $T = T_{user} + T_{sys}$　　　　　D. $T = T_{user} - T_{sys}$

试题 27 分析

本题考查性能及能力管理的基础内容。

时间是衡量计算机性能最主要和最为可靠的标准，系统响应能力根据各种响应时间进行衡量，它指计算机系统完成某一任务（程序）所花费的时间。

响应时间为用户 CPU 时间和系统 CPU 时间之和，即 $T = T_{user} + T_{sys}$。

试题 27 答案

（54）C

试题 28（2006 年 5 月试题 55）

信息系统建成后，根据信息系统的特点、系统评价的要求与具体评价指标体系的构成原则，可以从三个方面对信息系统进行评价，这些评价一般不包括　　（55）　。

（55）A. 技术性能评价　　　　　　B. 管理效益评价

　　　C. 经济效益评价　　　　　　D. 社会效益评价

试题 28 分析

本题考查信息系统评价的基础知识。

　　系统评价是对系统运行一段时间后的技术性能及经济效益等方面的评价，是对信息系统审计工作的延伸。评价的目的是检查系统是否达到了预期的目标，技术性能是否达到了设计的要求，系统的各种资源是否得到充分利用，经济效益是否理想，并指出系统的长处和不足，为以后系统的改进和扩展提出依据。

　　根据信息系统的特点、系统评价的要求与具体评价指标体系的构成原则，可从技术性能评价、管理效益评价和经济效益评价三个方面对信息系统进行评价。

试题 28 答案

（55）D

试题 29（2006 年 5 月试题 56）

　　在分布式环境下的信息系统管理中，活动目录拓扑浏览器技术是___（56）___的主要内容之一。

（56）A. 跨平台管理　　　　　　　　　　B. 可视化管理

　　　　C. 可扩展性和灵活性　　　　　　D. 智能代理

试题 29 分析

　　本题考查分布式环境下的系统管理的基础知识。

　　分布式环境中的管理系统在以下几个方面表现出优越特性。

　　（1）跨平台管理。可以管理 Windows 系列、所有主要的 Linux 版本、IBM DB2 等。

　　（2）可扩展性和灵活性。分布式环境下的管理系统可以支持超过 1000 个管理节点和数以千计的事件。支持终端服务和虚拟服务器技术。

　　（3）可视化的管理。包括独特的可视化能力使管理环境，更快捷、简易。服务地图显示 IT 基础设施组件是如何与 IT 服务相连接的，使操作员和应用专家能快速确定根本原因和受影响的服务。活动目录拓扑浏览器将自动发现和绘制整个活动目录环境。

　　（4）智能代理技术。每个需要监视的系统上都被安装代理，性能代理用于记录和收集数据，然后在必要时发出关于该数据的警报，同时进行实时的性能监视。

试题 29 答案

（56）B

试题 30（2006 年 5 月试题 57）

　　自然灾害、物理损害、设备故障（例如美国"911"事件）使得很多企业的信息系统遭到彻底破坏，从而对企业造成了重大影响。企业数据库的这种损坏属于___（57）___。

（57）A. 事务故障　　　B. 系统故障　　　　　C. 介质故障　　　　　D. 人为故障

试题 30 分析

　　本题考查信息系统安全管理的基础知识。

　　介质安全包括介质数据的安全及介质本身的安全。目前该层次上常见的不安全情况主要有三类：损坏、泄漏、意外失误。损坏又包括自然灾害（比如地震、火灾、洪灾）、物理损坏（比如硬盘损坏、设备使用寿命到期、外力破损等）、设备故障（比如停电断电、电磁干扰等）等。信息泄漏主要包括电磁辐射（比如侦听微机操作过程）、乘机而入（比如合法用户进入安全进程后半途离开）、痕迹泄漏（比如密码、密钥等保管不善，被非法用户获得）等。同时，即使规定了信息设备管理的方法，使操作规程书面化，但是意外失误也是难免的（比如格式化硬盘、死机等系统崩溃）。

试题 30 答案

（57）C

试题 31（2007 年 5 月试题 23）

信息系统的硬件结构一般有集中式、分布式和分布-集中式三种，下面　(23)　不是分布式结构的优点。

（23）A. 可以根据应用需要和存取方式来配置信息资源

B. 网络上一个节点出现故障一般不会导致全系统瘫痪

C. 系统扩展方便

D. 信息资源集中，便于管理

试题 31 分析

本题考查信息系统的硬件结构的基础知识。

按照试题 3 的分析，信息系统的硬件结构是指系统的硬件、软件、数据等资源在空间的分布情况。信息系统的硬件结构中的分布式结构是指利用计算机网络把分布在不同地点的计算机硬件、软件、数据等资源联系在一起服务于一个共同的目标而实现相互通信和资源共享。分布式结构除了实现不同地点的硬件、软件、数据等资源共享外，另一个主要特征是各地与计算机网络系统相连的计算机系统既可以在计算机网络系统的统一管理下工作，又可以脱离网络环境利用本地信息资源独立工作。

分布式结构系统的优点如下。

（1）可以根据应用需要和存取方式来配置信息资源。

（2）有利于发挥用户在系统开发、维护和信息资源管理方面的积极性和主动性，提高了系统对用户需求变更的适应性和对环境的应变能力。

（3）系统扩展方便，增加一个网络节点一般不会影响其他节点的工作，系统建设可以采取逐步扩展网络节点的渐进方式，以合理使用系统开发所需的资源。

（4）系统的健壮性好，网络上一个节点出现故障一般不会导致全系统瘫痪。

另外两种硬件结构的优点说明如下。

集中式结构系统的优点为：信息资源集中，便于管理，而其缺点是主机价格昂贵，维护困难，并且运行效率低，一旦出现故障，容易造成整个系统的瘫痪。

分布-集中式结构系统的优点为：数据部分（需要共享的部分）集中，便于管理，各个工作站间相互独立，独立处理各自的业务，必要时又是一个整体，可以相互传递信息，共享数据，而其缺点是因有小型计算机在内，价格相对较高，系统维护较困难。

试题 31 答案

（23）D

试题 32（2007 年 5 月试题 24）

信息系统的概念结构如下图所示，正确的名称顺序是 __（24）__ 。

（24）A. ①信息管理者、②信息源、③信息用户

　　　 B. ①信息源、②信息用户、③信息管理者

　　　 C. ①信息用户、②信息管理者、③信息源

　　　 D. ①信息用户、②信息源、③信息管理者

试题 32 分析

本题考查信息系统概念结构的基础知识。

信息系统从概念上来看是由信息源、信息处理器、信息用户和信息管理者等 4 大部分组成的。信息源是信息的产生地，包括组织内部和外界环境中的信息，这些信息通过信息处理器的传输、加工、存储，为各类管理人员（即信息用户）提供信息服务。信息管理者对整个信息处理活动进行管理和控制，信息管理者和信息用户一起依据管理决策的需求收集信息，并负责进行数据的组织和管理，信息的加工、传输等一系列信息系统的分析、设计与实现，同时在信息系统的正式运行过程中负责系统的运行与协调。信息用户是目标用户，信息系统的一切设计与实现都是围绕信息用户的需求。或者简单来说，信息源是信息的输入，信息管理者为核心，它负责管理和控制信息的处理，信息用户代表着信息的输出处理。根据题意，选项 A 是答案。

试题 32 答案

（24）A

试题 33（2007 年 5 月试题 25～26）

在信息系统建设中，为了使开发出来的目标系统能满足实际需要，在着手编程之前应认真考虑以下问题：

① 系统所要求解决的问题是什么？

② 为解决该问题，系统应干些什么？

③ 系统应该怎么去干？

其中第②个问题在 __（25）__ 阶段解决，第③个问题在 __（26）__ 阶段解决。

（25）A. 信息系统总体规划　　　　　　B. 信息系统分析

　　　 C. 信息系统设计　　　　　　　　D. 信息系统实施

（26）A. 信息系统总体规划　　　　　　B. 信息系统分析

　　　　C. 信息系统设计　　　　　　　　　　D. 信息系统实施

试题 33 分析

　　本题考查信息系统开发过程的基础知识。

　　信息系统的开发阶段一般可以分为系统分析阶段、系统设计阶段、系统实施阶段、系统运行和维护阶段。问题①系统所要求解决的问题是什么是属于信息系统总体规划需要考虑解决的内容，问题②为解决该问题，系统应该干些什么是属于信息系统分析需要考虑解决的内容，问题③系统应该怎么去干是属于信息系统设计需要考虑解决的内容。

试题 33 答案

　　（25）B　　　（26）C

试题 34（2007 年 5 月试题 27～28）

　　___（27）___是一种最常用的结构化分析工具，它从数据传递和加工的角度，以图形的方式刻画系统内数据的运行情况。通常使用___（28）___作为该工具的补充说明。

　　（27）A. 数据流图　　　　　B. 数据字典　　　　　C. ER 图　　　　D. 判定表
　　（28）A. 数据流图　　　　　B. 数据字典　　　　　C. ER 图　　　　D. 判定表

试题 34 分析

　　本题考查信息系统分析工具的基本知识。

　　按照试题 5 的分析，数据流图是一种最常用的结构化分析工具，它从数据传递和加工的角度，以图形的方式刻画系统内数据的运动情况。对数据流图的改进，包括检查数据流图的正确性和提高数据流图的易理解性。

　　按照试题 9 的分析，通常用数据字典对数据流图加以补充和说明。数据字典是以特定格式记录下来的、对系统的数据流图中各个基本要素（数据流、处理逻辑、数据存储和外部实体）的内容和特征所做的完整的定义和说明。数据字典也是结构化系统分析的重要工具。

试题 34 答案

　　（27）A　　　（28）B

试题 35（2007 年 5 月试题 29）

　　下面关于 UML 的说法不正确的是___（29）___。

　　（29）A. UML 是一种建模语言　　　　　　　B. UML 是一种构造语言
　　　　　　C. UML 是一种可视化的编程语言　　　D. UML 是一种文档化语言

试题 35 分析

　　本题考查统一建模语言（Unified Modeling Language，UML）的基础知识。

　　UML 是一种语言，它为软件开发人员之间提供了一种用于软件蓝图的标准语言。

　　UML 是一组图形符号，它的每个符号都有明确语义，是一种直观、可视化的语言。

　　UML 是一种文档化语言，它适合于建立系统体系结构及其所有的细节文档。

　　UML 是用于系统的可视化建模语言，用 UML 描述的模型可以与各种编程语言直接相连，而且有较好的映射关系，这种映射关系允许进行正向工程、逆向工程。但是 UML 并不是一种可视化编程语言。根据题意，选项 C 为答案。

试题 35 答案

（29）C

试题 36（2007 年 5 月试题 30）

在需求分析阶段，可以使用 UML 中的 （30） 来捕捉用户需求，并描述对系统感兴趣的外部角色及其对系统的功能要求。

（30）A. 用例图　　　　　B. 类图　　　　　C. 顺序图　　　　　D. 状态图

试题 36 分析

本题考查统一建模语言的基本内容。

按照试题 35 的分析所知，UML 的目的是建模。建模的三要素分别为事物、关系和图。在需求分析阶段，可以使用 UML 中的用例图来捕捉用户需求，并描述对系统感兴趣的外部角色及其对系统的功能要求。其用例模型的建立是系统开发者和用户反复讨论的结果，表明了开发者和用户对需求规格达成的共识。

类图面向对象建模中最重要的模型，它描述了类和类之间的静态关系。与数据模型不同，它不仅显示了信息的结构，同时还描述了系统的行为。

顺序图用来描述对象之间动态的交互关系，着重体现对象间消息传递的时间顺序。顺序图允许直观地表示出对象的生存期，在生存期内，对象可以对输入消息作出响应，并且可以发送信息。

状态图用来描述对象状态和事件之间的关系。通常使用状态图来描述单个对象的行为。它确定了由事件序列引出的状态序列，但并不是所有的类都需要使用状态图来描述它的行为。只有具有重要交互行为的类，才会使用状态图来描述。

试题 36 答案

（30）A

试题 37（2007 年 5 月试题 31）

在结构化设计中， （31） 描述了模块的输入/输出关系、处理内容、模块的内部数据和模块的调用关系，是系统设计的重要成果，也是系统实施阶段编制程序设计任务书和进行程序设计的出发点和依据。

（31）A. 系统流程图　　　B. IPO 图　　　C. HIPO 图　　　D. 模块结构图

试题 37 分析

本题考查结构化设计中 HIPO 技术的基本知识。

按照试题 8 的分析，选项 B 是答案。

试题 37 答案

（31）B

试题 38（2007 年 5 月试题 32）

模块的独立程度有两个定性指标：聚合和耦合。在信息系统的模块设计中，追求的目标是　(32)　。

（32）A. 模块内的高聚合以及模块之间的高耦合

　　　　B. 模块内的高聚合以及模块之间的低耦合

　　　　C. 模块内的低聚合以及模块之间的高耦合

　　　　D. 模块内的低聚合以及模块之间的低耦合

试题 38 分析

本题考查软件模块化的基本概念。

软件设计中划分模块的一个准则是"高内聚低耦合"，即提高聚合程度、降低模块间的耦合程度是模块设计的重要原则。同时，聚合和耦合又是相辅相成的，模块内的高聚合往往意味着模块之间的松耦合。

软件结构内模块的耦合度表现了模块之间互相关联的程度，分为 6 级。耦合度从低到高分别是：非直接耦合、数据耦合、标记耦合、控制耦合、公共耦合、内容耦合。

（1）非直接耦合：两个模块中的每一个都能独立工作而不需要另一个模块的存在。

（2）数据耦合：两个模块彼此通过参数交换数据，而交换的信息仅仅是数据。

（3）标记耦合：一组模块通过参数表传递记录信息。这个记录是某一数据结构的子结构，而不是简单变量。

（4）控制耦合：传递的信息中也有控制信息。

（5）公共耦合：两个或多个模块通过公共数据环境相互作用。

（6）内容耦合：两个模块之间有下列情况之一。

① 一个模块访问另一个模块的内部数据。

② 一个模块没有通过正常入口而转到另一个模块内部。

③ 两个模块有一部分程序代码重叠。

④ 一个模块有多个入口。

模块的内聚性表现了模块内部各个子成分功能的集中程度，分为 7 级。内聚性从低到高分别是：偶然内聚、逻辑内聚、时间内聚、过程内聚、通信内聚、顺序内聚、功能内聚。

（1）偶然内聚：一个模块完成一组任务，这些任务彼此间即使有关系，也是松散的关系。

（2）逻辑内聚：一个模块完成的任务在逻辑上属于相同或相似的操作。

（3）时间内聚：一个模块包含的任务必须在同一段时间内执行。

（4）过程内聚：一个模块内的处理元素是相关的，而且必须以特定次序执行。

（5）通信内聚：一个模块中所有的元素都使用同一个输入数据/或产生同一个输出数据。

（6）顺序内聚：一个模块内的处理元素和同一个功能密切相关，而这些元素必须按顺序执行。

（7）功能内聚：一个模块内所在处理元素属于一个整体，并完成一个单一的功能。

试题 38 答案

（32）B

试题 39（2007 年 5 月试题 33）

下列聚合类型中聚合程度最高的是　(33)　。

（33）A. 偶然聚合　　　B. 时间聚合　　　　　　C. 功能聚合　　　　　　D. 过程聚合

试题 39 分析

本题考查软件模块化的基本内容。

按照试题 38 的分析，功能聚合是 7 级内聚程度中最高的，选项 C 是答案。

试题 39 答案

（33）C

试题 40（2007 年 5 月试题 34）

不属于程序或模块的序言性注释的是　(34)　。

（34）A. 程序对硬件、软件资源要求的说明

　　　B. 重要变量和参数说明

　　　C. 嵌在程序之中的相关说明，与要注释的程序语句匹配

　　　D. 程序开发的原作者、审查者、修改者、编程日期等

试题 40 分析

本题考查信息系统实施中程序设计风格的基础知识。

程序中的注释分为：序言性注释和解释性注释。序言性注释是在每个程序或模块的开头的一段说明，起到对程序解释的作用，一般包括以下内容。

（1）程序的标识、名称和版本号。

（2）程序功能描述。

（3）接口与界面描述，包括调用及被调用关系、调用形式、参数含义以及相互调用的程序名。

（4）输入/输出数据说明，重要变量和参数说明。

（5）开发历史，包括原作者、审查者、修改者、编程日期、编译日期、审查日期、修改日期等。

（6）与运行环境有关的信息，包括对硬件、软件资源的要求，程序存储与运行方式。

解释性注释一般嵌在程序之中，与要注释的部分匹配。显然，选项 C 描述的不是序言性注释。

试题 40 答案

（34）C

试题 41（2007 年 5 月试题 35）

以下关于测试的描述中，错误的是　(35)　。

（35）A. 测试工作应避免由该关键的开发人员或开发小组来承担（单元测试除外）

B. 在设计测试用例时，不仅要包含合理、有效的输入条件，还要包含不合理、失效的输入条件

C. 测试一定要在系统开发完成之后才进行

D. 严格按照测试计划来进行，避免测试的随意性

试题 41 分析

本题考查软件测试时应该遵循的基本原则的内容。

按照试题 15 的分析，在信息系统软件测试时应尽早并不断地进行测试。"测试一定要在系统开发完成之后开始进行"的说法是不正确的。测试应该在需求阶段就开始介入，贯穿在开发的各阶段，以便及早发现错误和纠正错误。因此，选项 C 为答案。

试题 41 答案

（35）C

试题 42（2007 年 5 月试题 36）

在测试方法中，下面不属于人工测试的是　__（36）__　。

（36）A. 白盒测试　　　　　B. 个人复查　　　　　C. 走查　　　　　D. 会审

试题 42 分析

本题考查软件测试的基础知识。

按照试题 14 的分析，机器测试可以分为黑盒测试和白盒测试。其中，白盒测试也称为结构测试，将软件看成透明的白盒，根据程序的内部结构和逻辑来设计测试用例，对程序的路径和过程进行测试，检查是否满足设计的需要。

人工测试可以分为个人复查、走查、会审。个人复查是指程序员本人对程序进行检查，发现程序中的错误。走查是指由 3～5 人组成的测试小组在阅读相关资料后，将一批有代表性的测试数据沿程序的逻辑走一遍，监视程序的执行情况，随时记录程序的踪迹，以此来发现程序中的错误。会审是指测试小组在阅读相关资料后，根据经验列出尽可能多的典型错误，然后把它们制成错误清单，供会审时逐个审查、提问，讨论可能出现的错误。

试题 42 答案

（36）A

试题 43（2007 年 5 月试题 37）

在信息系统的系统测试中，通常在　__（37）__　中使用 MTBF 和 MTTR 指标。

（37）A. 恢复测试　　　　　B. 安全性测试　　　　　C. 性能测试　　　　　D. 可靠性测试

试题 43 分析

本题考查信息系统性能及能力管理的基本知识。

按照试题 24 的分析，信息系统性能评价指标中的可靠性是反映系统处理用户工作的可用性或处理过程失败或错误的概率，通常使用 MTBF（平均故障间隔时间：即系统在相邻两次故障之间工作时间的数学期望）和 MTTR（平均修复时间：相邻两次故障间工作时间的数学期望）来表示。

试题 43 答案

（37）D

试题 44（2007 年 5 月试题 38）

在进行新旧信息系统转换时，__（38）__ 的转换方式风险最小。

（38）A. 直接转换　　　B. 并行转换　　　　C. 分段转换　　　　D. 分块转换

试题 44 分析

本题考查系统的试运行和转换的基本内容。

按照试题 16 的分析，系统的试运行是系统调试工作的延续。新系统试运行成功之后，要进行新系统和旧系统之间的互相转换。新旧系统之间的转换方式有三种，即直接转换、并行转换和分段转换。直接转换方式最简单且最节省人员和设备费用，但是风险大，很有可能出现想不到的问题，不能用于重要的系统。分段转换的最大问题出现在接口的增加上，由于系统的各部分之间往往相互联系，当旧系统的某些部分转换给新系统去执行时，其余部分仍由旧系统来完成，就会出现衔接上的问题。并行转换的优点是可以进行两个系统的对比，发现和改正新系统的问题，风险小、安全、可靠，其缺点则是耗费人力和设备。

试题 44 答案

（38）B

试题 45（2007 年 5 月试题 39）

信息系统管理工作按照系统类型划分，可分为信息系统管理、网络系统管理、运行系统管理和 __（39）__ 。

（39）A. 基础设施管理　　　　　　　　　B. 信息部门管理

　　　　C. 设施及设备管理　　　　　　　D. 信息系统日常作业管理

试题 45 分析

本题考查信息系统管理工作分类的基础知识。

信息系统管理工作的分类可按照系统类型或流程类型进行划分。若按照系统类型划分，可以分为信息系统管理、网络系统管理、运行系统管理和设施及设备管理。若按照系统流程类型划分，则可以分为侧重于信息系统部门的管理、侧重于业务部门的信息系统支持及日常作业、侧重于信息系统基础设施建设。

试题 45 答案

（39）C

试题 46（2007 年 5 月试题 40）

实施信息系统新增业务功能的扩充工作是 __（40）__ 的职责。

（40）A. 系统主管　　B. 数据检验人员　　　C. 硬件维护人员　　　D. 程序员

试题 46 分析

本题考查信息系统运行管理中各类人员基本职责的基本内容。

信息系统运行管理中需要配备多种职责的人员。系统主管的责任是组织各方面人员协调一致地完成系统所担负的信息处理任务，保证系统结构完整，确定系统改善或扩充的方向，并组织系统的修改及扩充工作。数据检验人员的职责是保证交给数据录入人员的数据正确地反映客观事实。硬件、软件维护人员的职责是按照系统规定的规程进行日常的运行管理。程序员的职责是在系统主管人员的组织下，完成系统的修改和扩充，为满足临时要求编写所需要的程序。

试题 46 答案

（40）D

试题 47（2007 年 5 月试题 41～42）

信息系统的成本可分为固定成本和可变成本。　(41)　属于固定成本，　(42)　属于可变成本。

（41）A. 硬件购置成本和耗材购置成本　　　　B. 软件购置成本和硬件购置成本

　　　 C. 耗材购置成本和人员变动工资　　　　D. 开发成本和人员变动工资

（42）A. 硬件购置成本和耗材购置成本　　　　B. 软件购置成本和硬件购置成本

　　　 C. 耗材购置成本和人员变动工资　　　　D. 开发成本和人员变动工资

试题 47 分析

本题考查信息系统管理中成本管理的基础知识。

系统成本大体可以分为固定成本和可变成本两种。固定成本是为购置长期使用的资产而产生的成本，主要包含建筑费用及场所成本；硬件购置、安装成本；软件购置、开发成本；人力资源成本；外包服务成本等。根据题意，软件购置成本和硬件购置成本属于固定成本的范畴。可变成本是指日常发生的与形成有形资产无关的成本，随着业务量增长而正比例增长的成本，主要包含信息系统人员变动工资、打印机墨盒、纸张、电力等耗费。根据题意，打印机墨盒等耗材的购置成本和人员变动工资为可变成本。

试题 47 答案

（41）B　　 （42）C

试题 48（2007 年 5 月试题 43）

关于分布式信息系统的叙述正确的是　(43)　。

（43）A. 分布式信息系统都基于因特网

　　　 B. 分布式信息系统的健壮性差

　　　 C. 活动目录拓扑浏览器是分布式环境下可视化管理的主要技术之一

　　　 D. 所有分布式信息系统的主机都是小型机

试题 48 分析

本题考查分布式信息系统的基础知识。

解法 1：从考查的知识点入手寻找答案

分布式信息系统利用计算机网络（因特网、企业内部网和专业网络等）把分布在不同地点的计算机硬件、软件、数据等资源联系在一起服务于一个共同的目标而实现相互通信和资源共享。分布式信息系统的健壮性较好,因为其网络中存在多个节点,当一个节点出现故障时一般不会导致整个系统瘫痪。活动目录拓扑浏览器可以自动发现和绘制系统的整个活动目录环境,是可视化管理的主要技术之一。

解法 2:选项排除法

从解题的角度看,凡是选择题中含有"一定"、"都"、"只能"等绝对性的词汇的选项一般都不是正确的说法。根据这条准则,可排除部分选项,快速定位答案。

试题 48 答案

(43)C

试题 49(2007 年 5 月试题 45)

某企业欲将信息系统开发任务外包,在考查外包商资格时必须考虑的内容有　(45)　。

① 外包商项目管理能力

② 外包商是否了解行业特点

③ 外包商的员工素质

④ 外包商从事外包业务的时间和市场份额

(45)A. ②、④　　　　B. ①、④　　　　C. ②、③　　　　D. ①、②、③、④

试题 49 分析

本题考查第三方/外包管理中外包商的选择的基础知识。

企业应将外包商看做一种长期资源,对企业具有持续的价值。因此,必须选择具有良好社会形象和信誉、相关行业经验丰富、能够引领或紧跟信息技术发展的外包商作为战略合作伙伴。对外包商的资格审查应从技术能力、经营管理能力、发展能力三方面进行。

(1)技术能力主要包括提供的信息技术产品是否具备创新性、开放性、安全性、兼容性,是否拥有较高的市场占有率;是否具有信息技术方面的资格认证;是否了解行业特点,能够拿出真正适合本企业业务的解决方案;是否应用了稳定、成熟的信息技术等。

(2)经营管理能力主要包括领导层结构、员工素质、社会评价;项目管理水平;是否具备能够证明其良好运营管理能力的成功案例等。

(3)发展能力主要包括其盈利能力;从事外包业务的时间和市场份额;技术费用指出及在信息技术领域内的产品创新;技术方面的投资水平是否能够支持银行的外包项目等。

试题 49 答案

(45)D

试题 50(2007 年 5 月试题 46)

信息系统运行管理工具不包括　(46)　。

(46)A. 网络拓扑管理工具　　　　　　　　B. 软件自动分发工具

　　　C. 数据库管理工具　　　　　　　　　D. 源代码版本管理工具

试题 50 分析

本题考查信息系统运行管理工具的基础知识。

信息系统运行管理工具包含的范围较广，主要包括性能及可用性管理、网络资源管理、日常作业管理、系统监控及事件处理、安全管理工具、存储管理、软件自动分发、用户连接管理、资产管理/配置管理、帮助服务台/用户支持、数据库管理、IT 服务流程管理等。源代码版本管理工具不属于其中。

试题 50 答案

（46）D

试题 51（2007 年 5 月试题 49）

当信息系统交付使用后，若要增加一些新的业务功能，则需要对系统进行　(49)　。

（49）A. 纠错性维护　　　　B. 适应性维护　　　　C. 完善性维护　　　D. 预防性维护

试题 51 分析

本题考查软件维护的基础知识。

软件维护阶段覆盖了从软件交付使用到软件被淘汰为止的整个时期。软件维护占整个软件生命周期的 60%~80%，维护的类型主要有以下 4 种，在整个软件维护活动中，改正性维护约占 20%，适应性维护约占 25%，完善性维护约占 50%以上，其他维护约占 4%。

（1）改正性维护。

改正性维护是为了诊断和改正在使用过程中发现的隐藏的错误而修改软件的活动。

（2）适应性维护。

适应性维护是为了适应变化了的环境而修改软件的活动。

（3）完善性维护。

完善性维护是为了扩充或完善原有软件的功能或性能而修改软件的活动。

（4）预防性维护。

预防性维护是为了提高软件的可维护性和可靠性，为未来的进一步改进打下基础而修改软件的活动。

软件维护涉及不同内容，主要包括硬件设备的维护、应用软件的维护和数据的维护。其中，数据维护主要负责数据库的安全性、完整性和进行并发性控制，以及维护数据库中的数据，当数据库中的数据类型、长度等发生变化时，或者需要添加某个数据项、数据库时，要负责修改相关的数据库、数据字典等工作。

试题 51 答案

（49）C

试题 52（2007 年 5 月试题 50）

以下关于信息系统可维护程度的描述中，正确的是　(50)　。

（50）A. 程序中有无注释不影响程序的可维护程度

　　　　B. 执行效率高的程序容易维护

　　　　C. 模块间的耦合度越高，程序越容易维护

　　　　D. 系统文档有利于提高系统的可维护程度

试题 52 分析

本题考查信息系统可维护程度的基本内容。

按照试题 26 的分析，信息系统的可维护性是对系统进行维护的难易程度的度量，影响系统可维护性的因素主要有三个：①可理解性，指外来人员理解系统的结构、接口、功能和内部过程的难易程度；②可测试性，指对系统进行诊断和测试的难易程度；③可修改性，指对系统各部分进行修改的难易程度。

根据题意，系统文档编写越规范、越完整，越有利于提高系统的可理解性，进而实现正确的修改。程序中若无注释将会影响程序的可理解性和可修改性，继而对程序的可维护程度有一定的影响。系统执行效率的高低不是影响系统可维护程度的因素。模块间的耦合度高违反了软件开发的"高内聚低耦合"准则，使其影响到软件质量及其可维护程度。

试题 52 答案

（50）D

试题 53（2007 年 5 月试题 51）

以下关于维护工作的描述中，错误的是___（51）___。

（51）A. 信息系统的维护工作开始于系统投入使用之际

      B. 只有系统出现故障时或需要扩充功能时才进行维护

      C. 质量保证审查是做好维护工作的重要措施

      D. 软件维护工作需要系统开发文档的支持

试题 53 分析

本题考信息系统软件维护的基础知识。

信息系统在完成系统实施、投入运行后，就进入了系统运行和维护的阶段。维护工作是系统正常运行的重要保障。系统维护的任务就是要有计划、有组织地对系统进行必要的改动，以保证系统中的各个要素随着环境的变化始终处于最新的、正确的工作状态。系统维护的实施形式需要具体情况具体对待，主要有 4 种，分别是每日检查、定期维护、预防性维护、事后维护。质量保证审核对于获取和维持系统各阶段的质量是一项很重要的技术，审查可以检测系统在开发和维护阶段发生的质量变化，也可以及时纠正出现的问题，从而延长系统的有效生命周期。系统的文档是维护工作的依据，文档的质量对维护有着直接的影响。

试题 53 答案

（51）B

试题 54（2007 年 5 月试题 54）

根据信息系统的特点、系统评价的要求及具体评价指标体系的构成原则，可以从三个方面进行信息系统评价，下面不属于这三个方面的是___（54）___。

（54）A. 技术性能评价　　　　　　　　B. 管理效益评价

      C. 经济效益评价　　　　　　　　D. 系统易用性评价

试题 54 分析

本题考查信息系统评价的概念和特点的基本内容。

系统评价是对系统运行一段时间后的技术性能及经济效益等方面的评价，是对信息系统审计工作的延伸。评价的目的是检查系统是否达到了预期的目标，技术性能是否达到了设计的要求，系统的各种资源是否得到充分利用，经济效益是否理想等。

根据信息系统的特点、系统评价的要求及具体评价指标体系的构成原则，可以从技术性能评价、管理效益评价和经济效益评价等三个方面进行信息系统评价。系统易用性是技术性能评价中评价指标体系的一部分。

试题 54 答案

（54）D

试题 55（2007 年 5 月试题 55）

信息系统经济效益评价的方法不包括　(55)　。

（55）A. 投入产出分析法　　　　　　　B. 成本效益分析法
　　　 C. 系统工程方法　　　　　　　　D. 价值工程方法

试题 55 分析

本题考查信息系统经济效益评价方法的基本内容。

信息系统经济效益评价方法主要有以下几个。

（1）投入产出分析法。它是经济学中衡量某一经济系统效益的重要方法，其分析手段主要是采用投入产出表，该方法适用于从系统角度对系统做经济性分析。

（2）成本效益分析法。即用一定的价格，分析测算系统的效益和成本，从而计算系统的净收益，以判断该系统在经济上的合理性。

（3）价值工程方法。基本方程式可以表示为一种产品的价值等于其功能与成本之比。信息系统要获得最佳经济效益，必须使得方程式中的功能和费用达到最佳配合比例。

试题 55 答案

（55）C

试题 56（2007 年 5 月试题 56）

表决法属于信息系统评价方法中　(56)　中的一种。

（56）A. 专家评估法　　　　　　　　　B. 技术经济评估法
　　　 C. 模型评估法　　　　　　　　　D. 系统分析法

试题 56 分析

本题考查信息系统评价方法的基础知识。

信息系统评价的主要方法有专家评估法、技术经济评估法、模型评估法、系统分析法。专家评估法又可以分为特尔菲法、评分法、表决法、检查表法。技术经济评估法又可以分为净现值法（NPV 法）、利润指数法（PI 法）、内部报酬率法（IRR 法）、索别尔曼法。其中，模型评估法又可以分为系统动力学模型、投入产出模型、计量经济模型、经济控制论模型、成本效益分析。系统分析法又可以分为决策分析、风险分析、灵敏度分析、可行性分析、可靠性分析。因此，表决法属于信息系统评价方法中专家评估法中的一种。

试题 56 答案

（56）A

试题 57（2007 年 5 月试题 58）

具有高可用性的系统应该具有较强的容错能力，在某企业的信息系统中采用了两个部件执行相同的工作，当其中的一个出现故障时，另一个则继续工作。该方法属于 （58） 。

（58）A. 负载平衡　　　　　B. 镜像　　　　　C. 复现　　　　　D. 热可更换

试题 57 分析

本题考查信息系统容错的基本知识。

按照试题 25 的分析，容错是指系统在排除了某些类型的故障后继续正常运行。具有高可用性的系统应该具有较强的容错能力。提供容错的途径有以下几个。

（1）使用空闲备件。配置一个备用部件，平时处于空闲状态，当原部件出现错误时则取代原部件的功能。

（2）负载平衡。使两个部件共同承担一项任务，当其中的一个出现故障时，另一个部件就承担两个部件的全部负载。

（3）镜像。两个部件执行完全相同的工作，当其中的一个出现故障时，另一个则继续工作。

（4）复现。也称为延迟镜像，辅助系统从原系统接收数据时存在着延时。原系统出现故障时，辅助系统就接替原系统的工作，但也相应存在着延时。

（5）热可更换。某一部件出现故障时，可以立即拆除该部件并换上一个好的部件，使其系统继续正常运行。

试题 57 答案

（58）B

试题 58（2007 年 5 月试题 59）

某企业在信息系统建设过程中，出于控制风险的考虑为该信息系统购买了相应的保险，通过 （59） 的风险管理方式来减少风险可能带来的损失。

（59）A. 降低风险　　　　　B. 避免风险　　　　　C. 转嫁风险　　　　　D. 接受风险

试题 58 分析

本题考查信息系统的风险管理的基本知识。

风险是指可能对项目的成功带来威胁或损失的情况，而风险管理是在风险给项目带来损失之前，就指明、评估并对风险加以控制，使用工具和方法把项目风险限制在一个可接受的范围内。风险应当被识别、分类，由于真实的风险很难估量，对潜在风险进行估量是可取的。

从宏观上看，可将风险分为项目风险、技术风险和商业风险。

项目风险是指潜在的预算、进度、人员和组织、资源、用户和需求方面的问题，以及它们对软件项目的影响。项目复杂性、规模和结构的不确定也构成项目的风险因素。

技术风险是指潜在的设计、实现、接口、检验和维护方面的问题。规格说明的多义性、技术上的不确定性、技术陈旧、最新技术（不成熟）也是风险因素。

商业风险威胁到待开发软件的生存能力。商业风险主要有：开发的软件虽然很优秀但不是市场真正所想要的（市场风险）；开发的软件不再符合公司的整个软件产品战略（策略风险）；开发了销售部门不清楚如何推销的软件；由于重点转移或人员变动而失去上级管理部门的支持（管理风险）；没有得到预算或人员的保证（预算风险）。

就目前情况来说，软件项目面临的最大的 10 种风险如下。

（1）受过技术培训的技术人员短缺。

（2）大量的用户需求被修改。

（3）需求不明确。

（4）士气低落。

（5）项目外部决定的影响。

（6）不符合性能需求。

（7）不现实的进度。

（8）采用了大量新技术。

（9）缺乏商业知识。

（10）连接故障/低性能。

对风险进行了识别和评估后，可以通过降低风险（比如安装防护措施）、避免风险、转嫁风险（比如买保险）、接受风险（基于投入/产出比考虑）等多种风险管理方式来进行风险控制。

试题 58 答案

（59）C

试题 59（2008 年 5 月试题 23）

根据信息系统定义，下列说法错误的是　__(23)__ 。

（23）A. 信息系统的输入与输出为一一对应关系

　　　B. 处理意味着转换与变换原始输入数据，使之成为可用的输出信息

　　　C. 反馈是进行有效控制的重要手段

　　　D. 计算机并不是信息系统所固有的

试题 59 分析

本题考查信息系统的基础知识。

根据信息系统权威戈登·戴维斯对信息系统的定义：信息系统是用以收集、处理、存储、分发信息的相互关联的组件的集合，其作用在于支持组织的决策与控制。信息系统包括三项活动：输入活动、处理活动和输出活动。

（1）信息系统的输入与输出类型明确，即输入是数据，输出是信息。

（2）信息系统输出的信息必定是有用的，即服务于信息系统的目标，它反映了信息系统的功能或目标。

（3）信息系统中，处理意味着转换或变换原始输入数据，使之成为可用的输出信息。处理也意味着计算、比较、交换或为将来使用进行存储。

（4）信息系统中，反馈用于调整或改变输入或处理活动的输出，对于管理决策者来说，反馈是进行有效控制的重要手段。

（5）计算机并不是信息系统所固有的。实际上，在计算机出现之前，信息系统就已经存在，如动物的神经信息系统。

根据题意，显然选项 A 中所述的"信息系统的输入与输出为一一对应关系"的说法是不正确的。

试题 59 答案

（23）A

试题 60（2008 年 5 月试题 24）

为适应企业虚拟办公的趋势，在信息系统开发中，需要重点考虑的是信息系统的　（24）　。

（24）A. 层次结构　　　　B. 功能结构　　　　C. 软件结构　　　　　　D. 硬件结构

试题 60 分析

本题考查信息系统的结构的基础知识。

（1）信息系统的层次结构。

在企业内部，信息系统纵向层次按照具体的职能划分，分解为三层子系统：战略计划层、战术管理层和业务管理层。在每个层次上又可横向划分为研究与开发子系统、生产与制造子系统、销售与市场子系统、财务子系统、人力资源子系统等。每个子系统都支持业务处理到高层战略计划的不同层次的管理需求。

（2）信息系统的功能结构。

从信息用户的角度来看，信息系统应该支持整个组织在不同层次上的各种功能。各种功能之间又有各种信息联系，构成一个有机的整体及系统的业务功能结构。

（3）信息系统的软件结构。

软件在信息系统中的组织或联系，称为信息系统的软件结构。信息系统开发与应用中使用到的软件有操作系统、数据库管理系统、程序设计语言、网络软件、项目管理软件、应用软件以及其他工具软件等。

（4）信息系统的硬件结构。

信息系统的硬件结构又称为信息系统的物理结构或信息系统的空间结构，是指系统的硬件、软件、数据等资源在空间的分布情况，或者说避开信息系统各部分的实际工作和软件结构，只抽象地考查其硬件系统的拓扑结构。

根据题意，企业虚拟办公的特点是信息系统的分布式处理，因此需要重点考虑的是信息系统的硬件结构。

试题 60 答案

（24）D

试题 61（2008 年 5 月试题 25）

某待开发的信息系统，具体功能需求不明确，需求因业务发展需要频繁变动，适用于此信息系统的开发方法是 （25） 。

（25）A. 螺旋模型　　　　　　　　　B. 原型方法

　　　C. 瀑布模型　　　　　　　　　D. 面向系统的方法

试题 61 分析

本题考查信息系统开发中的软件过程模型的基础知识。

（1）原型方法

软件原型是所提出的新产品的部分实现，建立原型的主要目的是为了解决在产品开发的早期阶段的需求不确定的问题，其目的是：明确并完善需求，探索设计选择方案，发展为最终的产品。

原型方法适合于用户没有认可其需求的明确内容的时候。它是先根据已给出的和分析的需求，建立一个原始模型，这是一个可以修改的模型（在生命周期中，需求分析编写成文档后一般不再做大量修改）。在软件开发的各个阶段会把有关信息相互反馈，对模型进行修改，使模型渐趋完善。最终的结构将更适合用户的要求。

（2）瀑布模型

瀑布模型给出了软件生命周期各阶段的固定顺序，即可行性分析、需求分析、软件设计、编码实现、测试和维护等，上一个阶段完成后才能进入下一个阶段。

（3）演化模型

演化模型是在快速开发一个原型的基础上，根据用户在调用原型的过程中提出的反馈意见和建议，对原型进行改进，获得原型的新版本，重复这一过程，直到演化成最终的软件产品。

（4）螺旋模型

螺旋模型是将瀑布模型和演化模型相结合，它综合了两者的优点，增加了风险分析。它以原型为基础，沿着螺线自内向外旋转，每旋转一周都要经过制定计划、风险分析、实施工程、客户评价等活动，并开发原型的一个新版本。经过若干次螺旋上升的过程，最终得到软件。

（5）喷泉模型

喷泉模型对软件复用和生命周期中多项开发活动的集成提供了支持，主要支持面向对象的开发方法。"喷泉"体现出迭代和无间隙的特征。系统的某个部分常常重复工作多次，相关功能在每次迭代中随之加入演进的系统。无间隙指的是在开发活动，即分析、设计和编码之间不存在明显的边界。

试题 61 答案

（25）B

试题 62（2008 年 5 月试题 26）

项目三角形的概念中，不包含项目管理中的　　（26）　　要素。

（26）A. 范围　　　　　　　　B. 时间　　　　　　　　C. 成本　　　　　　　　D. 质量

试题 62 分析

本题考查项目管理的基础知识。

项目管理是通过项目主管和项目组织的努力，运用系统理论和方法对项目及其资源进行计划、组织、协调、控制，旨在实现项目的特定目标的管理方法体系。项目管理具有以下特征。

（1）项目管理是一项复杂的工作。

（2）项目管理具有创造性。

（3）项目管理需要集权领导和建立专门的项目组织。

（4）项目负责人在项目管理中起着非常重要的作用。

根据项目管理知识体系，项目管理分为 9 大知识领域，即范围管理、时间管理、成本管理、人力资源管理、沟通管理、采购管理、风险管理、整体管理和质量管理。

根据题意，项目三角形是指项目管理中范围、时间、成本之间相互制约和影响的关系，其核心为项目的质量。同时，质量作为项目三角形的核心，是范围、时间、成本协调的结果，其中每一项的改变都对质量有所影响。

试题 62 答案

（26）D

试题 63（2008 年 5 月试题 27）

数据流图（DFD）是一种描述数据处理过程的工具，常在　　（27）　　活动中使用。

（27）A. 结构化分析　　　　　　　　　　　B. 结构化设计

　　　C. 面向对象分析与设计　　　　　　　D. 面向构件设计

试题 63 分析

本题考查信息系统分析阶段数据流图的基本知识。

根据试题 5 的分析，数据流图是一种描述数据处理过程的工具，它从数据传递和加工的角度，以图形的方式刻画系统内数据的运动情况。通常是在结构化分析活动中使用。

试题 63 答案

（27）A

试题 64（2008 年 5 月试题 28）

极限编程（eXtreme Programming）是一种轻量级软件开发方法，　　（28）　　不是它强调的准则。

（28）A. 持续的交流和沟通　　　　　　　　　B. 用最简单的设计实现用户需求

C. 用测试驱动开发　　　　　　　　D. 关注用户反馈

试题 64 分析

本题考查极限编程 XP 的基本概念与准则。

极限编程 XP 是一种轻量（敏捷）、高效、低风险、柔性、可预测、科学而且充满乐趣的软件开发方式。

（1）极限编程的价值观。

- 沟通：通过交流解决问题，提高工作效率。
- 简单：尽量地简单化，够用就好。
- 反馈：及早、持续、明确的反馈，以便及早发现问题。
- 勇气：有勇气面对快速开发，面对可能的重新开发。

（2）极限编程的原则。

- 快速反馈：开发人员应该通过较短的反馈循环，迅速了解现在的产品是否满足客户的需求。
- 简单性假设：开发人员将每个问题都看成十分容易解决，只为本次迭代考虑，不去想未来可能需要什么，相信具有将来必要时增加系统复杂性的能力。
- 逐步修改：在软件开发过程中，任何问题都应该通过一系列微调来解决。
- 提倡更改：在软件开发过程中，最好的办法是在解决最重要的问题时，保留最多选项的那个。
- 优质工作：工作质量不可打折扣，通常采用测试先行的编码方式提供支持。

（3）极限编程的最佳实践。

在极限编程中，集成了 12 个最佳实践，它们分别是：计划游戏、小型发布、隐喻、简单设计、测试先行、重构、结对编程、集体代码所有制、持续集成、每周工作 40 小时、现场客户、编码标准。提供一个良好的思路将这些最佳实践结合起来，并且确保尽可能彻底地执行它们，才能使它们在最大程度上相互支持。

试题 64 答案

（28）C

试题 65（2008 年 5 月试题 29～31）

软件开发过程包括需求分析、概要设计、详细设计、编码、测试、维护等活动。程序流程设计在　(29)　活动中完成，软件的总体结构设计在　(30)　活动中完成并在　(31)　中进行说明。

(29) A. 需求分析　　　B. 概要设计　　　C. 详细设计　　　D. 编码
(30) A. 需求分析　　　B. 概要设计　　　C. 详细设计　　　D. 编码
(31) A. 系统需求说明书　　　　　　　B. 概要设计说明书
　　　C. 详细设计说明书　　　　　　　D. 数据规格说明书

试题 65 分析

本题考查信息系统开发的基础知识。

软件开发过程包括需求分析、概要设计、详细设计、编码、测试、维护等活动。软件需求分析阶段是将系统目标具体化为用户需求，再将用户需求转换为系统的逻辑模型，系统的逻辑模型是用户需求明确、详细的表示。软件需求分析阶段完成编写软件需求说明书、系统功能说明书。概要设计和详细设计为软件系统设计阶段的工作，它们将系统的逻辑模型转换为目标系统的物理模型，该阶段得到的工作成果是系统设计说明书。其中，概要设计过程完成编写概要设计说明书、数据库设计说明书等文档，而详细设计过程完成软件各组成部分内部的算法和数据组织的设计与描述，完成编写详细设计说明书等。系统实施阶段则是把系统设计的物理模型转换为可实际运行的新系统。

试题 65 答案

（29）C　　　（30）B　　　（31）B

试题 66（2008 年 5 月试题 32）

统一建模语言（UML）是面向对象开发方法的标准化建模语言。采用 UML 对系统建模时，用　(32)　描述系统的全部功能，等价于传统的系统功能说明。

（32）A. 分析模型　　　　B. 设计模型　　　　C. 用例模型　　　　D. 实现模型

试题 66 分析

本题考查统一建模语言的基本内容。

按照试题 36 的分析所知，UML 的目的是建模。建模的三要素分别为事物、关系和图。在需求分析阶段，可以使用 UML 中的用例图来捕捉用户需求，并描述对系统感兴趣的外部角色及其对系统的功能要求。其用例模型的建立是系统开发者和用户反复讨论的结果，表明了开发者和用户对需求规格达成的共识，即用例模型描述了系统的全部功能，等价于传统的系统功能说明。

试题 66 答案

（32）C

试题 67（2008 年 5 月试题 33）

白盒测试主要用于测试　(33)　。

（33）A. 程序的内部逻辑　　　　　　　　B. 程序的正确性

　　　　C. 程序的外部功能　　　　　　　　D. 结构和理性

试题 67 分析

本题考查白盒测试的基础知识。

根据试题 14 的分析，白盒测试也称为结构测试，将软件看成透明的白盒，根据程序的内部结构和逻辑来设计测试用例，对程序的路径和过程进行测试，检查是否满足设计的需要。需要整体把握测试的种类和各自的特征，并且把白盒测试和黑盒测试加以对照、比较，从而对它们进行区分。

试题 67 答案

（33）A

试题 68（2008 年 5 月试题 34）

在结构化程序设计中，　（34）　的做法会导致不利的程序结构。

（34）A. 避免使用 GOTO 语句

　　　B. 对递归定义的数据结构尽量不使用递归过程

　　　C. 模块功能尽可能单一，模块间的耦合能够清晰可见

　　　D. 利用信息隐蔽，确保每一个模块的独立性

试题 68 分析

本题考查信息系统实施阶段中程序语句结构的基础内容。

程序语句的结构的一般原则是：语句简明、直观，直接反映程序设计意图，避免过分追求程序的技巧性，不能为追求效率而忽视程序的简明性、清晰性。应该遵守如下规则。

（1）每行写一个语句。

（2）避免使用复杂的条件判断。

（3）尽量减少使用否定的逻辑条件进行测试。

（4）尽量减少循环嵌套和逻辑嵌套的层数。

（5）应采用空格、括号等符号使复杂表达式的运算次序清晰直观。

根据题意，选项 A、选项 C、选项 D 都有利于程序的结构，而使用递归定义的数据结构尽量不使用递归过程，显然会导致不清晰的程序结构。

试题 68 答案

（34）B

试题 69（2008 年 5 月试题 35）

在调试中，调试人员往往分析错误的症状，猜测问题的位置，进而验证猜测的正确性来找到错误的所在。该方法是　（35）　。

（35）A. 试探法　　　B. 回溯法　　　　　C. 归纳法　　　　　D. 演绎法

试题 69 分析

本题考查系统调试的基本内容。

解法 1：从考查的知识点入手寻找答案

首先要把测试与调试两个概念区分开来。测试的目的是为了发现尽可能多的错误，对于暴露出来的错误需要加以改正。调试的任务是根据测试所发现的错误，找出原因和具体的位置，并且加以改正。即测试就是尽可能多地发现错误；调试就是找到错误的原因和具体的位置，并把它们改正确。

常用的调试方法有如下几种。

（1）试探法。调试人员分析错误的症状，猜测问题的位置所在，利用在程序中设置输出语句等手段来获得错误的线索，通过一步步的试探和分析来找到错误所在。

（2）回溯法。调试人员从发现错误症状的位置开始，人工沿着程序的控制流程往回跟踪程序代码，直到找出错误根源为止。

（3）对分查找法。对含有错误的程序段使用对分查找错误的方法，缩小错误的范围，直到把故障范围缩小到比较容易诊断为止。

（4）归纳法。从测试所暴露的错误出发，收集所有正确或不正确的数据，分析它们之间的关系，提出假想的错误原因，用这些数据来证明或反驳，从而查出错误所在。

（5）演绎法。根据测试结果，列出所有可能的错误原因。分析已有的数据，排除不可能和彼此矛盾的原因，对余下的原因选择可能性最大的，利用已有的数据完善该假设，使假设更具体。

显然，题中所指的是试探法的内容。

解法 2：从分析题干入手来寻找答案

根据题意，显然此题考查的是一种调试方法。题干中的关键语句为"猜测问题的位置，进而验证猜测的正确性"，观察 4 个选项可知，选项 A 中的"试探"与题干的关键语句是同一种含义。由此快速定位正确答案为选项 A。在考试过程中，遇到类似这样的概念知识选择题，可以尝试使用同类方式解答，可以在保证得分的情况下加快解题速度。

试题 69 答案

（35）A

试题 70（2008 年 5 月试题 36）

下面关于可视化编程技术的说法错误的是　(36)　。

（36）A. 可视化编程的主要思想是用图形化工具和可重用部件来交互地编制程序

　　　　B. 可视化编程一般基于信息隐蔽的原理

　　　　C. 一般可视化工具有应用专家或应用向导提供模板

　　　　D. OOP 和可视化编程开发环境的结合，使软件开发变得更加容易

试题 70 分析

本题考查信息系统实施阶段可视化程序设计的基本内容。

可视化编程技术的主要思想是用图形工具和可重用部件来交互地编制程序。它把现有的或新建的模块代码封装于标准接口封包中，作为可视化编程编辑工具中的一个对象，用图符来表示和控制。可视化编程一般基于事件驱动的原理。一般可视化编程工具还有应用专家或应用向导来提供模板，按照步骤让用户定制自己的应用。面向对象编程技术和可视化编程开发环境的结合，使得软件开发变得更加容易，有效提高应用软件的开发效率、缩短开发周期、降低开发成本，并且使应用软件界面风格统一，具有很好的易用性。

试题 70 答案

（36）B

试题 71（2008 年 5 月试题 37）

下面关于测试的说法错误的是　(37)　。

（37）A. 测试是为了发现错误而执行程序的过程

　　　　B. 测试的目的是为了证明程序没有错误

　　　　C. 好的测试方案能够发现迄今为止尚未发现的错误

　　　　D. 测试工作应避免由原开发软件的人或小组来承担

试题 71 分析

本题考查软件测试的基本概念及需要遵循的基本原则。

解法 1：从考查的知识点入手寻找答案

根据试题 14 和试题 15 的分析,测试工作应该避免由原开发软件的人或小组来承担（单元测试除外）,应该由专门的测试人员来完成。测试的目的是为了尽可能多地发现错误,然后将这些错误改正,并不是为了证明程序没有错误。

解法 2：从题干相似的选项入手寻找答案

根据出题规律,题干相似的一对选项中,通常含有答案选项。观察选项可知,选项 A 和选项 B 是一对相似的选项。然后,从软件测试的目的考查、判定选项 B 是答案。

试题 71 答案

（37）B

试题 72（2008 年 5 月试题 38）

人们常说的 α、β 测试,属于___（38）___。

（38）A. 模块测试　　　B. 联合测试　　　　　C. 验收测试　　　　　　D. 系统测试

试题 72 分析

本题考查软件测试的基础知识。

根据试题 14 的分析,人们常说的 α、β 测试,属于验收测试。验收测试是指检验系统说明书的各项功能与性能是否实现和满足要求。常见的验收测试有 α 测试和 β 测试。这两种测试都是由用户进行的,其中前者由使用者在应用系统开发所在地与开发者一同进行观察记录,后者由用户在使用环境中独立进行。

试题 72 答案

（38）C

试题 73（2008 年 5 月试题 39）

P3E（Primavera Project Planner for Enterpriser）是在 P3 的基础上开发的企业集成项目管理工具。P3E 的企业项目结构（EPS）使得企业可按多重属性对项目进行随意层次化的组织,使得企业可基于 EPS 层次化结构的任一点进行项目执行情况的___（39）___。

（39）A. 进度分析　　　B. 计划分析　　　　　C. 成本分析　　　　　　D. 财务分析

试题 73 分析

本题考查信息系统开发管理工具的基本内容。

P3 软件是全球用户最多的项目进度控制软件,可以进行进度计划编制、进度计划优化,以及进度跟踪反馈、分析、控制等。P3 软件适用于任何工程项目,能够有效地控制大型复杂项目，并可以同时管理多个工程。

P3E 是在 P3 的基础上开发的企业集成项目管理工具。P3E 的企业项目结构（EPS）使得企业可按多重属性对项目进行随意层次化的组织，使得企业可基于 EPS 层次化结构的任一点进行项目执行情况的财务分析。支持项目级别的真正多用户并发应用。P3E 的主要使用对象为大型的建设项目集团公司、大型设计制造企业、跨国公司等多项目的管理。

除了上述信息系统开发的管理工具外，Microsoft Project 98/2000、ClearQuest 也是常用的项目管理工具。Microsoft Project 软件具有友好的用户界面、灵活的操作方式，同时在时间管理、成本管理、人力资源管理、风险管理、沟通管理等方面都有突出的管理技术。Microsoft Project 软件可以帮助项目管理者实现项目进度和成本分析、预测、控制等功能，使项目工期大大缩短，资源得到有效地利用，经济效益得以提高。ClearQuest 软件是一个灵活的错误修改和跟踪系统，同时还可以随着软件开发的进度进行动态设计，使得整个开发团队在整个开发过程中，始终都可以掌握最新的设计和改变，最终得到高质量的软件系统。

试题 73 答案

（39）D

试题 74（2008 年 5 月试题 40～41）

系统管理预算可以帮助 IT 部门在提供服务的同时加强成本/收益分析，以合理利用资源，提高 IT 投资效益。在 IT 企业的实际预算中，所需硬件设备的预算属于___（40）___，故障处理的预算属于___（41）___。

（40）A. 组织成本　　B. 技术成本　　　　C. 服务成本　　　D. 运作成本

（41）A. 组织成本　　B. 技术成本　　　　C. 服务成本　　　D. 运作成本

试题 74 分析

本题考查 IT 财务管理的基础知识。

IT 投资预算的主要目的是对 IT 投资项目进行事前规划和控制。其中需要编制预算的内容主要如下。

（1）技术成本：硬件和基础实施等。

（2）服务成本：软件开发与维护，偶发事件的校正、帮助和支持等。

（3）组织成本：会议、日常开支等。

通过预算，可以帮助高层管理人员预测 IT 项目的经济可行性，也可以作为 IT 服务实施和运作过程中控制的依据。

试题 74 答案

（40）B　　　（41）C

试题 75（2008 年 5 月试题 42）

在实际应用中，对那些业务规模较大且对 IT 依赖程度较高的企业而言，可将其 IT 部门定位为___（42）___。

（42）A. 成本中心　　B. 技术中心　　　　C. 核算中心　　　　D. 利润中心

试题 75 分析

本题考查 IT 财务管理中 IT 部门的角色界定的内容。

在传统的 IT 组织架构设计中,IT 部门作为辅助部门,只是为业务部门提供 IT 支持。在现代实际应用中,那些业务规模较大且对 IT 依赖程度较高的企业要求将 IT 部门从一个技术支持中心打造为一个成本中心,甚至是利润中心。

试题 75 答案

(42)D

试题 76（2008 年 5 月试题 43）

IT 系统管理工作是优化 IT 部门各类管理流程的工作,在诸多的系统管理工作中,ERP 和 CRM 是属于__(43)__。

(43)A. 网络系统   B. 运作系统   C. 信息系统   D. 设施及设备管理系统

试题 76 分析

本题考查信息系统管理分类的基础内容。

IT 系统管理工作可以按照系统类型或流程类型分类。按前者分类,IT 系统管理工作可以分为:信息系统（企业资源计划 ERP、客户关系管理 CRM、供应链管理 SCM、数据仓库 Data Warehousing、知识管理平台 KM 等）、网络系统（企业内网 Intranet、广域网等）、运作系统（备份/恢复系统、入侵检测、性能监控、安全管理等）、设施与设备。按后者分类,IT 系统管理工作划分为:侧重于 IT 部门的管理、侧重于业务部门的 IT 支持及日常作业、侧重于 IT 基础设施建设。

试题 76 答案

(43)C

试题 77（2008 年 5 月试题 44）

能够较好地适应企业对 IT 服务需求变更及技术发展需要的 IT 组织设计的原则是__(44)__。

(44)A. 清晰远景和目标的原则   B. 目标管理的原则

       C. 部门职责清晰化原则   D. 组织的柔性化原则

试题 77 分析

本题考查 IT 组织设计原则的基本内容。

IT 组织及职责设计中应该注重的原则如下。

(1)IT 部门首先应该设立清晰的远景和目标,它描述了 IT 部门在企业中的位置和贡献。即清晰远景和目标的原则。

(2)根据 IT 部门的服务内容重新思考和划分部门职能,进行组织机构调整,清晰部门职责。做到重点业务突出,核心业务专人负责。即部门职责清晰化原则。

(3)建立目标管理制度、项目管理制度,使整个组织的目标能够落实和分解。即目标管理的原则。

（4）建立科学的现代人力资源管理体系，特别是薪酬和考核体系。即人力资源管理的原则。

（5）IT 组织的柔性化，能够较好地适应企业对 IT 服务的需求变更及技术发展。即组织的柔性化原则。

试题 77 答案

（44）D

试题 78（2008 年 5 月试题 45）

企业信息系统的运行成本，也叫做可变成本，如 IT 工作人员在工作中使用的打印机的墨盒，该项成本跟业务量增长之间的关系是__（45）__。

（45）A. 负相关增长关系　　　　　　　B. 正相关增长关系

　　　　C. 等比例增长关系　　　　　　　D. 没有必然联系

试题 78 分析

本题考查系统成本管理范围的基本内容。

系统成本管理范围包括固定成本和运行成本两方面。企业信息系统的固定成本，也称为初始成本项，是为购置长期使用的资产而发生的成本，它与业务量的增长无关。企业信息系统的运行成本，也称为可变成本，是指日常发生的与形成有形资产无关的成本，它随着业务量增长而正比例增长。如题中所述的打印机墨盒等都属于运行成本。

试题 78 答案

（45）B

试题 79（2008 年 5 月试题 46~47）

在 TCO 总成本管理中，TCO 模型面向的是一个由分布式计算、应用解决方案、运营中心以及电子商务等构成的 IT 环境。TCO 总成本一般包括直接成本和间接成本。下列各项中直接成本是__（46）__，间接成本是__（47）__。

（46）A. 终端用户开发成本　　　　　　B. 本地文件维护成本

　　　　C. 外部采购成本　　　　　　　　D. 解决问题的成本

（47）A. 软硬件费用　　　　　　　　　B. 财务和管理费用

　　　　C. IT 人员工资　　　　　　　　　D. 中断生产、恢复成本

试题 79 分析

本题考查 TCO 总成本构成中直接成本和间接成本的具体成本项目的内容。

在 TCO 总成本管理中，TCO 总成本一般包括直接成本和间接成本。

（1）直接成本：与资本投资、酬金以及劳动相关的预算内的成本。如软硬件费用、IT 人员工资、财务和管理费用、外部采购管理，以及支持酬劳等。

（2）间接成本：与 IT 服务交付给终端用户相关的预算外的成本。如与终端用户操作相关的成本（教育、培训、终端用户开发或执行、本地文件维护等）、与停工相关的成本（中断生产、恢复成本或解决问题成本）。

试题 79 答案

（46）C　　　（47）D

试题 80（2008 年 5 月试题 48～49）

在常见的软件生命周期中，适用于项目需求简单清楚，在项目初期就可以明确所有需求，不需要二次开发的软件生命周期模型是　（48）　；适用于项目事先不能完整定义产品所有需求，计划多期开发的软件生命周期模型是　（49）　。

（48）A. 瀑布模型　　　　　　　　　　B. 迭代模型

　　　C. 快速原型开发　　　　　　　　D. 快速创新开发

（49）A. 快速原型开发　　　　　　　　B. 快速创新开发

　　　C. 瀑布模型　　　　　　　　　　D. 迭代模型

试题 80 分析

本题考查软件生命周期的三种模型的基础知识。

根据试题 61 的分析，瀑布模型适用于项目需求简单清楚，在项目初期就可以明确所有需求，不需要二次开发的软件生命周期。迭代模型适用于项目事先不能完整定义产品所有的需求，计划多期开发的软件生命周期。快速原型开发适用于项目需要快速给客户展示产品的软件生命周期。

试题 80 答案

（48）A　　　（49）D

试题 81（2008 年 5 月试题 50）

　（50）　是软件生命周期中时间最长的阶段。

（50）A. 需求分析阶段　　　　　　　　B. 软件维护阶段

　　　C. 软件设计阶段　　　　　　　　D. 软件系统实施阶段

试题 81 分析

本题考查软件生命周期及其各生命周期阶段的主要特点的内容。

软件生命周期由需求分析、软件设计、编码、测试、安装、实施及维护等阶段组成。其中，软件维护阶段是软件生命周期中时间最长的阶段，维护阶段实际上是一个微型的软件开发生命周期。同时，软件维护的费用也占了整个软件生命周期总费用的大部分，也即软件维护具有较高的代价。

试题 81 答案

（50）B

试题 82（2008 年 5 月试题 51）

信息资源管理（IRM）是对整个组织信息资源开发利用的全面管理。那么，信息资源管理最核心的基础问题是　（51）　。

（51）A. 人才队伍建设　　　　　　　　B. 信息化运营体系架构

　　　C. 信息资源的标准和规范　　　　D. 信息资源管理规划

试题 82 分析

本题考查资源管理中信息资源管理的基础知识。

信息资源管理（IRM）是对整个组织信息资源开发利用的全面管理。数据环境建设是信息资源管理的重要工作。企业信息资源管理需要一个有效的信息资源管理体系，最为关键的是从事信息资源管理的人才队伍建设；其次是架构问题，在信息资源建设阶段，规划是以建设进程为主线的，在信息资源管理阶段，规划应该是以架构为主线；第三是技术要素，要选择与信息资源整合和管理相适应的软件和平台；第四是环境要素，主要是标准和规范。信息资源管理最核心的基础问题是信息资源的标准和规范。

试题 82 答案

（51）C

试题 83（2008 年 5 月试题 52）

企业信息化的最终目标是实现各种不同业务信息系统间跨地区、跨行业、跨部门的 __（52）__ 。

（52）A. 信息共享和业务协同　　　　　　　　B. 技术提升

　　　　C. 信息管理标准化　　　　　　　　　　D. 数据标准化

试题 83 分析

本题考查公司级的数据管理和企业信息化的最终目标。

企业信息化是指企业在生产和经营的各个环节推广应用信息技术，充分开发和利用内部和外部信息资源，建立与此相适应的组织模式，从而提高企业生产、管理、决策等过程的效率、水平与经营效益，增强企业竞争力的过程。

企业信息化的目的是实现信息得到最有效的利用，企业信息化的最终目标是实现各种不同业务信息系统间跨地区、跨行业、跨部门的信息共享和业务协同。

试题 83 答案

（52）A

试题 84（2008 年 5 月试题 53）

运行管理作为管理安全的重要措施之一，是实现全网安全和动态安全的关键。运行管理实际上是一种 __（53）__ 。

（53）A. 定置管理　　　B. 过程管理　　　　　　C. 局部管理　　　　　　D. 巡视管理

试题 84 分析

本题考查安全管理中运行管理的主要特点的内容。

安全管理主要包括物理安全、技术安全和管理安全。

（1）物理安全：是指在物理介质层次上对存储和传输的网络信息的安全保护。物理安全是信息安全的最基本保障。主要包括三个方面：环境安全、设施与设备安全、介质安全。

（2）技术安全：是指通过技术方面的手段对系统进行安全保护，使计算机系统具有很高的性能，能够容忍内部错误和抵挡外来攻击。技术安全是整个安全系统的基础部分。主要包括两个方面：系统安全、数据安全。

（3）管理安全：是指使用管理的手段对系统进行安全保护，对计算机系统的安全提供制度、规范方面的保障。管理安全是整个安全系统的关键部分。主要包括两个方面：运行管理和防犯罪管理。其中，运行管理是过程管理，是实现全网安全和动态安全的关键。运行管理工作主要包括日常运行的管理、运行情况的记录以及对系统的运行情况进行检查与评价。

试题 84 答案

（53）B

试题 85（2008 年 5 月试题 54）

企业的 IT 管理工作，既是一个技术问题，更是一个管理问题。在企业 IT 管理工作的层次结构中，IT 管理流程属于　__（54）__　。

（54）A. IT 战略管理　　　　　　　　　B. IT 系统管理

　　　C. IT 技术管理　　　　　　　　　D. IT 运作管理

试题 85 分析

本题考查企业 IT 管理的层级结构的内容。

企业的 IT 管理工作，既是一个技术问题，更是一个管理问题。企业 IT 管理的三个层次分别是：IT 战略管理、IT 系统管理和 IT 技术管理及支持。

（1）IT 战略管理：其职责是制定 IT 战略规划和对重大 IT 投资项目进行评估决策。包括 IT 战略制定、IT 治理和 IT 投资管理等。

（2）IT 系统管理：其职责是保证高质量地为业务部门（客户）提供 IT 服务。包括 IT 管理流程、组织设计、管理制度和管理工具等。

（3）IT 技术管理及支持：其职责是保证业务部门（客户）IT 服务的可用性和持续性。包括 IT 技术管理、服务支持和日常维护等。

试题 85 答案

（54）B

试题 86（2008 年 5 月试题 55）

常见的一些计算机系统的性能指标大都是用某种基准程序测量出的结果。在下列系统性能的基准测试程序中，若按评价准确性的顺序排列，　__（55）__　应该排在最前面。

（55）A. 浮点测试程序 Linpack　　　　　B. 整数测试程序 Dhrystone

　　　C. 综合基准测试程序　　　　　　　D. 简单基准测试程序

试题 86 分析

本题考查性能与能力管理中用基准测试程序来测试系统性能的基础知识。

常见的一些计算机系统的性能指标大都是用某种基准程序测量出的结果。若按照评价准确性递减的顺序排列，这些基准测试程序的顺序为：实际的应用程序方法、核心基准程序方法 Kernel Benchmark、简单基准测试程序 Toy Benchmark、综合基准测试程序 Synthetic

Benchmark、整数测试程序 Dhrystone、浮点测试程序 Linpack、Whetstone 基准测试程序、SPEC 基准测试程序、SPEC 基准程序、TPC 基准程序。

试题 86 答案

（55）D

试题 87（2008 年 5 月试题 56）

IT 系统能力管理的高级活动项目包括需求管理、能力测试和___（56）___。

（56）A. 应用评价　　　　B. 应用分析　　　　　C. 应用选型　　　　　D. 应用诊断

试题 87 分析

本题考查 IT 系统能力管理的高级活动项目的内容。

IT 系统能力管理的高级活动项目包括需求管理、能力测试和应用选型。

（1）需求管理：首要目标是影响和调节客户对 IT 资源的需求。

（2）能力测试：目标是分析和测试未来情况发生变更对能力配置规划的影响。

（3）应用选型：目的在于对计划性应用系统变更或实施新的应用系统所需的资源进行估计，从而确保系统资源的配置能够满足所需服务级别的需求。

试题 87 答案

（56）C

试题 88（2008 年 5 月试题 57）

安全管理是信息系统安全能动性的组成部分，它贯穿于信息系统规划、设计、运行和维护的各阶段。在安全管理中介质安全是属于___（57）___。

（57）A. 技术安全　　　B. 管理安全　　　　　C. 物理安全　　　　　D. 环境安全

试题 88 分析

本题考查安全管理中运行管理的主要特点的内容。

根据试题 84 的分析可知，在安全管理中介质安全是属于物理安全。

试题 88 答案

（57）C

试题 89（2008 年 5 月试题 58）

人们使用计算机经常会出现"死机"，该现象属于安全管理中介质安全的___（58）___。

（58）A. 损坏　　　　　B. 泄漏　　　　　　　C. 意外失误　　　　　D. 电磁干扰

试题 89 分析

本题考查安全管理中介质安全常见不安全情况的主要表现的内容。

解法 1：从考查的知识点入手寻找答案

根据试题 84 的分析可知，介质安全属于物理安全的内容。介质安全包括介质数据的安全及介质本身的安全。其常见的不安全情况大致有：损坏、泄漏、意外失误。

（1）损坏：包括自然灾害、物理损坏、设备故障等。

（2）泄漏：包括电磁辐射、乘机而入、痕迹泄漏等。

（3）意外失误：包括操作失误、意外疏漏等。

如题所述的"死机"等系统崩溃及系统掉电等情况属于意外失误的范畴。

解法 2：从分析题干入手来寻找答案

根据题意，显然此题考查的是对介质安全的基本认识。要求找出和题干中的关键词"死机"相对应的说法。观察 4 个选项并根据常识可知，选项 C 中的"意外失误"与题干的关键词"死机"表达的含义是相符的。由此可快速定位正确答案为选项 C。

在考试过程中，遇到类似这样的常识性或概念知识选择题，可以尝试使用同类方式解答，可以在保证得分的情况下提高解题速度。

试题 89 答案

（58）C

试题 90（2008 年 5 月试题 59）

某软件计算职工的带薪年假天数，根据国家劳动法规定，职工累计工作已满 1 年不满 10 年的，年休假为 5 天；已满 10 年不满 20 年的，年休假为 10 天；已满 20 年的，年休假为 15 天。该软件的输入参数为职工累计工作年数 X。根据等价类划分测试技术，X 可以划分为 ___（59）___ 个等价类。

（59）A. 3　　　　　　B. 4　　　　　　C. 5　　　　　　D. 6

试题 90 分析

本题考查软件测试中等价类划分的基础知识。

软件测试中的黑盒测试有多种技术，在不同的场景可以结合使用。其主要有等价类划分、边界值、判定表、正交试验法等。等价类划分的目的是为了在有效的测试资源情况下，用较少的具有代表性的数据得到较好的测试效果。等价类分为有效等价类和无效等价类，有效等价类就是由那些对程序的规格说明有意义的、合理的输入数据所构成的集合。等价类的划分原则如下。

（1）在输入条件规定了取值范围或值的个数的情况下，则可以确立一个有效等价类和两个无效等价类。

（2）在输入条件规定了输入值的集合或者规定了"必须如何"的条件的情况下，可确立一个有效等价类和一个无效等价类。

（3）在输入条件是一个布尔量的情况下，可确定一个有效等价类和一个无效等价类。

（4）在规定了输入数据的一组值（假定 n 个），并且程序要对每一个输入值分别处理的情况下，可确立 n 个有效等价类和一个无效等价类。

（5）在规定了输入数据必须遵守的规则的情况下，可确立一个有效等价类（符合规则）和若干个无效等价类（从不同角度违反规则）。

（6）在确知已划分的等价类中各元素在程序处理中的方式不同的情况下，则应再将该等价类进一步地划分为更小的等价类。

根据题意，可以划分得到 4 个等价类，它们分别是：职工累计工作已满 1 年不满 10

年的；职工累计工作已满 10 年不满 20 年的；职工累计工作已满 20 年的；职工累计工作不满 1 年的。

试题 90 答案

（59）B

试题 91（2008 年 5 月试题 60）

　　＿（60）＿是项目与其他常规运作的最大区别。

（60）A. 生命周期的有限性　　　　　　B. 目标的明确性

　　　　C. 实施的一次性　　　　　　　　D. 组织的临时性

试题 91 分析

　　本题考查项目的主要特点及其与常规运作的区别。

　　企业内部的工作可以大体上分为两种：一种是项目，另一种是日常运作。项目的 4 个特点分别是：时间性、目标性、一次性、风险性。

　　日常运作和项目的区别在于：日常运作是连续不断并且重复进行的，如日常生产；而项目是一次性并且具有独特性，如开发新软件。

试题 91 答案

（60）C

试题 92（2009 年 11 月试题 19）

　　在采用结构化方法进行软件分析时，根据分解与抽象的原则，按照系统中数据处理的流程，用＿（19）＿来建立系统的逻辑模型，从而完成分析工作。

（19）A. ER 图　　　　　　　　　　　　B. 数据流图

　　　　C. 程序流程图　　　　　　　　　D. 软件体系结构

试题 92 分析

　　本题考查结构化分析方法中图形工具的基础知识。

　　数据流图 DFD，从数据传递和加工角度，以图形方式来表达系统的逻辑功能、数据在系统内部的逻辑流向和逻辑变换过程，是结构化系统分析方法的主要表达工具和用于表示软件模型的一种图示方法。

试题 92 答案

（19）B

试题 93（2009 年 11 月试题 23）

　　不属于系统设计阶段的是＿（23）＿。

（23）A. 总体设计　　　　　　　　　　　B. 系统模块结构设计

　　　　C. 程序设计　　　　　　　　　　　D. 物理系统配置方案设计

试题 93 分析

　　本题考查信息系统开发的基础知识。

　　系统设计阶段是回答系统"怎么做"的阶段，而不是回答系统"做什么"的阶段。系统设计阶段的主要工作是总体设计、详细设计和编写系统设计说明书。系统设计阶段的成果是为系统实施阶段的工作提供方案。根据题意，程序设计是属于系统实施阶段的工作，而不属于系统设计阶段的工作。

试题 93 答案

（23）C

试题 94（2009 年 11 月试题 24）

按照信息服务对象进行划分，专家系统属于面向___（24）___的系统。

（24）A. 作业处理　　　B. 管理控制　　　　　C. 决策计划　　　　D. 数据处理

试题 94 分析

本题考查信息系统开发的基础知识。

根据信息服务对象的不同，企业中的信息系统可以分为三类：面向作业处理的系统、面向管理控制的系统、面向决策计划的系统。专家系统是一个智能计算机程序系统，即具有大量的专门知识与经验的程序系统，能够利用人类专家的知识和解决问题的方法来处理该领域问题。根据题意，专家系统属于面向决策计划的系统。

试题 94 答案

（24）C

试题 95（2009 年 11 月试题 25）

系统运行管理通常不包括___（25）___。

（25）A. 系统与运行的组织机构　　　　B. 基础数据管理

　　　 C. 运行制度管理　　　　　　　　D. 程序修改

试题 95 分析

本题考查信息系统开发的基础知识。

系统运行和维护阶段主要包括系统运行、系统运行管理和系统维护。系统运行管理主要包括：系统运行的组织机构、基础数据管理、运行制度管理、系统运行结果分析。程序修改属于系统维护的工作。

试题 95 答案

（25）D

试题 96（2009 年 11 月试题 26）

某企业欲开发基于互联网的业务系统，前期需求不明确，同时在市场压力下，要求尽快推向市场。此时适宜使用的软件开发过程模型是___（26）___。

（26）A. 瀑布模型　　　B. 螺旋模型　　　　　C. V 模型　　　　D. 原型化模型

试题 96 分析

本题考查信息系统开发的基础知识。

按照试题 80 的分析，如题所述的软件开发过程模式为原型化模型。

试题 96 答案

（26）D

试题 97（2009 年 11 月试题 27）

下面说法不是项目基本特征的是 　（27）　。

（27）A. 项目具有一次性　　　　　　B. 项目需要确定的资源

　　　C. 项目有一个明确目标　　　　D. 项目组织采用矩阵式管理

试题 97 分析

本题考查项目基本特征的知识。

项目的定义：项目是以一套独特而相互联系的任务为前提，有效地利用资源，为实现一个特定的目标所做的一次性努力。

项目的实质是一系列的工作。任何一个项目都是必须完成的、临时的、一次性的、有限的任务。项目的完成都需要一定的时间和过程。项目都有一个特定的目标、产品或服务。任何一个项目，在实施过程中都会受到资源、时间、资金等的约束，并在这些约束下进行。

项目的基本特点如下。

（1）唯一性：独特性。

（2）目的性：一次性。

（3）多目标性：功能、时间、费用。

（4）生命周期属性。

（5）项目依赖性：结合外部管理。

（6）冲突属性：如项目资源。

试题 97 答案

（27）D

试题 98（2009 年 11 月试题 28）

风险发生前消除风险可能发生的根源并减少风险事件的概率，在风险事件发生后减少损失的程度，被称为 　（28）　。

（28）A. 回避风险　　B. 转移风险　　C. 损失风险　　D. 自留风险

试题 98 分析

本题考查信息系统开发中风险管理的基础知识。

解法 1：从考查的知识点入手寻找答案

损失风险是指风险发生前消除风险可能发生的根源并减少风险事件的概率，在风险事件发生后减少损失的程度。回避风险是指对可能发生的风险尽可能地规避，可以采取主动放弃或拒绝使用导致风险的方案来规避防线。转移风险是指一些单位或个人为避免承担风险损失，而有意识地将损失或与损失有关的财务后果转嫁到另外的单位或个人去承担。自留风险是指由项目组织自己承担风险事件所致损失的措施，又称为承担风险。

解法 2：从分析题干入手来寻找答案

根据题意，题干中的关键语句为"……在风险事件发生后减少损失的程度……"，观察 4 个选项可知，与回避、转移、自留等含义不同，只有选项 C 与题干的关键语句是同一种含义。由此可快速定位正确答案为选项 C。

试题 98 答案

（28）C

试题 99（2009 年 11 月试题 29）

项目经理在进行项目管理的过程中用时最多的是　（29）　。

（29）A. 计划　　　　　　B. 控制　　　　　　C. 沟通　　　　　　D. 团队建设

试题 99 分析

本题考查信息系统开发中项目管理的基础知识。

在 IT 项目中，许多专家认为，对于成功威胁最大的就是沟通的失败。IT 项目成功的三个主要因素为用户的积极参与、明确的需求表达和管理层的大力支持，这些都依赖于良好的沟通技巧。统计表明，项目经理 80%以上的时间都用在了沟通管理上。

试题 99 答案

（29）C

试题 100（2009 年 11 月试题 30）

不属于系统测试的是　（30）　。

（30）A. 路径测试　　　B. 验收测试　　　　C. 安装测试　　　　D. 压力测试

试题 100 分析

本题考查信息系统开发中测试阶段的基础知识。

系统测试是将已经确认的软件、计算机硬件、外设、网络等其他元素结合在一起，进行信息系统的各种组装测试和确认测试，其目的是通过与系统的需求相比较，发现所开发的系统与用户需求不符或矛盾的地方。系统测试是根据系统分析说明书来设计测试用例的，系统测试主要有：功能测试、性能测试、压力测试、验收测试、安装测试等。题中路径测试不是系统测试中的内容，只是单元测试中的一种测试。

试题 100 答案

（30）A

试题 101（2009 年 11 月试题 31）

　（31）　从数据传递和加工的角度，以图形的方式刻画系统内部数据的运动情况。

（31）A. 数据流图　　　B. 数据字典　　　　C. 实体关系图　　　　D. 判断树

试题 101 分析

本题考查信息系统开发中分析阶段的基础知识。

纵观历年真题，此类题已经考查过多次。数据流图从数据传递和加工的角度，以图形的方式刻画系统内部数据的运动情况。

试题 101 答案

（31）A

试题 102（2009 年 11 月试题 32）

UML 中，用例属于 ___（32）___ 。

（32）A. 结构事物　　　B. 行为事物　　　　　　C. 分组事物　　　　　D. 注释事物

试题 102 分析

本题考查信息系统开发中 UML 的基础知识。

UML 包含 4 种事物，分别是结构事物、行为事物、分组事物和注释事物。

（1）结构事物。UML 模型的静态部分，描述概念或物理元素。它包括以下几种结构事物：类、接口、协作、用例、构件、节点。

（2）行为事物。UML 模型的动态部分，描述跨越空间和时间的行为。它包括以下几种行为事物：交互、状态机。

（3）分组事物。UML 模型的组织部分，描述事物的组织结构。主要的分组事物是包。

（4）注释事物。UML 模型的解释部分，用来对模型中的元素进行说明、解释。主要的注释事物是注解。

试题 102 答案

（32）A

试题 103（2009 年 11 月试题 33）

___（33）___ 是类元之间的语义关系，其中的一个类元指定了由另一个类元保证执行的契约。

（33）A. 依赖关系　　　B. 关联关系　　　　　　C. 泛化关系　　　　　D. 实现关系

试题 103 分析

本题考查信息系统开发中 UML 的基础知识。

UML 中有 4 种关系，分别是依赖关系、关联关系、泛化关系和实现关系。

（1）依赖关系。是指两个事物之间的语义关系，其中一个事物（独立事物）发生变化，会影响到另一个事物（依赖事物）的语义。

（2）关联关系。是一种结构关系，它指明一个事物的对象与另一个事物的对象间的联系。

（3）泛化关系。是一种特殊/一般的关系，也可以看做是常见的继承关系。

（4）实现关系。是类元之间的语义关系，其中的一个类元指定了由另一个类元保证执行的契约。

试题 103 答案

（33）D

试题 104（2009 年 11 月试题 34）

___（34）___ 属于 UML 中的交互图。

（34）A. 用例图　　　B. 类图　　　　　　C. 顺序图　　　　　D. 组件图

试题 104 分析

本题考查信息系统开发中 UML 的基础知识。

UML 中的图主要有以下几种：用例图、类图、顺序图、协作图、状态图、活动图、构件图、部署图等。其中，顺序图和协作图又称为交互图；类图、对象图和包图又称为静态图；状态图和活动图又称为行为图；组件图和配置图又称为实现图。

试题 104 答案

（34）C

试题 105（2009 年 11 月试题 35～36）

模块设计中常用的衡量指标是内聚和耦合，内聚程度最高的是　(35)　；耦合程度最低的是　(36)　。

（35）A. 逻辑内聚　　　B. 过程内聚　　　C. 顺序内聚　　　D. 功能内聚

（36）A. 数据耦合　　　B. 内容耦合　　　C. 公共耦合　　　D. 控制耦合

试题 105 分析

本题考查信息系统开发中设计阶段的基础知识。

按照试题 38 的分析，软件设计中划分模块的一个准则是"高内聚低耦合"。软件结构内模块的耦合度表现了模块之间互相关联的程度，分为 6 级。耦合度从低到高分别是：无直接耦合、数据耦合、标记耦合、控制耦合、公共耦合、内容耦合。模块的内聚性表现了模块内部各个子成分功能的集中程度，分为 7 级。内聚性从低到高分别是：偶然内聚、逻辑内聚、时间内聚、过程内聚、通信内聚、顺序内聚、功能内聚。

试题 105 答案

（35）D　　　（36）A

试题 106（2009 年 11 月试题 37）

在现实的企业中，IT 管理工作自上而下是分层次的，一般分为三个层级。在下列选项中，不属于企业 IT 管理工作三层架构的是　(37)　。

（37）A. 战略层　　　B. 战术层　　　C. 运作层　　　D. 行为层

试题 106 分析

本题考查企业 IT 管理工作架构的基础知识。

企业的 IT 管理工作，既是一个技术问题，也是一个管理问题。企业 IT 管理工作可分为三层架构，分别是战略层、战术层和运作层。战略层进行 IT 战略规划，包括 IT 战略制定、IT 治理、IT 投资管理等；战术层进行 IT 系统管理，包括 IT 管理流程、组织设计、管理制度、管理工具等；运作层进行 IT 技术及运作管理，包括 IT 技术管理、服务支持、日常维护等。

试题 106 答案

（37）D

试题 107（2009 年 11 月试题 38）

由于信息资源管理在组织中的重要作用和战略地位，企业主要高层管理人员必须从企业的全局和整体需要出发，直接领导与主持整个企业的信息资源管理工作。担负这一职责的企业高层领导人是 __（38）__ 。

（38）A. CEO   B. CFO   C. CIO   D. CKO

试题 107 分析

本题考查 CEO、CFO、CIO 等常见管理名词的英文缩写的基础知识。

常见管理名词的英文缩写主要有：CEO（Chief Executive Officer，首席执行官）、CFO（Chief Financial Officer，首席财务官）、CIO（Chief Information Officer，首席信息官）、CTO（Chief Technology Officer，首席技术官）、CKO（Chief Knowledge Officer，首席知识官）、CHO（Chief Human resource Officer，人力资源总监）、CMO（Chief Marketing Officer，市场总监）、CQO（Chief Quality Officer，质量总监）、CBO（Chief Brand Officer，首席品牌官）、CCO（Chief Cultural Officer，首席文化官）、CVO（Chief Valuation Officer，评估总监）。根据其字面含义，即可找到正确的选项。

试题 107 答案

（38）C

试题 108（2009 年 11 月试题 39）

下面的表述中，最能全面体现 IT 部门定位的是 __（39）__ 。

（39）A. 组织的 IT 部门是组织的 IT 核算中心

　　　B. 组织的 IT 部门是组织的 IT 职能中心

　　　C. 组织的 IT 部门是组织的 IT 成本中心

　　　D. 组织的 IT 部门是组织的 IT 责任中心

试题 108 分析

本题考查 IT 部门的职责及定位的基础知识。

传统的 IT 部门仅仅是核算中心，只是简单地核算有些预算项目的投入成本。这种政策的整个 IT 会计系统集中于成本的核算，从而在无须支出账单和簿记费用的情况下改进了投资决策。然而，这种政策不能影响用户的行为，也不能使 IT 部门能够完全从财务角度进行经营。为了改变这种状况、提高 IT 服务质量及投资收益，使 IT 部门逐渐从 IT 支持角色转变为 IT 服务角色，从以 IT 职能为中心转变为以 IT 服务流程为中心，从费用分摊的成本中心模式转变为责任中心，企业必须改变 IT 部门在组织结构中的定位，应该将 IT 部门从一个技术支持中心改造为一个成本中心，甚至利润中心。这样，就可以将 IT 部门从一个支持部门转变为一个责任中心，从而提高了 IT 部门运作的效率。

本题可以与试题 75 对照起来看，试题 75 中所述：在现代实际应用中，那些业务规模较大且对 IT 依赖程度较高的企业要求将 IT 部门从一个技术支持中心打造为一个成本中心，甚至是利润中心。

试题 108 答案

（39）D

试题 109（2009 年 11 月试题 40）

外包合同中的关键核心文件是　(40)　，这也是评估外包服务质量的重要标准。

（40）A. 服务等级协议　　　　　　B. 评估外包协议

　　　C. 风险控制协议　　　　　　D. 信息技术协议

试题 109 分析

本题考查第三方/外包管理的基础知识。

外包合同中的关键核心的文件是服务等级协议（SLA）。SLA 是评估外包服务质量的重要标准。在合同中要明确合作双方各自的角色和职责，明确判断项目是否成功的衡量标准。需要明确合同的奖惩条款和终止条款。让合同具有一定的弹性和可测性，根据对公司未来发展状况的预测将条款限定在一个合理的能力范围之内。要保证合同当中包含一个明确规定的变化条款，以在必要的时候利用该条款来满足公司新业务的需求。

试题 109 答案

（40）A

试题 110（2009 年 11 月试题 41）

在系统成本管理过程中，当业务量变化以后，各项成本有不同的形态，大体可以分为　(41)　。

（41）A. 边际成本与固定成本　　　B. 固定成本与可变成本

　　　C. 可变成本与运行成本　　　D. 边际成本与可变成本

试题 110 分析

本题考查信息系统管理中成本管理的基础知识。

按照试题 47 的分析，在系统成本管理过程中，当业务量变化以后，各项成本有不同的形态，系统成本大体可以分为固定成本和可变成本两种。固定成本是为购置长期使用的资产而产生的成本，可变成本是指日常发生的与形成有形资产无关的成本，随着业务量增长而正比例增长的成本。

试题 110 答案

（41）B

试题 111（2009 年 11 月试题 42）

要进行企业的软件资源管理，就要先识别出企业中运行的　(42)　和文档，将其归类汇总、登记入档。

（42）A. 软件　　　　B. 代码　　　　C. 指令　　　　D. 硬件

试题 111 分析

本题考查资源管理中软件管理的基础知识。

软件资源就是指企业整个环境中运行的软件和文档，其中程序包括操作系统、中间件、市场上买来的应用、本公司开发的应用、分布式环境软件、服务及计算机的应用软件以及所提供的服务等，文档包括应用表格、合同、手册、操作手册等。

要进行企业的软件资源管理，首先就要先识别出企业中运行的软件和文档，归类汇总、登记入档。

软件资源管理是指优化管理信息的收集，对企业所拥有的软件授权数量和安装地点进行管理。

试题 111 答案

（42）A

试题 112（2009 年 11 月试题 43）

一般的软件开发过程包括需求分析、软件设计、编写代码、软件维护等多个阶段，其中 （43） 是软件生命周期中持续时间最长的阶段。

（43）A. 需求分析　　　B. 软件设计　　　　C. 编写代码　　　　D. 软件维护

试题 112 分析

本题考查软件生命周期及其各生命周期阶段的主要特点。

按照试题 81 的分析，一般的软件开发过程包括需求分析、软件设计、编写编码、软件维护等多个阶段，其中，软件维护阶段是软件生命周期中持续时间最长的阶段，维护阶段实际上是一个微型的软件开发生命周期。同时，软件维护的费用也占了整个软件生命周期总费用的大部分，也即软件维护具有较高的代价。

试题 112 答案

（43）D

试题 113（2009 年 11 月试题 44）

现代计算机网络维护管理系统主要由 4 个要素组成，其中 （44） 是最为重要的部分。

（44）A. 被管理的代理　　　　　　　　　B. 网络维护管理器

　　　 C. 网络维护管理协议　　　　　　　D. 管理信息库

试题 113 分析

本题考查计算机网络维护管理系统的基础知识。

计算机网络维护管理系统主要由 4 个要素组成：若干被管理的代理、至少一个网络维护管理器、一种公共网络维护管理协议以及一种或多种管理信息库。网络维护管理协议是其中最为重要的部分，它定义了网络维护管理器与被管理代理之间的通信方法，规定了管理信息库的存储结构、信息库中关键字的含义以及各种事件的处理方法。

试题 113 答案

（44）C

试题 114（2009 年 11 月试题 45）

在实际运用 IT 服务过程中，出现问题是无法避免的，因此需要对问题进行调查和分析。问题分析方法主要有 Kepner&Tregoe 法、 （45） 与流程图法。

（45）A. 鱼骨图法、头脑风暴法　　　　　B. 成本控制法、鱼骨图法
　　　C. KPI 法、头脑风暴法　　　　　　D. 头脑风暴法、成本控制法

试题 114 分析

本题考查问题分析方法的基础知识。

按照试题 23 的分析，常用的问题分析方法有 Kepner&Tregoe 法、鱼骨图法、头脑风暴法与流程图法。Kepner&Tregoe 法的出发点是把解决问题作为一个系统的过程，强调最大程度上利用已有的知识与经验。鱼骨图法将系统或服务的故障或者问题作为结果，以导致系统发生失效的诸因素作为原因绘出图形。

试题 114 答案

（45）A

试题 115（2009 年 11 月试题 46）

从测试所暴露的错误出发，收集所有正确或不正确的数据，分析它们之间的关系，提出假想的错误原因，用这些数据来证明或反驳，从而查出错误所在，是属于排错调试方法中的　(46)　。

（46）A. 回溯法　　　B. 试探法　　　　C. 归纳法　　　　D. 演绎法

试题 115 分析

本题考查常用调试方法的基本内容。

按照试题 69 的分析，调试的任务是根据测试所发现的错误，找出原因和具体的位置，并且加以改正。常用的调试方法有试探法、回溯法、对分查找法、演绎法和归纳法。从测试所暴露的错误出发，收集所有正确或不正确的数据，分析它们之间的关系，提出假想的错误原因，用这些数据来证明或反驳，从而查出错误所在，是属于排错调试方法中的归纳法。

试题 115 答案

（46）C

试题 116（2009 年 11 月试题 47）

系统维护项目有软件维护、硬件维护和设施维护等。各项维护的重点不同，那么系统维护的重点是　(47)　。

（47）A. 软件维护　　　B. 硬件维护　　　　C. 设施维护　　　　D. 环境维护

试题 116 分析

本题考查信息系统维护的基础知识。

系统维护的项目有以下几类。

（1）硬件维护：对硬件系统的日常维修和故障处理。

（2）软件维护：在软件交付使用以后，为了改正软件当中存在的缺陷、扩充新的功能、满足新的要求、延长软件寿命而进行的修改工作。

（3）设施维护：规范系统监视的流程，IT 人员自发地维护系统运行，主动地为其他部

门、乃至外界客户服务。

系统维护的重点是系统应用软件的维护工作。按照软件维护的不同性质划分为：纠错性维护、适应性维护、完善性维护、预防性维护。

试题 116 答案

（47）A

试题 117（2009 年 11 月试题 48）

通过 TCO 分析，可以发现 IT 的真实成本平均超过购置成本的 __(48)__ 倍之多，其中大多数的成本并非与技术相关，而是发生在持续进行的服务管理过程之中。

（48）A. 1   B. 5   C. 10   D. 20

试题 117 分析

本题考查 TCO 总成本管理的基础知识。

TCO 模型面向的是一个由分布式的计算、服务台、应用解决方案、数据网络、语音通信、运营中心以及电子商务等构成的 IT 环境。TCO 同时也将度量这些设备成本之外的因素，如 IT 员工的比例、特定活动的员工成本、信息系统绩效指标等也经常包含在 TCO 的指标之中。

通过 TCO 分析，可以发现 IT 的真实成本平均超过购置成本的 5 倍之多，其中大多数的成本并非与技术相关，而是发生在持续进行的服务管理过程之中。

试题 117 答案

（48）B

试题 118（2009 年 11 月试题 49）

系统评价就是对系统运行一段时间后的 __(49)__ 及经济效益等方面的评价。

（49）A. 社会效益   B. 技术性能   C. 管理效益   D. 成本效益

试题 118 分析

本题考查信息系统评价的概念和特点。

系统评价就是对系统运行一段时间后的技术性能及经济效益等方面的评价，是对信息系统审计工作的延伸。评价的目的是检查系统是否达到了预期的目标，技术性能是否达到了设计的要求，系统的各种资源是否得到充分利用，经济效益是否理想，并指出系统的长处与不足，为以后系统的改进和扩展提出依据。

试题 118 答案

（49）B

试题 119（2009 年 11 月试题 50）

信息系统经济效益评价的方法主要有成本效益分析法、 __(50)__ 和价值工程方法。

（50）A. 净现值法   B. 投入产出分析法

        C. 盈亏平衡法   D. 利润指数法

试题 119 分析

本题考查信息系统经济效益评价方法的基本内容。

信息系统经济效益评价的方法主要有成本效益分析法、投入产出分析法和价值工程方法。成本效益分析法用一定的价格分析预算系统的效益和成本，计算系统的净收益，以判断该系统在经济上的合理性。投入产出法采用投入产出表，根据系统的实际资源分配和流向，列出系统的所有投入和产出，并制成二维表的形式。价值工程法的基本方程式可以表示为：一种产品的价值（V）等于其功能（F）与成本（C）之比。

试题 119 答案

（50）B

试题 120（2009 年 11 月试题 51）

计算机操作中，导致 IT 系统服务中断的各类数据库故障属于　(51)　。

（51）A. 人为操作故障　　　　　　　　　　B. 硬件故障

　　　 C. 系统软件故障　　　　　　　　　　D. 相关设备故障

试题 120 分析

本题考查故障及问题管理中故障监视的基础知识。

故障是系统运转过程中出现的任何系统本身的问题，或者是任何不符合标准的操作、已经引起或可能引起服务中断和服务质量下降的事件。

根据美国权威市场调查机构 Gartner Group 的报告，故障原因可以分为三大类，分别是技术因素、应用性故障和操作故障。为了便于实际操作中的监视设置，将导致 IT 系统服务中断的因素由三类扩展为以下七类，其中软件和人为操作因素为主要因素。

（1）按计划进行硬件、操作系统的维护操作时引起的故障。

（2）应用性故障：包括应用软件的性能问题、应用缺陷及系统应用变更等。

（3）人为操作故障：包括人员的误操作、不按规定的非标准操作引起的故障等。

（4）系统软件故障：包括操作系统死机、数据库的各类故障等。

（5）硬件故障：如硬盘或网卡损坏等。

（6）相关设备故障：如停电时 UPS 失效导致服务中断等。

（7）自然灾害：如火灾、地震和洪水等。

试题 120 答案

（51）C

试题 121（2009 年 11 月试题 52）

建立在信息技术基础之上，以系统化的管理思想，为企业决策层及员工提供决策运行手段的管理平台是　(52)　。

（52）A. 企业资源计划系统　　　　　　　　B. 客户关系管理系统

　　　 C. 供应链管理系统　　　　　　　　　D. 知识管理系统

试题 121 分析

本题考查系统运行中系统管理分类的基础知识。

信息系统是企业的信息处理基础平台，直接面向业务部门（客户），包括办公自动化系统、企业资源计划（ERP）、客户关系管理（CRM）、供应链管理（SCM）、数据仓库系统（Data Warehousing）、知识管理平台（KM）等。建立在信息技术基础之上，以系统化的管理思想，为企业决策层及员工提供决策运行手段的管理平台是企业资源计划系统。

试题 121 答案

（52）A

试题 122（2009 年 11 月试题 53）

面向组织，特别是企业组织的信息资源管理的主要内容有信息系统的管理，信息产品与服务的管理，__（53）__，信息资源管理中的人力资源管理，信息资源开发和利用的标准、规范、法律制度的制定与实施等。

（53）A. 信息资源的效率管理　　　　　　B. 信息资源的收集管理
　　　　C. 信息资源的安全管理　　　　　　D. 信息资源的损耗管理

试题 122 分析

本题考查企业组织的信息资源管理的主要内容。

面向组织，特别是企业组织的信息资源管理的主要内容如下。

（1）信息系统的管理，包括信息系统开发项目的管理、信息系统运行与维护管理、信息系统评价。

（2）信息资源开发和利用的标准、规范、法律制度的制定与实施。

（3）信息产品与服务的管理。

（4）信息资源的安全管理。

（5）信息资源管理中的人力资源管理。

试题 122 答案

（53）C

试题 123（2009 年 11 月试题 54）

在系统用户管理中，企业用户管理的功能主要包括__（54）__、用户权限管理、外部用户管理、用户安全审计等。

（54）A. 用户请求管理　　　　　　　　　　B. 用户数量管理
　　　　C. 用户账号管理　　　　　　　　　　D. 用户需求管理

试题 123 分析

本题考查企业用户管理功能的基础知识。

在系统用户管理中，企业用户管理的功能主要包括用户账号管理、用户权限管理、外部用户管理、用户安全审计等。

试题 123 答案

（54）C

试题 124（2009 年 11 月试题 55）

分布式环境中的管理系统一般具有跨平台管理、可扩展性和灵活性、　(55)　和智能代理技术等优越特性。

（55）A. 可量化管理　　　　　　　　B. 可视化管理

　　　　C. 性能监视管理　　　　　　D. 安全管理

试题 124 分析

本题考查分布式环境下系统管理的基础知识。

按照试题 29 的分析，分布式环境中的管理系统在下面几个方面表现出优越特性：跨平台管理、可扩展性和灵活性、可视化的管理、智能代理技术。

试题 124 答案

（55）B

试题 125（2009 年 11 月试题 56）

配置管理作为一个控制中心，其主要目标表现在计量所有 IT 资产、　(56)　、作为故障管理等的基础以及验证基础架构记录的正确性并纠正发现的错误等 4 个方面。

（56）A. 有效管理 IT 组件　　　　　B. 为其他 IT 系统管理流程提供准确信息

　　　　C. 提供高质量 IT 服务　　　　D. 更好地遵守法规

试题 125 分析

本题考查资源管理中配置管理的基础知识。

IT 资源管理可以为企业的 IT 系统管理提供支持，而 IT 资源管理能否满足要求在很大程度上取决于 IT 基础架构的配置与运行情况的信息。配置管理是专门负责提供这方面信息的流程。配置管理提供的有关基础架构的配置信息可以为其他服务管理流程提供支持。

配置管理作为一个控制中心，其主要目标表现在以下 4 个方面。

（1）计量所有 IT 资产。

（2）为其他 IT 系统管理流程提供准确信息。

（3）作为故障管理、变更管理和新系统转换等的基础。

（4）验证基础架构记录的正确性并纠正发现的错误。

通过实施配置管理流程，可以为客户和服务提供方带来诸多效益，如有效管理 IT 组件、提供高质量的 IT 服务、更好地遵守法规、帮助制定财务和费用计划等。

试题 125 答案

（56）B

试题 126（2009 年 11 月试题 57）

COBIT 中定义的 IT 资源如下：数据、应用系统、　(57)　、设备和人员。

（57）A. 财务支持　　B. 场地　　　　C. 技术　　　　D. 市场预测

试题 126 分析

本题考查资源管理中 COBIT 中定义的 IT 资源的基本内容。

COBIT 中定义的 IT 资源如下：数据、应用系统、技术、设备和人员。

（1）数据：是最广泛意义上的对象、结构化及非结构化的图像、各类数据。

（2）应用系统：人工处理以及计算机程序的总和。

（3）技术：包括硬件、操作系统、数据库管理系统、网络、多媒体等。

（4）设备：包括所拥有的支持信息系统的所有资源。

（5）人员：包括员工技能、意识，以及计划、组织、获取、交付、支持和监控信息系统及服务的能力。

试题 126 答案

（57）C

试题 127（2009 年 11 月试题 58）

国家信息化建设的信息化政策法规体系包括信息技术发展政策、___（58）___、电子政务发展政策、信息化法规建设等四个方面。

（58）A. 信息产品制造业政策　　　　　B. 通信产业政策

　　　C. 信息产业发展政策　　　　　　D. 移动通讯业发展政策

试题 127 分析

本题考查国家信息化建设的信息化政策法规体系的基本内容。

国家信息化建设的信息化政策法规体系包括信息技术发展政策、信息产业发展政策、电子政务发展政策、信息化法规建设等四个方面。

（1）信息技术发展政策。信息技术是信息化的第一推动力，信息技术政策在信息化政策体系中发挥着重要作用。在推进信息技术创新的过程中，国家的科技计划发挥了重大作用，并成为我国信息技术发展政策的一个重要组成部分。

（2）信息产业发展政策。包括通信产业政策、信息产品制造业政策。

（3）电子政务发展政策。电子政务是国民经济和社会信息化的一种重要领域，也是信息化发展政策的一个重要方面。

（4）信息化法规建设。在制定信息化政策时，信息化立法是基础。我国的信息化立法已有成效，在电子身份认证等方面立法也在加紧进行。

试题 127 答案

（58）C

试题 128（2009 年 11 月试题 61）

企业信息资源管理不是把资源整合起来就行了，而是需要一个有效的信息资源管理体系，其中最为关键的是___（61）___。

（61）A. 从事信息资源管理的人才队伍建设　　B. 有效、强大的市场分析

　　　C. 准确地把握用户需求　　　　　　　　D. 信息资源的标准和规范

试题 128 分析

本题考查企业信息资源管理的基础知识。

企业信息资源管理不是把资源整合起来就行了，而是需要一个有效的信息资源管理体系，其中最为关键的是从事信息资源管理的人才队伍建设。其次是架构问题，在信息资源建设阶段，规划是以建设进度为主线，在信息资源管理阶段，规划应以架构为主线，主要涉及的是这个信息化运营体系的架构。

试题 128 答案

（61）A

试题 129（2009 年 11 月试题 62）

IT 系统管理工作可以按照一定的标准进行分类。在按系统类型的分类中，　(62)　作为企业的基础架构，是其他方面的核心支持平台，包括广域网、远程拨号系统等。

（62）A. 信息系统　　　　B. 网络系统　　　　　C. 运作系统　　　　　　D. 设施及设备

试题 129 分析

本题考查信息系统管理工作分类的基础知识。

按照试题 45 的分析，信息系统管理工作的分类可按照系统类型或流程类型进行划分。若按照系统类型划分可以分为信息系统管理、网络系统管理、运行系统管理和设施及设备管理，其中网络系统作为企业的基础架构，是其他方面的核心支持平台，包括广域网、远程拨号系统等。

试题 129 答案

（62）B

试题 130（2009 年 11 月试题 63）

企业信息化建设需要大量的资金投入，成本支出项目多且数额大。在企业信息化建设的成本支出项目中，系统切换费用属于　(63)　。

（63）A. 设备购置费用　　　　　　　　　　B. 设施费用

　　　C. 开发费用　　　　　　　　　　　　D. 系统运行维护费用

试题 130 分析

本题考查信息系统管理中成本管理的基础知识。

按照试题 47 的分析，系统成本大体可以分为固定成本和可变成本两种。固定成本是为购置长期使用的资产而产生的成本，主要包含建筑费用及场所成本；硬件购置、安装成本；软件购置、开发成本；人力资源成本；外包服务成本等。根据题意，在企业信息化建设的成本支出项目中，系统切换费用属于系统运行维护费用。

试题 130 答案

（63）D

试题 131（2009 年 11 月试题 64）

外包成功的关键因素之一是选择具有良好社会形象和信誉、相关行业经验丰富的外包商作为战略合作伙伴。因此，对外包商的资格审查应从技术能力、发展能力和 __(64)__ 3 个方面综合考虑。

　　（64）A. 盈利能力　　　　　　　　　B. 抗风险能力
　　　　　C. 市场开拓能力　　　　　　　D. 经营管理能力

试题 131 分析

　　本题考查第三方/外包管理中外包商的选择的基础知识。

　　按照试题 49 的分析，企业应将外包商看做一种长期资源，对企业具有持续的价值。因此，必须选择具有良好社会形象和信誉、相关行业经验丰富、能够引领或紧跟信息技术发展的外包商作为战略合作伙伴。对外包商的资格审查应从技术能力、经营管理能力和发展能力三方面进行。经营管理能力主要包括领导层结构、员工素质和社会评价；项目管理水平；是否具备能够证明其良好运营管理能力的成功案例等。

试题 131 答案

　　（64）D

试题 132（2009 年 11 月试题 65）

　　为 IT 服务定价是计费管理的关键问题，"IT 服务价格=IT 服务成本+X%"属于 __(65)__ 。

　　（65）A. 价值定价法　　　　　　　　B. 成本定价法
　　　　　C. 现行价格法　　　　　　　　D. 市场价格法

试题 132 分析

　　本题考查 IT 服务价格的基础知识。

　　IT 服务的价格等于提供服务的成本加成的定价方法，可以表示为"IT 服务价格=IT 服务成本+X%"，其中 X%是加成比例，这个比例由组织设定，可以参照其他投资的收益率，并考虑 IT 部门满足整个组织业务目标的需要情况适当调整。

试题 132 答案

　　（65）B

试题 133（2011 年 5 月试题 15）

　　企业信息系统可以分为作业处理、管理控制、决策计划 3 类，__(15)__ 属于管理控制类系统。

　　（15）A. 管理专家系统　　　　　　　B. 事务处理系统
　　　　　C. 电子数据处理系统　　　　　D. 战略信息系统

试题 133 分析

　　本题考查信息系统类型的基础知识。

　　本题与试题 4 为同类题。按照试题 4 的分析，根据信息服务对象的不同，企业中信息系统可以分为以下三类。

　　（1）面向作业处理的系统。是用来支持业务处理，实现处理自动化的信息系统。主要有办公自动化系统（OAS）、事务处理系统（TPS）、数据采集与监控系统（DAMS）。

（2）面向管理控制的系统。是辅助企业管理、实现管理自动化的信息系统。主要有电子数据处理系统（EDPS）、知识工作支持系统（KWSS）、计算机集成制造系统（CIMS）。

（3）面向决策计划的系统。主要有决策支持系统（DSS）、战略信息系统（SIS）、管理专家系统（MES）。

根据题意，电子数据处理系统属于面向管理控制的系统。

试题 133 答案

（15）C

试题 134（2011 年 5 月试题 16）

以下叙述中，正确的是　(16)　。

（16）A. 信息系统可以是人工的，也可以是计算机化的

　　　 B. 信息系统就是计算机化的信息处理系统

　　　 C. 信息系统由硬件、软件、数据库和远程通信等组成

　　　 D. 信息系统计算机化一定能提高系统的性能

试题 134 分析

本题考查信息系统的基础知识。

按照试题 32 的分析，信息系统从概念上来看是由信息源、信息处理器、信息用户和信息管理者 4 大部分组成的。信息用户是目标用户，信息系统的一切设计与实现都是围绕信息用户的需求。或者简单来说，信息源是信息的输入，信息管理者为核心，负责管理和控制信息的处理，信息用户代表着信息的输出处理。信息系统可以是人工的，也可以是计算机化的。

试题 134 答案

（16）A

试题 135（2011 年 5 月试题 17）

信息系统开发是一个阶段化的过程，一般包括 5 个阶段：①系统分析阶段；②系统规划阶段；③系统设计阶段；④系统运行阶段；⑤系统实施阶段。其正确顺序为　(17)　。

（17）A. ①②③④⑤　　　 B. ⑤①②③④　　　 C. ②①③⑤④　　 D. ③⑤①②④

试题 135 分析

本题考查信息系统开发过程的基础知识。

按照试题 3 的分析，信息系统的开发阶段一般可以分为系统规划阶段、系统分析阶段、系统设计阶段、系统实施阶段和系统运行阶段。系统规划阶段进行初步调查和可行性分析，建立信息系统的目标；系统分析阶段进行用户需求分析，最后结果是系统规格说明书，它通过一组图表和文字说明描述了目标系统的逻辑模型；而系统设计阶段进行总体设计、详细设计，最后结果是系统设计人员提交的系统设计说明书；系统实施阶段实现信息系统；系统运行阶段进行日常操作与维护。

试题 135 答案

（17）C

试题 136（2011 年 5 月试题 18）

原型化方法适用于　（18）　的系统。

（18）A. 需求不确定性高 　　　　　　B. 需求确定

　　　C. 分时处理 　　　　　　　　　D. 实时处理

试题 136 分析

本题考查信息系统开发中的软件过程模型的基础知识。

按照试题 61 的分析，软件原型是所提出的新产品的部分实现，建立原型的主要目的是为了解决在产品开发的早期阶段的需求不确定的问题，其目的是：明确并完善需求，探索设计选择方案，发展为最终的产品。因此，原型化方法适合于用户没有认可其需求的明确内容的时候，即需求不确定性高的时候。

试题 136 答案

（18）A

试题 137（2011 年 5 月试题 19）

软件开发过程中包括需求分析、概要设计、详细设计、编码、测试、维护等子过程。软件的总体结构设计在　（19）　中完成。

（19）A. 需求分析　　　B. 概要设计　　　　　C. 详细设计　　　　　D. 编写代码

试题 137 分析

本题考查软件开发过程的基础知识。

软件开发过程中包括需求分析、概要设计、详细设计、编码、测试、维护等子过程。各个子过程的工作重点说明如下。

（1）系统需求分析：确定系统应该具有什么功能；主要涉及如何获得用户的需求、描述需求和评审需求。

（2）系统分析与设计：一般系统设计是在需求分析之后实施的，其中的系统分析则主要是明确应该解决什么问题，重点在于理解问题并对理解的结果加以分析；系统设计则是通过某种特定的平台，达到完成整体软件的功能，又主要包括概要设计和详细设计。

（3）系统实现：重点在于明确所要解决的问题并采用什么技术和手段来实现上述的设计方案以满足用户的需求。

（4）系统测试：此阶段主要是通过各种测试思想、方法和工具的具体应用，从而找出系统中各种隐藏的缺陷，最后使得软件的 bug 数量降低到最低。一般包括单元测试和集成测试等形式。

（5）系统部署、交付和维护：需要得到程序员或者技术支持人员的支持，同时维护工作占了整个软件生命周期总费用的大部分，具有较高的代价。

根据上述分析，软件的总体结构设计在概要设计中完成，概要设计还要完成数据结构、数据库设计、概要设计文档、评审等。详细设计则是在概要设计的基础上，对各个模块的功能进行详细的描述。

试题 137 答案

（19）B

试题 138（2011 年 5 月试题 20）

采用 UML 对系统建模时，用__（20）__描述系统的全部功能。

（20）A. 分析模型　　　B. 设计模型　　　　　C. 用例模型　　　　　D. 实现模型

试题 138 分析

本题考查统一建模语言的基本内容。

本题与试题 36 和试题 66 是同类题。按照试题 36 和试题 66 的分析可知，UML 的目的是建模。建模的三要素分别为事物、关系和图。在需求分析阶段，可以使用 UML 中的用例图来捕捉用户需求，并描述对系统感兴趣的外部角色及其对系统的功能要求。其用例模型的建立是系统开发者和用户反复讨论的结果，表明了开发者和用户对需求规格达成的共识，即用例模型描述了系统的全部功能，等价于传统的系统功能说明。

试题 138 答案

（20）C

试题 139（2011 年 5 月试题 21）

__（21）__属于 UML 中的行为图。

（21）A. 用例图　　　　B. 合作图　　　　　C. 状态图　　　　　D. 组件图

试题 139 分析

本题考查 UML 中图的基本知识。

按照试题 7 的分析，UML 中的图分为以下几类。

（1）用例图。

（2）静态图：包括类图、对象图和包图。

（3）行为图：包括状态图和活动图。

（4）交互图：包括顺序图和合作图。

（5）实现图：包括组件图和配置图。

显然，题中的状态图为 UML 中的行为图。

试题 139 答案

（21）C

试题 140（2011 年 5 月试题 22）

软件生命周期中时间最长的阶段是__（22）__阶段。

（22）A. 需求分析　　　B. 软件维护　　　　　C. 软件设计　　　　　D. 软件开发

试题 140 分析

本题考查软件生命周期及其各生命周期阶段的主要特点。

本题与试题 81 为同类题。按照试题 81 的分析,软件生命周期由需求分析、软件设计、编码、测试、安装、实施及维护等阶段组成。其中,软件维护阶段是软件生命周期中时间最长的阶段,维护阶段实际上是一个微型的软件开发生命周期。同时,软件维护的费用也占了整个软件生命周期总费用的大部分,也即软件维护具有较高的代价。

试题 140 答案

(22) B

试题 141(2011 年 5 月试题 23)

在结构化分析活动中,通常使用 (23) 描述数据处理过程。

(23) A. 数据流图　　　B. 数据字典　　　C. 实体关系图　　　D. 判定表

试题 141 分析

本题考查信息系统分析阶段数据流图的基本知识。

本题与试题 5 和试题 9 是同类题。按照试题 5 和试题 9 的分析,数据流图是一种最常用的结构化分析工具,它从数据传递和加工的角度,以图形的方式刻画系统内数据的运动情况。对数据流图的改进,包括检查数据流图的正确性和提高数据流图的易理解性。

试题 141 答案

(23) A

试题 142(2011 年 5 月试题 24)

模块设计时通常以模块的低耦合为目标,下面给出的四项耦合中,最理想的耦合形式是 (24) 。

(24) A. 数据耦合　　　B. 控制耦合　　　C. 公共耦合　　　D. 内容耦合

试题 142 分析

本题考查软件模块化的基本概念。

本题与试题 38 为同类题。按照试题 38 的分析,软件设计中划分模块的一个准则是"高内聚低耦合",即提高聚合程度、降低模块间的耦合程度是模块设计的重要原则。同时,聚合和耦合又是相辅相成的,模块内的高聚合往往意味着模块之间的松耦合。

软件结构内模块的耦合度表现了模块之间互相关联的程度,分为 6 级。耦合度从低到高分别是:无直接耦合、数据耦合、标记耦合、控制耦合、公共耦合、内容耦合。

根据题意,数据耦合是 4 项耦合中,最理想的耦合形式。

试题 142 答案

(24) A

试题 143(2011 年 5 月试题 25)

(25) 不是面向对象分析阶段需要完成的。

(25) A. 认定对象　　　　　　　　B. 实现对象及其结构

　　　 C. 组织对象　　　　　　　　D. 描述对象的相互作用

试题 143 分析

本题考查面向对象开发过程的基础知识。

面向对象开发过程一般分为三个阶段，依次是面向对象的分析（OOA），面向对象的设计（OOD）和面向对象的程序设计（OOP）。

（1）OOA（面向对象的分析）

任务为：用面向对象方法分析问题域，建立基于对象、消息的业务模型，形成对客观世界和业务本身的正确认识；生成业务对象的动态、静态模型和抽象类。

（2）OOD（面向对象的设计）

任务为：针对 OOA 给出的问题域模型，用面向对象方法设计出软件基础架构（概要设计）和完成的类结构（详细设计），以实现业务功能；生成对象类的动态、静态模型（解决域）。

（3）OOP（面向对象的程序设计）

任务为：用面向对象的语言实现 OOD 提出的模型。

根据题意，面向对象分析包含认定对象、组织对象、描述对象间的相互作用、定义对象的操作、定义对象的内部信息 5 项活动。面向对象分析的关键是识别出问题域内的对象并分析其相互间的关系，最终建立起问题域的正确模型。

试题 143 答案

（25）B

试题 144（2011 年 5 月试题 26）

软件项目管理是保证软件项目成功的重要手段，其中　(26)　要确定哪些工作是项目应该做的，哪些工作不应该包含在项目中。

（26）A. 进度管理　　　B. 风险管理　　　　　C. 范围管理　　　　　D. 配置管理

试题 144 分析

本题考查软件项目管理的基础知识。

软件项目管理的对象是软件工程项目，它是为了使软件项目能够按照预定的成本、进度、质量顺利完成，而对人员（People）、产品（Product）、过程（Process）和项目（Project）进行分析和管理的活动。它所涉及的范围覆盖了整个软件工程过程。为了使软件项目开发获得成功，关键问题是必须对软件项目的工作范围、风险、需要资源、要实现的任务、经历的里程碑、花费工作量、进度等做到心中有数。

项目范围管理项目要保证项目成功地完成所要求的全部工作，而且只完成所要求的工作，知识领域主要包括：项目启动、范围计划、范围定义、范围确定、范围变更控制等。项目进度管理要保证项目按时完成，知识领域主要包括：活动定义、活动排序、活动时间估计、制定时间表、时间表控制等。项目成本管理要保证项目在批准的预算内完成，知识领域主要包括：资源计划、成本估算、成本预算、成本控制。项目质量管理要保证项目的完成能够使需求得到满足，知识领域主要包括：质量计划、质量保证、质量控制等。项目风险管理是对项目的风险进行识别、分析和响应的系统化的方法，包括使有利的事件机会和结果最大化和使不利的事件的可能和结果最小化，知识领域主要包括风险管理计划、风险识别、风险定性分析、风险量化分析、风险响应计划、风险监视和控制等。项目配置管理是一组用于在计算机软件的整个生命周期内管理变化的活动，可以认为是应用于整个软件过程的软件质量保证活动，知识领域主要包括：配置管理计划、配置标识与建立基线、变更管理、版本控制、配置审核等。

试题 144 答案

（26）D

试题 145（2011 年 5 月试题 28）

安全管理中的介质安全属于 　(28)　。

（28）A. 技术安全　　　　B. 物理安全　　　　C. 环境安全　　　　D. 管理安全

试题 145 分析

本题考查安全管理中运行管理的主要特点的内容。

本题与试题 84 为同类题。按照试题 84 的分析，安全管理主要包括物理安全、技术安全和管理安全。其中的物理安全是指在物理介质层次上对存储和传输的网络信息的安全保护。物理安全是信息安全的最基本保障。主要包括三个方面：环境安全、设施与设备安全以及介质安全。

试题 145 答案

（28）B

试题 146（2011 年 5 月试题 29）

黑盒测试注重于被测软件的功能性需要，主要用于软件的后期测试。(29) 不能用黑盒测试检查出来。

（29）A. 功能不对或遗漏错误　　　　　　B. 界面错误

　　　　C. 外部数据库访问错误　　　　　　D. 程序控制结构错误

试题 146 分析

本题考查黑盒测试的基础知识。

按照试题 14 的分析，黑盒测试又称为功能测试，将软件看成黑盒子，在完全不考虑软件的内部结构和特性的情况下，测试软件的外部特性。黑盒测试主要为了发现以下几类错误：是否有错误的功能或遗漏的功能；界面是否有误，输入是否能够被正确接收，输出是否正确；是否有数据结构或外部数据库访问错误；性能是否能够接受；是否有初始化或终止性错误。

根据题意，显然程序控制结构错误不能用黑盒测试检查出来。

试题 146 答案

（29）D

试题 147（2011 年 5 月试题 30）

　　＿（30）＿ 主要用于发现程序设计（编程）中的错误。

（30）A. 模块测试　　　　B. 集成测试　　　　　C. 确认测试　　　　　D. 系统测试

试题 147 分析

　　本题考查软件测试的基础知识。

　　按照试题 14 的分析，软件测试是根据开发各阶段的需求、设计等文档或程序的内部结构，精心设计测试用例，并利用该测试用例来运行程序以便发现错误的过程。软件测试的目标是希望能以最少的人力和时间发现潜在的各种错误和缺陷。

　　模块测试是对一个模块进行测试，根据模块的功能说明，检查模块是否有错误。模块测试发现的问题一般都是程序设计或详细设计中的错误。

　　集成测试也称为组装测试。通常，组装测试有两种方法：一种是分别测试各个模块，再把这些模块组合起来进行整体测试，即为非增量式集成；另一种是把下一个要测试的模块组合到已测试好的模块中，测试完后再将下一个需测试的模块组合起来进行测试，逐步把所有模块组合在一起，并完成测试，即为增量式集成。

　　确认测试的目的是向用户表明系统能够像预定要求那样工作。经过集成测试后，已经按照设计把所有的模块组装为一个完整的软件系统，接口错误也已经基本排除了，接着就应该进一步验证软件的有效性，这也是确认测试的任务，即软件的功能和性能的确认。

试题 147 答案

　　（30）A

试题 148（2011 年 5 月试题 35）

　　系统管理预算可以帮助 IT 部门在提供服务的同时加强成本/收益分析，以合理利用 IT 资源、提高 IT 投资效益。在企业 IT 预算中其软件维护与故障处理方面的预算属于 ＿（35）＿。

　　（35）A. 技术成本　　　B. 服务成本　　　　　C. 组织成本　　　　　D. 管理成本

试题 148 分析

　　本题考查企业 IT 预算的基础知识。

　　企业 IT 预算大致可以分为技术成本（硬件和基础设置）、服务成本（软件开发与维护、故障处理、帮助台支持）、组织成本（会议、日常开支）等。根据题意，在企业 IT 预算中其软件维护与故障处理方面的预算属于服务成本。

　　同时，从企业实际 IT 预算来看，很多企业把 80%的预算都用在了维护方面，只拿出20%～30%的预算用来支持业务拓展。因此，规划好企业的 IT 预算是一项很大的挑战和机遇。

试题 148 答案

　　（35）B

试题 149（2011 年 5 月试题 36）

　　IT 服务级别管理是定义、协商、订约、检测和评审提供给客户服务的质量水准的流程。

它是连接 IT 部门和　(36)　之间的纽带。

（36）A. 某个具体的业务部门　　　　　　B. 业务部门内某个具体的职员

　　　　C. 系统维护者　　　　　　　　　　D. 系统管理者

试题 149 分析

本题考查 IT 服务级别管理的基础知识。

服务级别管理（SLM）是对 IT 服务的供应进行谈判、定义、评价、管理以及以可接受的成本引进 IT 服务的质量流程。服务级别管理试图在服务质量的供应与需求、客户关系和 IT 服务成本之间找到某个合适的平衡点，它是连接 IT 部门和某个具体的业务部门之间的纽带。

服务级别管理所达到的目标有：有效的服务级别管理可以改进客户方业务运作的绩效并因此而提高客户满意度；服务级别管理的引进可以产生许多效益。

试题 149 答案

（36）A

试题 150（2011 年 5 月试题 37）

IT 系统管理工作可以依据系统的类型划分为四种，其中　(37)　是 IT 部门的核心管理平台。

（37）A. 信息系统，包括办公室自动化系统、ERP、CRM 等

　　　　B. 网络系统，包括企业内部网、IP 地址管理、广域网、远程拨号系统等

　　　　C. 运作系统，包括备份/恢复系统、入侵检测、性能监控、安全管理、服务级别

　　　　　　管理等

　　　　D. 设施及设备，包括专门用来放置计算机设备的设施及房间

试题 150 分析

本题考查信息系统管理分类的基础内容。

本题与试题 76 为同类题。按照试题 76 的分析，IT 系统管理工作可以按照系统类型进行分类。IT 系统管理工作可以分为：信息系统（企业资源计划 ERP、客户关系管理 CRM、供应链管理 SCM、数据仓库 Data Warehousing、知识管理平台 KM 等）、网络系统（企业内网 Intranet、广域网等）、运作系统（备份/恢复系统、入侵检测、性能监控、安全管理等）、设施与设备。其中，运作系统是 IT 部门的核心管理平台。

试题 150 答案

（37）C

试题 151（2011 年 5 月试题 38）

IT 会计核算包括的活动主要有 IT 服务项目成本核算、投资评价、差异分析和处理。这些活动实现了对 IT 项目成本和收益的　(38)　控制。

（38）A. 事前与事中　　　　　　　　　　B. 事中与事后

　　　　C. 事前与事后　　　　　　　　　　D. 事前、事中与事后

试题 151 分析

本题考查 IT 财务管理中 IT 会计核算的基础知识。

IT 财务管理是负责对 IT 服务运作过程中涉及的所有资源进行货币化管理的流程。主要包括 IT 投资预算、IT 会计核算和 IT 服务计费三个环节。

IT 会计核算的主要目标在于，通过量化 IT 服务运作过程中所耗费的成本和收益，为 IT 服务管理人员提供考核依据和决策信息。它所包括的活动主要有：IT 服务项目成本核算、投资评价、差异分析和处理。这些活动分别实现了对 IT 项目成本和收益的事中和事后控制。

试题 151 答案

（38）B

试题 152（2011 年 5 月试题 39）

在总成本管理的 TCO 模型中，既有直接成本也有间接成本，下列选项中属于间接成本的是 （39） 。

（39）A. 软硬件费用　　　　　　　　　　　B. IT 人员工资

　　　C. 财务与管理费用　　　　　　　　　D. 恢复成本或者解决问题的成本

试题 152 分析

本题考查音 TCO 总成本构成中直接成本和间接成本的具体成本项目的内容。

本题与试题 79 为同类题。按照试题 79 的分析，在 TCO 总成本管理中，TCO 总成本一般包括直接成本和间接成本。其中，间接成本是指与 IT 服务交付给终端用户相关的预算外的成本，比如教育、培训、终端用户开发或执行、本地文件维护等。与停工相关的成本还包括中断生产、恢复成本，或者解决问题成本。

试题 152 答案

（39）D

试题 153（2011 年 5 月试题 40）

为 IT 服务定价是计费管理的关键问题。如果 IT 服务的价格是在与客户谈判的基础上由 IT 部门制定的，而且这个价格在一定时期内一般保持不变，那么这种定价方法是 （40） 定价法。

（40）A. 现行价格　　B. 市场价格　　　　　C. 合同价格　　　　　D. 成本价格

试题 153 分析

本题考查 IT 服务价格的基础知识。

常见的定价方法主要有以下几种。

（1）成本法：服务价格以提供服务发生的成本为标准。成本可以是总成本，也可以是边际成本。

（2）成本加成定价法：IT 服务的价格等于提供服务的成本加成的定价方法，可以表示为"IT 服务价格=IT 服务成本+X%"，其中 X% 是加成比例，这个比例由组织设定，可以参照其他投资的收益率，并考虑 IT 部门满足整个组织业务目标的需要情况适当调整。

（3）现行价格法：参照现有组织内部其他各部门之间或外部的类似组织的服务价格确定。

（4）市场价格法：IT 服务的价格按照外部市场供应的价格确定，IT 服务的需求者可以与供应商就服务的价格进行谈判协商。

（5）固定价格法：又称为合同价格法，IT 服务的价格是在与客户谈判的基础上由 IT 部门制定的，一般在一定时期内保持不变。

试题 153 答案

（40）C

试题 154（2011 年 5 月试题 41）

软件维护阶段最重要的是对 __(41)__ 的管理。

（41）A. 变更　　　　B. 测试　　　　C. 软件设计　　　　D. 编码

试题 154 分析

本题考查信息系统软件维护的基础知识。

按照试题 53 的分析，软件投入使用后进入软件维护阶段，该阶段是软件生命周期中时间最长的阶段，所花费的精力和费用也是最多的。软件维护阶段主要包括：对缺陷或更改申请进行分析并分析影响（即软件设计）。实施变更即进行编程，然后进行测试。在软件维护阶段最重要的是对变更的管理。

试题 154 答案

（41）A

试题 155（2011 年 5 月试题 43）

在软件生命周期的瀑布模型、迭代模型及快速原型开发中，常见的瀑布模型适合具有 __(43)__ 特点的项目。

（43）A. 需求复杂，项目初期不能明确所有的需求

　　　 B. 需要很快给客户演示的产品

　　　 C. 需求确定

　　　 D. 业务发展迅速，需求变动大

试题 155 分析

本题考查信息系统开发中的软件过程模型的基础知识。

本题与试题 61 为同类题。按照试题 61 的分析，瀑布模型给出了软件生成周期各阶段的固定顺序，即可行性分析、需求分析、软件设计、编码实现、测试和维护等，上一个阶段完成后才能进入下一个阶段。

瀑布模型适合于结构化方法。软件项目或产品选择瀑布模型必须满足下面的条件：在开发时间内需求没有变化或很少变化；分析设计人员应对应用领域很熟悉；低风险项目；用户使用环境很稳定等。

试题 155 答案

（43）C

试题 156（2011 年 5 月试题 45）

在故障管理中，通常有三个描述故障特征的指标，其中根据影响程度和紧急程度制定的、用于描述处理故障问题的先后顺序的指标是　（45）　。

（45）A. 影响性　　　　B. 紧迫性　　　　　　C. 优先级　　　　　　D. 危机度

试题 156 分析

本题考查故障管理中故障特征的基础知识。

在故障管理中，有以下三个描述故障的特征。

（1）影响度。衡量故障影响业务大小程度的指标，通常相当于故障影响服务质量的程度。它一般是根据受影响的人或系统数量来决定的。

（2）紧迫度。评价故障和问题危机程度的指标，是根据客户的业务需求和故障的影响度而制定的。

（3）优先级。根据影响程度和紧急程度而制定的。用于描述处理故障和问题的先后顺序。

试题 156 答案

（45）C

试题 157（2011 年 5 月试题 46）

某台服务器的 CPU 使用率连续 3 个小时超过 70%，这远远超出预期。因此会产生一个　（46）　，它可以作为判断连续服务级别是否被打破的数据来源。

（46）A. 服务和组件报告　　　　　　　B. 例外报告
　　　C. 能力预测　　　　　　　　　　D. 需求预测

试题 157 分析

本题考查能力管理活动中能力数据库的基础知识。

能力数据库是成功实施能力管理流程的基础。能力管理需要将管理流程中采集到的各类与系统运营有关的数据存入能力数据库中。这些数据主要包括技术数据、业务数据、资源利用情况数据、服务数据以及财务数据。

能力数据库的输出数据主要有以下几类。

（1）服务和组件报告。生成的报告说明服务和相应的组件的运转性能和最大性能的使用情况。

（2）例外报告。例外报告在某一组件或者服务的性能不可接受时作为能力数据库的输出产生。例外可以是针对任何存储在能力数据库中的组件、服务和评测。

（3）能力预测。为了保证 IT 服务提供商提供持续可靠的服务水平，能力管理流程必须对未来的成长需求进行预测，必须具体对每个组件和每项服务作出预测。

试题 157 答案

（46）B

试题 158（2011 年 5 月试题 47）

故障管理流程的第一项基础活动是故障监视。对于系统硬件设备故障的监视，采用的主要方法是 ___（47）___ 。

（47）A. 通用或专用的管理监控工具　　　B. 测试工程师负责监视

　　　C. 使用过程中用户方发现故障　　　D. B 和 C 的结合

试题 158 分析

本题考查故障管理流程中故障监视的基础知识。

故障管理包括故障监视、故障调研、故障支持和恢复以及故障终止等基本活动。故障管理流程的第一项基础活动是故障监视。

对于硬件设备监控方法主要是采用通用或者专用的管理监控工具；对软件的监视主要针对其应用性能、软件 bug 和变更需求。由于应用系统主要面向用户，应用系统的缺陷通常由专门的测试工程师负责监视，或者在使用的过程中由用户方发现并提出。变更需求也是在用户使用和监视二合一的过程中发现的。

试题 158 答案

（47）A

试题 159（2011 年 5 月试题 49）

信息系统维护的内容包括系统应用程序维护、___（49）___ 、代码维护、硬件设备维护和文档维护。

（49）A. 数据维护　　　B. 软件维护　　　C. 模块维护　　　D. 结构维护

试题 159 分析

本题考查信息系统维护的基础知识。

信息系统维护的任务是有计划、有组织地对系统进行必要的改动，以保证系统中各个要素随着环境的变化始终处于正常的工作状态，其内容主要有：系统应用程序维护、数据维护、代码维护、硬件设备维护和文档维护。

试题 159 答案

（49）A

试题 160（2011 年 5 月试题 50）

由于系统转换成功与否非常重要，所以 ___（50）___ 和配套制度要在转换之前准备好，以备不时之需。

（50）A. 转换时间点　　　B. 具体操作步骤

　　　C. 转换工作执行计划　　　D. 技术应急方案

试题 160 分析

本题考查系统转换的基础知识。

系统转换是指系统开发完成后新老系统之间的转换。由于系统转换成功与否非常重要，所以在前期要做多次的模拟测试，对于最后的转换过程，需要制定周密的风险管理计划，同时，技术应急方案和配套制度要在转换之前准备好，以备不时之需。应急方案中必须有恢复到初始点的能力，保证万一转换失败时能恢复到起点以保证次日的正常使用。

试题 160 答案

（50）D

试题 161（2011 年 5 月试题 51）

系统评价方法主要由四大类，德尔菲法是属于　 (51) 　。

（51）A. 专家评估法　　　　　　　　　　B. 技术经济评估法

　　　C. 模型评估法　　　　　　　　　　D. 系统分析法

试题 161 分析

本题考查系统评价方法的基础知识。

德尔菲法依据系统的程序，采用匿名发表意见的方式，即专家之间不得互相讨论，不发生横向联系，只能与调查人员发生关系，通过多轮次调查专家对问卷所提问题的看法，经过反复征询、归纳、修改，最后汇总成专家基本一致的看法，作为预测的结果。这种方法具有广泛的代表性，较为可靠。德尔菲法属于专家评估法。

试题 161 答案

（51）A

试题 162（2011 年 5 月试题 52）

企业关键 IT 资源中，企业网络服务器属于　 (52) 　，它是网络系统的核心。

（52）A. 技术资源　　　B. 软件资源　　　　　C. 网络资源　　　　　D. 数据资源

试题 162 分析

本题考查企业关键 IT 资源的基础知识。

用于管理的关键 IT 资源包括硬件资源、软件资源、网络资源和数据资源。网络资源主要包括通信线路、企业网络服务器、网络传输介质互联设备等。

试题 162 答案

（52）C

试题 163（2011 年 5 月试题 53）

在 IT 财务管理中，IT 服务项目成本核算的第一步是　 (53) 　。

（53）A. 投资评价　　　　　　　　　　　B. 定义成本要素

　　　C. 收益差异分析　　　　　　　　　D. 工作量差异分析

试题 163 分析

本题考查 IT 服务成本核算的基础知识。

在 IT 财务管理中，IT 服务项目成本核算的第一步是定义成本要素。成本要素一般可以按照部门、客户或产品等划分标准进行定义。对于 IT 服务部门，理想的方法是按照服务要素结构来定义成本要素。

试题 163 答案

（53）B

试题 164（2011 年 5 月试题 54）

外包合同中的关键核心文件是 （54） 。

（54）A. 服务等级协议   B. 管理制度

     C. 薪酬体系   D. 考核协议

试题 164 分析

本题考查第三方/外包管理的基础知识。

本题与试题 109 为同类题。按照试题 109 的分析，外包合同中的关键核心的文件是服务等级协议（SLA）。SLA 是评估外包服务质量的重要标准。

试题 164 答案

（54）A

试题 165（2011 年 5 月试题 55）

系统日常操作管理是整个 IT 管理中直接面向客户的、最为基本的部分，涉及 （55） 、帮助服务台管理、故障管理及用户支持、性能及可用性保障和输出管理等。

（55）A. 业务需求管理   B. 数据库管理

     C. 日常工作调度管理   D. 软硬件协议管理

试题 165 分析

本题考查系统日常操作管理的基础知识。

系统日常操作管理是整个 IT 管理中直接面向客户及最为基础的部分，它涉及企业日常作业调度管理、帮助服务台管理、故障管理及用户支持、性能及可用性保障和输出管理等。从广义的角度讲，运行管理所反映的是 IT 管理的一些日常事务，它们除了确保基础架构的可靠性之外，还需要保证基础架构的运行始终处于最优的状态。

试题 165 答案

（55）C

试题 166（2011 年 5 月试题 57）

2001 年发布的 ITIL（IT 基础架构库）2.0 版本中，ITIL 的主体框架被扩充为 6 个主要模块， （57） 模块处于最中心的位置。

（57）A. 业务管理   B. 应用管理

     C. 服务管理   D. ICT 基础设施管理

试题 166 分析

本题考查 IT 基础架构库的基础知识。

ITIL 即 IT 技术架构库，是由英国政府部门 CCTA 在 20 世纪 80 年代末制定，现由英国商务部负责管理，主要适用于 IT 服务管理（ITSM）。ITIL 为企业的 IT 服务管理实践提供了一个客观、严谨、可量化的标准和规范。

2001 年发布的 ITIL（IT 基础架构库）2.0 版本中，ITIL 的主体框架被扩充为 6 个主要模块：服务管理、业务管理里、ICT 基础设施管理、应用管理、IT 服务管理实施计划和安全管理。服务管理模块处于最中心的位置，是最核心的模块，主要包括服务提供和服务支持两个流程组。

ITIL 已经在全国 IT 服务管理领域得到了广泛的认可和支持，4 家最领先的 IT 管理解决方案提供商都宣布了相应的策略：IBM Tivoli 提出了"业务影响管理"的解决方案；HP 倡导"IT 服务管理"；CA 公司强调"管理按需计算环境"；BMC 公司推出了"业务服务管理"理念。

试题 166 答案

（57）C

试题 167（2011 年 5 月试题 58）

能力管理的高级活动项目包括需求管理、能力预测和应用选型。需求管理的首要目标是__（58）__。

    （58）A. 影响和调节客户对 IT 资源的需求

          B. 分析和预测未来情况发生变更对能力配置规划的影响

          C. 新建应用系统的弹性

          D. 降低单个组件的故障对整个系统的影响

试题 167 分析

本题考查系统能力管理的基础知识。

能力管理是一个流程，是所有 IT 服务绩效和能力问题的核心。能力管理的高级活动项目包括需求管理、模拟测试和应用选型。

（1）需求管理

需求管理的首要目标是影响和调节客户对 IT 资源的需求。需求管理可能是由于当前的服务能力不足以支持正在运营的服务项目而进行的一种短期的需求调节活动，也可能是组织为限制长期的能力需求而采取的一种 IT 管理政策。

（2）模拟测试

模拟测试的目标是分析和测试未来情况发生变更对能力配置规划的影响。

（3）应用选型

应用选型的主要目的在于对计划性应用系统变更或实施新的应用系统所需的资源进行估计，从而确保系统资源的配置能够满足所需服务级别的需求。

试题 167 答案

（58）A

试题 168（2011 年 5 月试题 59）

网络维护管理有五大功能，它们是网络的失效管理、网络的配置管理、网络的性能管理、__(59)__、网络的计费管理。

（59）A. 网络的账户管理　　　　　　B. 网络的安全管理

　　　C. 网络的服务管理　　　　　　D. 网络的用户管理

试题 168 分析

本题考查网络维护管理的基础知识。

网络资源维护管理的目的是使网络中的各种资源得到更加高效地利用，当网络出现故障时能及时作出报告和处理，并协调、保持网络的高效运行等。网络维护管理有 5 大功能，它们是网络的失效管理、网络的配置管理、网络的性能管理、网络的安全管理、网络的计费管理。这些功能保证了一个网络系统正常运行。

试题 168 答案

（59）B

试题 169（2011 年 5 月试题 60）

系统经济效益的评价方法中，__(60)__分析的核心是为了控制成本，反映了系统生产经营的盈利能力，可用在评价信息系统的技术经济效益上。

（60）A. 差额计算法　　　　　　　　B. 信息费用效益评价法

　　　C. 比例计算法　　　　　　　　D. 数字模型法

试题 169 分析

本题考查系统经济效益的评价方法的基础知识。

系统效益评价是对系统的经济效益和社会效益等作出评价，其中经济效益的评价又称为直接效益的评价。现今常用的评价方法主要有以下几种。

（1）差额计算法。用绝对量形式来评价，以可能收入与可能支出的差额来表示。

（2）比例计算法。用相对量来表示，以产出与投入之比来表示。它的核心是为了控制成本，反映了系统生产经营的盈利能力，可用在评价信息系统的技术经济效益上。

（3）信息费用效益评价法。又称为现值指数法，主要用于公共事业及具体技术是否采用的经济分析。

（4）边际效益分析。边际效益是每变动一个单位的生产量而使收益变动的数量。

（5）数学模型法。建立数学规划模型，求出可能解，用以分析成本和效益之间的关系。

试题 169 答案

（60）C

试题 170（2011 年 5 月试题 61）

为了更好地满足用户需求，许多企业都提供了用户咨询服务，不同的用户咨询方式具有各自的优缺点。其中__(61)__咨询方式很难回答一些隐蔽性强的问题。

（61）A. 直接咨询服务　　　　　　　B. 电话服务

　　　C. 电子邮件　　　　　　　　　D. 公告板（BBS）或讨论组（Group）

试题 170 分析

本题考查系统用户支持中用户咨询的基础知识。

用户咨询服务的主要目的是企业以各种方式帮助用户利用它所提供的各种资源和服务，更好地使用企业为用户提供的产品。一般地，主要的用户咨询方式有以下几种。

（1）直接咨询服务。常见的咨询方式，是企业设立专门的用户咨询部，供用户咨询。

（2）电话服务。让用户不必亲自到企业来而是通过电话提出咨询问题，工作人员记录问题并进行回答。

（3）公告板（BBS）或讨论组（Group）。用户可以自由地在企业的这些系统中提出自己的问题，并将问题发布在网页上，企业咨询人员则定期浏览、回答用户的问题，如不能回答，也可将其发往谈论组中或咨询企业其他部门的专业人士，寻求问题的答案。

（4）电子邮件（E-mail）。常用的咨询服务方式，用户发送咨询问题的邮件给咨询人员，咨询人员则以电子邮件的方式将答案返回给用户。

试题 170 答案

（61）D

试题 171（2011 年 5 月试题 62）

系统维护应该根据实际情况决定采用哪种实施方式。对于最重要、最常用并且容易出故障的软件、硬件和设施可以采用　(62)　的方式。

（62）A. 每日检查　　B. 定期维护　　　　C. 预防性维护　　　　D. 事后维护

试题 171 分析

本题考查系统维护的基础知识。

为了清除系统运行中发生的故障和错误，软、硬件维护人员要对系统进行必要的修改与完善；为了使系统适应用户环境的变化，满足新提出的需要，也要对原系统做些局部的更新等，因此需要进行系统维护。系统维护的实施形式可以分为：每日检查、定期维护、预防性维护和事后维护。对于最重要、最常用并且容易出故障的软件、硬件和设施可以采用每日检查的方式。对于运行情况比较稳定的软件、硬件或设施，可以采用定期维护的方式。预防性维护是对一些有较长使用寿命，目前正常运行，但有可能将要发生变化或调整的系统进行的主动的维护。事后维护是在问题已经发生了的情况下，对系统进行维护，是一种被动处理。

试题 171 答案

（62）A

试题 172（2011 年 5 月试题 63）

系统性能评价指标中，MIPS 这一性能指标的含义是　(63)　。

（63）A. 每秒百万次指令　　　　　　　　B. 每秒百万次浮点运算

　　　C. 每秒数据报文　　　　　　　　　D. 位每秒

试题 172 分析

本题考查信息系统管理中性能评价指标的内容。

本题与试题 19 为同类题。按照试题 19 的分析，MIPS（每秒百万次指令）用公式表示为 MIPS=指令数/（执行时间×1 000 000）。

试题 172 答案

（63）A

试题 173（2011 年 5 月试题 64）

在系统故障与问题管理中，问题预防的流程主要包括趋势分析和 __（64）__ 。

（64）A. 调查分析　　　B. 错误控制　　　　　C. 制定预防措施　　　D. 问题分类

试题 173 分析

本题考查问题预防流程的基础知识。

在系统故障与问题管理中，问题预防的流程主要包括趋势分析和制定预防措施。

试题 173 答案

（64）C

试题 174（2011 年 5 月试题 65）

信息资源管理（IRM）工作层上的最重要的角色是 __（65）__ 。

（65）A. 企业领导　　　B. 数据管理员　　　　　C. 数据处理人员　　　D. 项目领导

试题 174 分析

本题考查信息资源管理的基础知识。

信息资源管理（IRM）包括数据资源管理和信息处理管理。前者强调对数据的控制，后者则关心企业管理人员在一定条件下如何获取和处理信息，且强调企业中信息资源的重要性。信息资源管理是企业管理的新职能，产生这种新职能的动因是信息与文件资料的激增、各级管理人员获取有序的信息和快速简便处理信息的迫切需要。信息资源管理的目标是通过增强企业处理动态和静态条件下内外信息需求的能力来提高管理的效益。

信息资源管理工作层上的最重要的角色是数据管理员。数据管理员负责整个企业目标的信息资源的规划、控制和管理，协调数据库和其他数据库结构开发等。数据管理员应能提出关于有效使用数据资源的整治建议，向主管部门提出不同的数据结构设计的优缺点报告，监督其他人进行逻辑数据结构设计和数据管理。数据管理员还需要有良好的人际关系。

试题 174 答案

（65）B

4.3　命题趋势分析

参照信息系统管理工程师考试历年真题的考试频率，在此从以下两个方向作分析总结。

（1）纵向分析：信息系统开发和运行管理知识部分的考查重点主要是系统分析设计基

础、系统运行管理知识、系统维护知识等。该部分的试题难度中上，主要为理解和应用层面的内容。

（2）横向分析：软考采用的是模块化命题模式，在往年的高级级别考试（系统分析师、信息系统项目管理师）或同年中级级别考试（系统集成项目管理工程师、嵌入式系统设计师）的试题中可以发现相同或相似试题的出现。因此，横向总结、归纳中高级级别考试试题中出现的信息系统开发和运行管理知识部分的内容，将帮助考生全面、系统地把握考核的知识点。

预测今后的考试命题内容将有可能拓宽方向，除了选自以上的内容外，还将有可能会选取新应用、新产品的系统开发和运行管理内容。在此抛砖引玉，以下几个试题供考生作进一步学习、探索和思考。

延伸试题 1

以下关于多媒体监控系统的静态图像捕捉技术的叙述中，不正确的是　（1）　。

（1）A. 在多媒体监控系统中，需要使用高分辨率的数码相机作为采集设备
　　　B. 在多媒体监控系统中，数码相机采集设备使用的是银盐感光材料
　　　C. 静态图像捕捉技术已广泛应用于城市道路雷达测速中
　　　D. 静态图像捕捉技术已广泛应用于城市红绿灯路口自动拍照监控中

延伸试题 1 分析

本题考查多媒体监控系统管理中信息采集技术的基本内容。

在多媒体监控系统中，需要使用高分辨率的数码相机作为采集设备来获取人脸及细节图像。从光学成像和外观上看，这些数码相机与传统相机没有很大差异，但是感光材料与感光质量明显不同。数码相机不使用传统相机采用的银盐感光材料。一般常用感光度 21 定的 35mm 胶卷解像度为 3000 左右，是数码影像 2000 万像素以上水平，而常见数码相机像素多在 1000 万像素以下，基本能适用大多数拍照场合。目前的图像采集技术能适应多媒体监控系统的图像采样需求。

延伸试题 1 答案

（1）B

延伸试题 2

在多媒体监控系统中，　（2）　是最适合用于无线网络视频远程传输的视频压缩技术。

（2）A. H.263　　　　　B. H.264　　　　　　C. MPEG-4　　　　　D. MPEG-2

延伸试题 2 分析

本题考查多媒体监控系统管理中视频压缩编码的基本内容。

MPEG-4 的网络传输具有以下特性。

采用 MPEG-4 的视频所需存储空间比其他压缩编码技术所需空间要小得多，同时 MPEG-4 还能根据网络带宽及网络传输要求自动调整压缩率。

采用 MPEG-4 的视频在相同压缩率下具有更高的清晰度。

采用 MPEG-4 的视频在网络传输有误码或丢包时，受到的影响很小且恢复很快。

延伸试题 2 答案

（2）C

延伸试题 3

　（3）　图像格式使用 VP8 编码器压缩图像。它利用预测编码技术来压缩图像，即通过部分像素块的颜色来预测邻近块的颜色值，并且只记录两者的差值，由此大大提升图像的压缩比，生成了存储空间小、图像质量较好的图像文件。

（3）A. BMP　　　　　　B. JPEG　　　　　　C. WebP　　　　　　D. WebM

延伸试题 3 分析

本题考查可用于信息系统的新静态图像格式的基本内容。

新图像格式 WebP 于 2010 年由谷歌推出。该图像格式利用预测编码技术，通过部分像素块的颜色来预测邻近块的颜色值并只记录两者的差值，由此大大提升压缩的比例。该图像格式的文件存储容量比 JPEG 小得多，图像质量较好，是谷歌所推行的 Web 图像文件格式。

延伸试题 3 答案

（3）C

第5章　法律法规与标准规范

5.1　考点导航

制定法律法规与标准规范的出发点是针对信息系统管理行业的规范性，从业人员跳槽频繁对企业造成较大损失、企业加班不断而员工又得不到加班补贴、发包单位和研发单位以及研发单位之间利益冲突此起彼伏、软件技术路线随意变更、专业术语命名混乱都会严重阻碍国内软件行业的进一步发展，这些现象不但会影响产品的使用者，也严重阻碍了信息系统管理产业从业者自身的发展。

信息系统管理相应的知识产权保护的知识也显得非常重要。我国在这个领域主要有《中华人民共和国著作权法》、《计算机软件保护条例》、《中华人民共和国专利法》、《中华人民共和国商标法》和《反不正当竞争法》等法律以及相应的《实施细则》。

信息系统管理工程师考试大纲要求考生掌握常用信息技术标准、信息安全以及有关法律、法规的基础知识。

法律法规与标准规范主要包括以下几个方面的知识点。

（1）标准化的概念（标准化的意义、标准化的发展、标准化机构）。

（2）标准的层次（国际标准、国家标准、行业标准、企业标准）。

（3）代码标准、文件格式标准、安全标准、软件开发规范和文档标准基础知识。

法律法规与标准规范部分在历年信息系统管理工程师考试上午卷中的分值变化如图5.1所示。2006—2011年的分值分别为2分、2分、2分、2分、5分，平均分值为2.6分。该部分是信息系统管理工程师工作的参照标准和遵循准则，是考试的必考内容，平均约占3.5%的比重。考生可通过了解常识和熟悉法律法规的过程，较好地掌握该部分的内容。

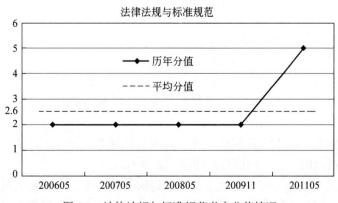

图 5.1　法律法规与标准规范考点分值情况

软考统计分析表明，每年软考考点重复考查率达到 12%~16%。因此，对历年软考真题的研读有助于缩短对考试考点与内容的熟悉过程，有助于顺利通过信息系统管理工程师考试。

5.2 历年真题解析

试题 1（2006 年 5 月试题 10）

上海市标准化行政主管部门制定并发布的工业产品的安全、卫生要求的标准，在其行政区域内是___（10）___。

（10）A. 强制性标准　　　B. 推荐性标准　　　C. 自愿性标准　　　D. 指导性标准

试题 1 分析

本题考查《中华人民共和国标准化法》的内容。

根据《中华人民共和国标准化法》第七条规定，国家标准、行业标准分为强制性标准和推荐性标准。保障人体健康，人身、财产安全的标准和法律、行政法规规定强制执行的标准是强制性标准，其他标准是推荐性标准。省、自治区、直辖市标准化行政主管部门制定的工业产品的安全、卫生要求的地方标准，在本行政区域内是强制性标准。

根据题意，上海市标准化行政主管部门制定并发表的工业产品的安全、卫生要求的标准，在其行政区域内是强制性标准。

试题 1 答案

（10）A

试题 2（2006 年 5 月试题 11）

小王购买了一个"海之久"牌活动硬盘，而且该活动硬盘还包含一项实用新型专利，那么，小王享有___（11）___。

（11）A. "海之久"商标专用权　　　　　B. 该盘的所有权
　　　　C. 该盘的实用新型专利权　　　　D. 前三项权利之全部

试题 2 分析

本题考查《中华人民共和国商标法》、《中华人民共和国专利法》的内容。

《中华人民共和国商标法》规定如下。

第一条：商标法是为了加强商标管理，保护商标专用权，促使生产、经营者保证商品和服务质量，维护商标信誉，以保障消费者和生产、经营者的利益，促进社会主义市场经济的发展。

第四条：自然人、法人或者其他组织对其生产、制造、加工、拣选或者经销的商品，需要取得商标专用权的，应当向商标局申请商品商标注册。

第五条：自然人、法人或者其他组织对其提供的服务项目，需要取得商标专用权的，应当向商标局申请服务商标注册。两个以上的自然人、法人或者其他组织可以共同向商标局申请注册同一商标，共同享有和行使该商标专用权。

根据《中华人民共和国专利法》第十一条，实用新型专利权被授予后，除本法另有规定的以外，任何单位或者个人未经专利权人许可，都不得实施其专利，即不得为生产经营目的制造、使用、许诺销售、销售、进口其专利产品，或者使用其专利方法以及使用、许诺销售、销售、进口依照该专利方法直接获得的产品。

根据题意，小王购买了"海之久"牌活动硬盘，只享有该活动硬盘的所有权。

试题 2 答案

（11）B

试题 3（2007 年 5 月试题 21）

两名以上的申请人分别就同样的发明创造申请专利的，专利权授权　__(21)__ 。

（21）A. 最先发明的人　　　　　　　B. 最先申请的人

　　　 C. 所有申请的人　　　　　　　D. 协商后的申请人

试题 3 分析

本题考查《中华人民共和国专利法》的内容。

《中华人民共和国专利法》的专利申请具有 4 个原则：书面原则、先申请原则、单一性原则和优先权原则。

（1）书面原则。

第二十六条：申请发明或者实用新型专利的，应当提交请求书、说明书及其摘要和权利要求书等文件。请求书应当写明发明或者实用新型的名称，发明人或者设计人的姓名，申请人姓名或者名称、地址，以及其他事项。说明书应当对发明或者实用新型作出清楚、完整的说明，以所属技术领域的技术人员能够实现为准；必要的时候，应当有附图。摘要应当简要说明发明或者实用新型的技术要点。权利要求书应当以说明书为依据，说明要求专利保护的范围。

第二十七条：申请外观设计专利的，应当提交请求书以及该外观设计的图片或者照片等文件，并且应当写明使用该外观设计的产品及其所属的类别。即书面原则。

（2）先申请原则。

第九条：两个以上的申请人分别就同样的发明创造申请专利的，专利权授予最先申请的人。

（3）单一性原则。

第三十一条：一件发明或者实用新型专利申请应当限于一项发明或者实用新型。属于一个总的发明构思的两项以上的发明或者实用新型，可以作为一件申请提出。

（4）优先权原则。

第二十九条：申请人自发明或者实用新型在外国第一次提出专利申请之日起十二个月内，或者自外观设计在外国第一次提出专利申请之日起六个月内，又在中国就相同主题提出专利申请的，依照该外国同中国签订的协议或者共同参加的国际条约，或者依照相互承认优先权的原则,可以享有优先权。申请人自发明或者实用新型在中国第一次提出专利申请之日起十二个月内,又向国务院专利行政部门就相同主题提出专利申请的,可以享有优先权。

试题 3 答案

（21）B

试题 4（2007 年 5 月试题 22）

下列标准代号中,　(22)　为推荐性行业标准的代号。

（22）A. SJ/T　　　　　B. Q/T11　　　　　C. GB/T　　　　　D. DB11/T

试题 4 分析

本题考查标准化的基础知识。

标准是对重复性的事务和概念做统一规定,以科学、技术和实践经验的综合成果为基础,经有关方面协商一致,由一个公认机构批准,以特定形式发布,作为共同遵守的准则和依据。

标准化是指在经济、技术、科学及管理等社会实践中,对重复性事物的概念通过制定、发布和实施标准达到统一,以获得最佳秩序和社会效益的活动。

标准化的过程一般包括以下三个环节。

（1）标准产生:调查、研究、形成草案、批准发布。

（2）标准实施:宣传、普及、监督、咨询。

（3）标准更新:复审、废止或修订。

我国国家标准的代号由缩写的大写汉语拼音字母组成,强制性国家标准代号为 GB,推荐性国家标准代号为 GB/T。行业标准代号由缩写的大写汉语拼音字母组成（各行业标准代号如表 5.1 所示）,最后加上“/T”的为推荐性标准,编号由主管部门申请,国务院标准化行政主管部门审查确定。地方标准代号由大写汉语拼音字母 DB 加上省级行政区划代码的前两位组成,最后加上“/T”的为推荐性标准。企业标准代号由“Q/”加上企业代号组成。

根据题意,只有选项 A 为推荐性行业标准代号。

表 5.1　各行业标准代号

代 号	行 业	管 理 部 门
BB	包装	中国包装工业总公司包改办
CB	船舶	国防部科工委中国船舶工业集团公司 中国船舶重工集团公司（船舶）
CH	测绘	国家测绘局国土测绘司
CJ	城镇建设	建设部标准定额司（城镇建设）
CY	新闻出版	国家新闻出版总署印刷业管理司

续表

代　号	行　业	管　理　部　门
DA	档案	国家档案局政法司
DB	地震	国家地震局震害防御司
DL	电力	中国电力企业联合会标准化中心
DZ	地址矿产	国土资源部国际合作与科技司（地质）
EJ	核工业	国防科工委中国核工业总公司（核工业）
FZ	纺织	中国纺织工业协会科技发展中心
GA	公共安全	公安部科技司
GY	广播电影电视	国家广播电影电视总局科技司
HB	航空	国防科工委中国航空工业总公司（航空）
HG	化工	中国石油和化学工业协会质量部（化工、石油化工、石油天然气）
HJ	环境保护	国家环境保护总局科技标准司
HS	海关	海关总署政法司
HY	海洋	国家海洋局海洋环境保护司
JB	机械	中国机械工业联合会
JC	建材	中国建筑材料工业协会质量部
JG	建筑工业	建设部（建筑工业）
JR	金融	中国人民银行科技与支付局
JT	交通	交通部科教司
JY	教育	教育部基础教育司（教育）
LB	旅游	国家旅游局质量规范与管理司
LD	劳动和劳动安全	劳动和社会保障部劳动工资司（工资定额）
LY	林业	国家林业局科技司
MH	民用航空	中国民航管理局规划司
MT	煤炭	中国煤炭工业协会
MZ	民政	民政部人事教育司
NY	农业	农业部市场与经济信息司（农业）
QB	轻工	中国轻工业联合会
QC	汽车	中国汽车工业协会
QJ	航天	国防科工委、中国航天工业总公司（航天）
QX	气象	中国气象局检测网络司
SB	商业	中国商业联合会行业发展部
SC	水产	农业部（水产）
SH	石油化工	中国石油和化学工业协会质量部（化工、石油化工、石油天然气）

续表

代　号	行　业	管 理 部 门
SJ	电子	信息产业部科技司（电子）
SL	水利	水利部科教司
SN	商检	国家质量监督检验检疫总局
SY	石油天然气	中国石油和化学工业协会质量部（化工、石油化工、石油天然气）
SY（>10000）	海洋石油天然气	中国海洋石油总公司
TB	铁路运输	铁道部科教司
TD	土地管理	国土资源部（土地）
TY	体育	国家体育总局体育经济司
WB	物资管理	中国物资流通协会行业部
WH	文化	文化部科教司
WJ	兵工民品	国防科工委中国兵器工业总公司（兵器）
WM	外经贸	对外经济贸易合作部科技司
WS	卫生	卫生部卫生法制与监督司
XB	稀土	国家计委稀土办公室
YB	黑色冶金	中国钢铁工业协会科技环保部
YC	烟草	国家烟草专卖局科教司
YD	通信	信息产业部科技司（邮电）
YS	有色冶金	中国有色金属工业协会规划发展司
YY	医药	国家药品监督管理局医药司
YZ	邮政	国家邮政局计划财务部

试题 4 答案

（22）A

试题 5（2008 年 5 月试题 21）

依据我国著作权法的规定，__(21)__属于著作人身权。

（21）A. 发行权　　　　B. 复制权　　　　　C. 署名权　　　　D. 信息网络传播权

试题 5 分析

本题考查《中华人民共和国著作权法》的内容。

《中华人民共和国著作权法》第二章著作权中规定，署名权属于著作人身权。

著作权人包括：①作者；②其他依照本法享有著作权的公民、法人或者其他组织。

著作权包括下列人身权和财产权：

（一）发表权，即决定作品是否公之于众的权利；

（二）署名权，即表明作者身份，在作品上署名的权利；

（三）修改权，即修改或者授权他人修改作品的权利；

（四）保护作品完整权，即保护作品不受歪曲、篡改的权利；

（五）复制权，即以印刷、复印、拓印、录音、录像、翻录、翻拍等方式将作品制作一份或者多份的权利；

（六）发行权，即以出售或者赠与方式向公众提供作品的原件或者复制件的权利；

（七）出租权，即有偿许可他人临时使用电影作品和以类似摄制电影的方法创作的作品、计算机软件的权利，计算机软件不是出租的主要标的的除外；

（八）展览权，即公开陈列美术作品、摄影作品的原件或者复制件的权利；

（九）表演权，即公开表演作品，以及用各种手段公开播送作品的表演的权利；

（十）放映权，即通过放映机、幻灯机等技术设备公开再现美术、摄影、电影和以类似摄制电影的方法创作的作品等的权利；

（十一）广播权，即以无线方式公开广播或者传播作品，以有线传播或者转播的方式向公众传播广播的作品，以及通过扩音器或者其他传送符号、声音、图像的类似工具向公众传播广播的作品的权利；

（十二）信息网络传播权，即以有线或者无线方式向公众提供作品，使公众可以在其个人选定的时间和地点获得作品的权利；

（十三）摄制权，即以摄制电影或者以类似摄制电影的方法将作品固定在载体上的权利；

（十四）改编权，即改变作品，创作出具有独创性的新作品的权利；

（十五）翻译权，即将作品从一种语言文字转换成另一种语言文字的权利；

（十六）汇编权，即将作品或者作品的片段通过选择或者编排，汇集成新作品的权利；

（十七）应当由著作权人享有的其他权利。

著作权人可以许可他人行使前款第（五）项至第（十七）项规定的权利，并依照约定或者本法有关规定获得报酬。

著作权人可以全部或者部分转让本条第一款第（五）项至第（十七）项规定的权利，并依照约定或者本法有关规定获得报酬。

试题 5 答案

（21）C

试题 6（2008 年 5 月试题 22）

李某大学毕业后在 M 公司销售部门工作，后由于该公司软件开发部门人手较紧，李某被暂调到该公司软件开发部开发新产品，两月后，李某完成了该新软件的开发。该软件产品著作权应归＿＿（22）＿＿所有。

（22）A. 李某　　　　B. M 公司　　　　　　C. 李某和 M 公司　　　D. 软件开发部

试题 6 分析

本题考查《中华人民共和国著作权法》的内容。

《中华人民共和国著作权法》规定如下。

公民为完成法人或者其他组织工作任务所创作的作品是职务作品，除本条第二款的规定以外，著作权由作者享有，但法人或者其他组织有权在其业务范围内优先使用。作品完成两年内，未经单位同意，作者不得许可第三人以与单位使用的相同方式使用该作品。

有下列情形之一的职务作品，作者享有署名权，著作权的其他权利由法人或者其他组织享有，法人或者其他组织可以给予作者奖励：

（一）主要是利用法人或者其他组织的物质技术条件创作，并由法人或者其他组织承担责任的工程设计图、产品设计图、地图、计算机软件等职务作品；

（二）法律、行政法规规定或者合同约定著作权由法人或者其他组织享有的职务作品。

受委托创作的作品，著作权的归属由委托人和受托人通过合同约定。合同未作明确约定或者没有订立合同的，著作权属于受托人。

根据题意，李某完成了该新软件的开发，该软件属于职务作品。因此，李某享有署名权，该软件产品的著作权应归 M 公司所有。

试题 6 答案

（22）B

试题 7（2009 年 11 月试题 9）

按制定标准的不同层次和适应范围，标准可分为国际标准、国家标准、行业标准和企业标准等， __(9)__ 制定的标准是国际标准。

（9）A. IEEE 和 ITU   B. ISO 和 IEEE   C. ISO 和 ANSI   D. ISO 和 IEC

试题 7 分析

本题考查信息化与标准化中标准化的级别和种类的基础知识。

标准按照适用范围分类，可以分为国际标准、国家标准、区域标准、行业标准、企业标准和项目规范。

（1）国际标准：由国际标准化组织 ISO、国际电工委员会 IEC 所制定的标准，以及 ISO 出版的《国际标准题内关键字索引（KWIC Index）》中收录的其他国际组织制定的标准。

（2）国家标准：由政府或国家级的机构制定或批准的、适用于全国范围的标准，是一个国家标准体系的主体和基础，国内各级标准必须服从且不得与之相抵触。

（3）区域标准：泛指世界上按地理、经济或政治划分的某一区域标准化团队制定，并公开发布的标准。它是为了某一区域的利益而建立的标准。

（4）行业标准：由行业机构、学术团体或国防机构制定，并适用于某个业务领域的标准。

（5）企业标准：有些国家又称其为公司标准，是由企业或公司批准、发布的标准，也是"根据企业范围内需要协调、统一的技术要求，管理要求和工作要求"所制定的标准。

（6）项目规范：由某一科研生产项目组织制定，并为该项任务专用的软件工程规范。

试题 7 答案

（9）D

试题 8（2009 年 11 月试题 10）

《GB 8567—1988 计算机软件产品开发文件编制指南》是　(10)　标准。

(10) A. 强制性国家　　　　　　　　　　B. 推荐性国家

　　　 C. 强制性行业　　　　　　　　　　D. 推荐性行业

试题 8 分析

本题考查信息化与标准化的基础知识。

软件工程标准化的主要内容包括过程标准、产品标准、专业标准、记法标准、开发标准、文件规范、维护规范以及质量规范等。

我国国家标准总局和原电子工业部主持成立了"计算机与信息处理标准化技术委员会"，和软件相关的是程序设计语言分技术委员会和软件工程技术委员会。现已得到国家标准总局批准的软件工程国家标准主要有：软件开发规范 GB 8566—1988、软件产品开发文件编制指南 GB 8567—1988、计算机软件需求规格说明编制指南 GB 9385—1988、计算机软件测试文件编制规范 GB 9386—1988。这些都是强制性国家标准。

试题 8 答案

(10) A

试题 9（2008 年 11 月试题 21）

我国专利申请的原则之一是"　(21)　"。

(21) A. 申请在先　　　　　　　　　　B. 申请在先与使用在先相结合

　　　 C. 使用在先　　　　　　　　　　D. 申请在先、使用在先或者二者结合

试题 9 分析

本题考查《中华人民共和国专利法》的内容。

《中华人民共和国专利法》的专利申请具有 4 个原则：书面原则、先申请原则、单一性原则和优先权原则。

(1) 书面原则。

第二十六条：申请发明或者实用新型专利的，应当提交请求书、说明书及其摘要和权利要求书等文件。请求书应当写明发明或者实用新型的名称，发明人或者设计人的姓名，申请人姓名或者名称、地址，以及其他事项。说明书应当对发明或者实用新型作出清楚、完整的说明，以所属技术领域的技术人员能够实现为准；必要的时候，应当有附图。摘要应当简要说明发明或者实用新型的技术要点。权利要求书应当以说明书为依据，说明要求专利保护的范围。

第二十七条：申请外观设计专利的，应当提交请求书以及该外观设计的图片或者照片等文件，并且应当写明使用该外观设计的产品及其所属的类别。即书面原则。

(2) 先申请原则。

第九条：两个以上的申请人分别就同样的发明创造申请专利的，专利权授予最先申请的人。

（3）单一性原则。

第三十一条：一件发明或者实用新型专利申请应当限于一项发明或者实用新型。属于一个总的发明构思的两项以上的发明或者实用新型，可以作为一件申请提出。

（4）优先权原则。

第二十九条：申请人自发明或者实用新型在外国第一次提出专利申请之日起十二个月内，或者自外观设计在外国第一次提出专利申请之日起六个月内，又在中国就相同主题提出专利申请的，依照该外国同中国签订的协议或者共同参加的国际条约，或者依照相互承认优先权的原则，可以享有优先权。申请人自发明或者实用新型在中国第一次提出专利申请之日起十二个月内，又向国务院专利行政部门就相同主题提出专利申请的，可以享有优先权。

试题 9 答案

（21）A

试题 10（2008 年 11 月试题 22）

李某在《电脑与编程》杂志上看到张某发表的一组程序，颇为欣赏，就复印了一百份作为程序设计辅导材料发给了学生。李某又将这组程序逐段加以评析，写成评论文章后投到《电脑编程技巧》杂志上发表。李某的行为　（22）　。

（22）A. 侵犯了张某著作权，因为其未经许可，擅自复印张某的程序

　　　B. 侵犯了张某著作权，因为在评论文章中全文引用了发表的程序

　　　C. 不侵犯张某的著作权，其行为属于合理使用

　　　D. 侵犯了张某著作权，因为其擅自复印，又在其发表的文章中全文引用了张某的程序

试题 10 分析

本题考查《中华人民共和国著作权法》的内容。

根据《中华人民共和国著作权法》第十二条规定，改编、翻译、注释、整理已有作品而产生的作品，其著作权由改编、翻译、注释、整理人享有，但行使著作权时，不得侵犯原作品的著作权。

根据题意，李某将《电脑与编程》杂志上张某发表的一组程序逐段加以评析后投稿发表的行为属于合理使用，不侵犯张某的著作权。

试题 10 答案

（22）C

试题 11（2010 年 5 月试题 7）

用户提出需求并提供经费，委托软件公司开发软件。但在双方商定的协议中未涉及软件著作权的归属，则软件著作权属于　（7）　所有。

（7）A. 软件用户　　　　　　　　　　B. 软件公司

　　　C. 社会公众　　　　　　　　　　D. 用户与软件公司共同

试题 11 分析

本题考查《计算机软件保护条例》的内容。

第九条：软件著作权属于软件开发者，本条例另有规定的除外。如无相反证明，在软件上署名的自然人、法人或者其他组织为开发者。

第十条：由两个以上的自然人、法人或者其他组织合作开发的软件，其著作权的归属由合作开发者签订书面合同约定。无书面合同或者合同未作明确约定，合作开发的软件可以分割使用的，开发者对各自开发的部分可以单独享有著作权；但是，行使著作权时，不得扩展到合作开发的软件整体的著作权。合作开发的软件不能分割使用的，其著作权由各合作开发者共同享有，通过协商一致行使；不能协商一致，又无正当理由的，任何一方不得阻止他方行使除转让权以外的其他权利，但是所得收益应当合理分配给所有合作开发者。

第十一条：接受他人委托开发的软件，其著作权的归属由委托人与受托人签订书面合同约定；无书面合同或者合同未作明确约定的，其著作权由受托人享有。

第十二条：由国家机关下达任务开发的软件，著作权的归属与行使由项目任务书或者合同规定；项目任务书或者合同中未作明确规定的，软件著作权由接受任务的法人或者其他组织享有。

第十三条：自然人在法人或者其他组织中任职期间所开发的软件有下列情形之一的，该软件著作权由该法人或者其他组织享有，该法人或者其他组织可以对开发软件的自然人进行奖励：

（1）针对本职工作中明确指定的开发目标所开发的软件；

（2）开发的软件是从事本职工作活动所预见的结果或者自然的结果；

（3）主要使用了法人或者其他组织的资金、专用设备、未公开的专门信息等物质技术条件所开发并由法人或者其他组织承担责任的软件。

根据题意，用户提出需求并提供经费，委托软件公司开发软件。但在双方商定的协议中未涉及软件著作权的归属，软件著作权属于软件公司所有。

试题 11 答案

（7）B

试题 12（2010 年 5 月试题 8）

李某购买了一张有注册商标的正版软件光盘，擅自将其复制出售，则该行为侵犯了开发商的　(8)　。

（8）A. 财产所有权　　　B. 商标权　　　C. 物权　　　D. 知识产权

试题 12 分析

本题考查知识产权的基本知识。

将他人的软件光盘占为已有，涉及的是物体本身，即软件的物化载体，该行为是侵犯财产所有权的行为。如果行为人虽占有这一软件光盘，但擅自将该软件光盘复制出售，则该行为涉及的是无形财产，即软件开发商的思想表现形式（知识产品），属于侵犯知识产权行为。

试题 12 答案

（8）D

试题 13（2011 年 5 月试题 12）

在我国，软件著作权＿＿（12）＿＿产生。

（12）A. 通过国家版权局进行软件著作权登记后

　　　 B. 通过向版权局申请，经过审查、批准后

　　　 C. 自软件开发完成后自动

　　　 D. 通过某种方式发表后

试题 13 分析

本题考查《计算机软件保护条例》的基础知识。

根据《计算机软件保护条例》的第十四条规定：

软件著作权自软件开发完成之日起产生。自然人的软件著作权，保护期为自然人终生及其死亡后 50 年，截止于自然人死亡后第 50 年的 12 月 31 日；软件是合作开发的，截止于最后死亡的自然人死亡后第 50 年的 12 月 31 日。法人或者其他组织的软件著作权，保护期为 50 年，截止于软件首次发表后第 50 年的 12 月 31 日，但软件自开发完成之日起 50 年内未发表的，本条例不再保护。

试题 13 答案

（12）C

试题 14（2011 年 5 月试题 13）

我国商标保护的对象是指＿＿（13）＿＿。

（13）A. 商品　　　　　 B. 注册商标　　　　　 C. 商标　　　　　 D. 已使用的商标

试题 14 分析

本题考查《中华人民共和国商标法》基础知识。

根据《中华人民共和国商标法》，我国商标保护的对象是指注册商标。《中华人民共和国商标法》第三条和第四十八条规定：

经商标局核准注册的商标为注册商标，包括商品商标、服务商标和集体商标、证明商标；商标注册人享有商标专用权，受法律保护。

使用未注册商标，有下列行为之一的，由地方工商行政管理部门予以制止，限期改正，并可以予以通报或者处以罚款：

（一）冒充注册商标的；

（二）违反本法第十条规定的；

（三）粗制滥造，以次充好，欺骗消费者的。

试题 14 答案

（13）B

试题 15（2011 年 5 月试题 14）

某软件公司研发的财务软件产品在行业中技术领先，具有很强的市场竞争优势。为确保其软件产品的技术领先及市场竞争优势，公司采取相应的保密措施，以防止软件技术外泄，并且，还为该软件产品冠以某种商标，但未进行商标注册。此情况下，公司享有该软件产品的　(14)　。

(14) A. 软件著作权和专利权　　　　　　B. 商业秘密权和专利权

C. 软件著作权和商业秘密权　　　　D. 软件著作权和商标权

试题 15 分析

本题考查《计算机软件保护条例》和《中华人民共和国反不正当竞争法》的基础知识。

根据《计算机软件保护条例》第十四条的规定：软件著作权自软件开发完成之日起产生。自然人的软件著作权，保护期为自然人终生及其死亡后 50 年，截止于自然人死亡后第 50 年的 12 月 31 日；软件是合作开发的，截止于最后死亡的自然人死亡后第 50 年的 12 月 31 日。法人或者其他组织的软件著作权，保护期为 50 年，截止于软件首次发表后第 50 年的 12 月 31 日，但软件自开发完成之日起 50 年内未发表的，本条例不再保护。

根据《中华人民共和国反不正当竞争法》中商业秘密的定义为：不为公众所知悉的、能为权利人带来经济利益、具有实用性并经权利人采取保密措施的技术信息和经营信息。商业秘密权也是自动取得的，不需要经过国家行政管理部门批准授权。

专利权、商标权则都需要经过国家行政管理部门依法确定、授权后才能取得。

试题 15 答案

(14) C

试题 16（2011 年 5 月试题 33）

《GB 8567—1988 计算机软件产品开发文件编制指南》是　(33)　标准，违反该标准而造成不良后果时，将依法根据情节轻重受到行政处罚或追究刑事责任。

(33) A. 强制性国家　　　　　　　　　B. 推荐性国家

C. 强制性软件行业　　　　　　　D. 推荐软件行业

试题 16 分析

本题考查信息化与标准化的基础知识。

本题与试题 8 为同类题。按照试题 8 的分析，软件开发规范 GB 8566—1988、软件产品开发文件编制指南 GB 8567—1988、计算机软件需求规格说明编制指南 GB 9385—1988、计算机软件测试文件编制规范 GB 9386—1988，这些都是强制性国家标准，违反这些标准而造成不良后果时，将依法根据情节轻重受到行政处罚或追究刑事责任。

试题 16 答案

(33) A

试题 17（2011 年 5 月试题 34）

下列标准中，　(34)　是推荐性行业标准。

（34）A. GB 8567—1988　　　　　　B. JB/T 6987—1993

　　　　C. HB 6698—1993　　　　　　D. GB/T 11457—2006

试题 17 分析

本题考查标准化的基础知识。

本题与试题 4 为同类题。按照试题 4 的分析，行业标准分为强制性标准和推荐性标准。其中强制性行业标准主要有以下几类。

（1）药品行业标准、兽药行业标准、农药行业标准、食品卫生行业标准。

（2）工农业产品及产品生产、储运和使用中的安全、卫生行业标准。

（3）工程建设的质量、安全、卫生行业标准。

（4）重要的涉及技术衔接的技术术语、符号、代号（含代码）、文件格式和制图方法行业标准。

（5）互换配合行业标准。

（6）行业范围内需要控制的产品通用试验方法、检验方法和重要的工农业产品行业标准。

推荐性行业标准的代号是在强制性行业标准代号后面加"/T"。根据题意，JB/T 6987—1993 和 GB/T 11457—2006 为推荐性标准；而 GB/T 用来表示推荐性国家标准，JB/T 用来表示机械行业推荐性标准。

试题 17 答案

（34）B

5.3　命题趋势分析

参照信息系统管理工程师考试历年真题的考试频率，在此从以下两个方向作分析总结。

（1）纵向分析：法律法规与标准规范部分的考查重点主要是著作法、合同法、专利权、标准规范等。该部分的试题难度一般，主要为识记和理解层面的内容。

（2）横向分析：软考采用的是模块化命题模式，在往年的高级级别考试或同年中级级别考试的试题中可以发现相同或相似试题的出现。因此，横向总结、归纳中高级级别考试试题中出现的法律法规与标准规范部分的内容，将帮助考生全面、系统地把握考核的知识点。

预测今后的考试命题内容将有可能拓宽方向，除了选自以上的内容外，还将有可能会选取数字媒体文件方面法律法规和标准规范的内容。在此抛砖引玉，以下几个试题供考生作进一步学习、探索和思考。

延伸试题 1

以下关于信息网络传播作品的情形中，需要经著作权人许可，向其支付报酬的是__(1)__。

（1）A. 为学校课堂教学或科学研究，向少数教学、科研人员提供少量已发表的作品

B. 为执行国家机关公务，在合理范围内向公众提供已经发表的作品

C. 为公众提供在信息网络上已经发表的关于政治、经济问题的时事性文章

D. 为公众提供已经正式出版发行的关于软考辅导的书籍、视频等电子资料

延伸试题 1 分析

本题考查《信息网络传播权保护条例》的内容。

《信息网络传播权保护条例》相关规定如下。

第二条：权利人享有的信息网络传播权受著作权法和本条例保护。除法律、行政法规另有规定的外，任何组织或者个人将他人的作品、表演、录音录像制品通过信息网络向公众提供，应当取得权利人许可，并支付报酬。

第六条：通过信息网络提供他人作品，属于下列情形的，可以不经著作权人许可，不向其支付报酬：

（1）为介绍、评论某一作品或者说明某一问题，在向公众提供的作品中适当引用已经发表的作品；

（2）为报道时事新闻，在向公众提供的作品中不可避免地再现或者引用已经发表的作品；

（3）为学校课堂教学或者科学研究，向少数教学、科研人员提供少量已经发表的作品；

（4）国家机关为执行公务，在合理范围内向公众提供已经发表的作品；

（5）将中国公民、法人或者其他组织已经发表的、以汉语言文字创作的作品翻译成的少数民族语言文字作品，向中国境内少数民族提供；

（6）不以盈利为目的，以盲人能够感知的独特方式向盲人提供已经发表的文字作品；

（7）向公众提供在信息网络上已经发表的关于政治、经济问题的时事性文章；

（8）向公众提供在公众集会上发表的讲话。

根据题意，为公众提供已经正式出版发行的关于软考辅导的书籍、视频等电子资料的情形应当取得权利人许可，并支付报酬。

延伸试题 1 答案

（1）D

延伸试题 2

在线收费音乐网站 A 拥有 B 音乐作品的版权，并在该网站上提供 B 音乐作品 mp3 文件的付费下载服务。搜索引擎 C 可以免费下载 B 音乐的 mp3 文件。以下说法中较妥当的是 （2） 。

（2）A. 搜索引擎 C 对 B 音乐作品构成复制权的侵权

B. 搜索引擎 C 对 B 音乐作品构成信息网络传播权的侵权

C. 搜索引擎 C 链接进入 A 网站，通过深层链接下载到 mp3，因此对 A 网站不构成侵权

D. 搜索引擎 C 链接进入未经许可享有 B 音乐版权的 D 网站，通过第三方网站链

接下载到 mp3，因此对 D 网站构成侵权

延伸试题 2 分析

本题考查网络音乐作品著作权的内容。

目前搜索引擎提供音乐下载主要有两种情况：一是在搜索引擎上提供享有音乐版权的网站链接地址，通过深层链接而免费下载音乐；二是在搜索引擎上提供未享有音乐版权的第三方网站链接地址，通过链接免费下载第三方网站中存储的音乐。由于音乐站点没有禁链的协议，搜索引擎服务系统就可以通过多种技术与手段，绕开法律法规触点，实现信息共享。有真实案例表明，法院一般不能裁定搜索引擎提供的搜索服务属于主观故意侵权行为。

网络音乐传播技术的特征对著作权法律保护带来了冲击，需要在对比国内外有关音乐版权保护法律现状的基础上，对相关法律体系和授权机制提出建议。

延伸试题 2 答案

（2）C

延伸试题 3

网站 A 公开播放了网友 B 在其博客嵌入的一段视频，随后网站 C 进行转载和播放。以下关于网络视频侵权的说法较妥当的是__(3)__。

（3）A. 网站 A 不构成侵权　　　　　　　　B. 网站 C 不构成侵权

　　　C. 网站 C 侵犯网络视频的著作权　　D. 网站 A、C 侵犯网络视频的著作权

延伸试题 3 分析

本题考查网络视频著作权的内容。

网络视频的迅猛发展也带来了其著作权方面的问题。

网站视频链接服务大多是由网站提供搜索链接到第三方网站的情形，可以分为一般链接和深度链接。一般链接是通过网站提供链接到第三方网站，若不能证明提供链接者为应知或明知，则不承担侵权责任。深度链接是用户不需进入被链接网站即可获取视频内容且视频页面显示在该网站上，则提供链接者承担侵权责任。

根据题意，网站 A、C 的公开播放与转载行为都属于侵犯 B 的著作权的行为。

延伸试题 3 答案

（3）D

第6章 专业英语

6.1 考点导航

信息系统管理工程师考试大纲要求考生正确阅读并理解相关领域的英文资料。但并没有详细的细则，从往年试题来看，在计算机专业英语方面，信息系统管理工程师的试题基本上聚集在计算机应用和网络通信的领域中，考查的核心是计算机网络与通信基础知识和计算机软件基础知识。

专业英语部分在历年信息系统管理工程师考试上午卷中的分值变化如图 6.1 所示。2006—2011 年的分值分别为 10 分、5 分、5 分、5 分、5 分，平均分值为 6 分。该部分对考生的英语词汇量要求相当于大学英语四级水平，同时需要掌握一些计算机领域的专业词汇，它是每次考试的必考内容，平均约占 8% 的比重。这部分也体现了信息系统管理工程人员的专业素养。考生应该在平时多积累计算机专业词汇，多读多看计算机专业的英文技术文档和时文，多写多改计算机专业的英文文档。

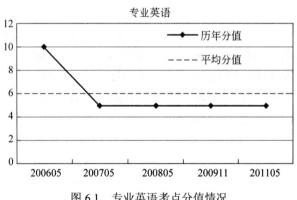

图 6.1 专业英语考点分值情况

软考统计分析表明，每年软考考点重复考查率达到 12%~16%。因此，对历年软考真题的研读有助于缩短对考试考点与内容的熟悉过程，有助于顺利通过信息系统管理工程师考试。

6.2 历年真题解析

试题 1（2006 年 5 月试题 66~70）

Originally introduced by Netscape Communications, （66） are a general mechanism which HTTP Server side applications, such as CGI 　(67)　,can use to both store and retrieve information on the HTTP 　(68)　 side of the connection. Basically, Cookies can be used to compensate for the 　(69)　 nature of HTTP. The addition of a simple, client-side state significantly extends the capabilities of WWW-based 　(70)　.

(66) A. Browsers 　　　B. Cookies 　　　　C. Connections 　　　　D. Scripts

(67) A. graphics 　　　B. processes 　　　C. scripts 　　　　　D. texts

(68) A. Client 　　　　B. Editor 　　　　C. Creator 　　　　　D. Server

(69) A. fixed 　　　　B. flexible 　　　　C. stable 　　　　　D. stateless

(70) A. programs 　　　B. applications 　　C. frameworks 　　　　D. constrains

试题 1 分析

Cookies 原来是由 Netscape 通信公司引入的，这是 HTTP 服务器方应用程序的一种通用机制，就像 CGI 脚本一样，它可以由 HTTP 连接的客户方用于存储和检索信息。Cookies 的基本功能是弥补 HTTP 无状态的缺陷。它能通过简单而持续地维护客户方的状态来扩展基于 WWW 的应用能力。

试题 1 答案

(66) B 　　　(67) C 　　　(68) A 　　　(69) D 　　　(70) B

试题 2（2006 年 5 月试题 71～75）

WebSQL is a SQL-like 　(71)　 language for extracting information from the Web. Its capabilities for performing navigation of Web 　(72)　 make it a useful tool for automating several web-related tasks that require the systematic processing of either all the links in a (73)　, all the pages that can be reached from a given URL through 　(74)　that match a pattern, or a combination of both. WebSQL also provides transparent access to index servers that can be queried via the Common 　(75)　 Interface.

(71) A. query 　　　　B. transaction 　　C. communication 　　D.programming

(72) A. browsers 　　　B. servers 　　　　C. hypertexts 　　　　D. clients

(73) A. hypertext 　　　B. page 　　　　C. protocol 　　　　D. operation

(74) A. paths 　　　　B. chips 　　　　C. tools 　　　　　D. direcctories

(75) A. Router 　　　　B. Device 　　　　C. Computer 　　　　D. Gateway

试题 2 分析

WebSQL 是一种类似于 SQL 的查询语言，用于从 Web 中提取信息。它能够在 Web 超文本中巡航，这使得它成为自动操作一个页面中有关链接的有用工具，或是作为搜索从一个给定的 URL 可以到达的、所有匹配某种模式的页面的有用工具。WebSQL 也提供透明地访问索引服务器的手段，这种服务器可以通过公共网关接口进行查询。

试题 2 答案

(71) A 　　　(72) C 　　　(73) B 　　　(74) A 　　　(75) D

试题 3（2007 年 5 月试题 71）

The   (71)   has several major components, including the system kernel, a memory management system, the file system manager, device drivers, and the system libraries.

（71）A. application   B. information system

　　　C. operating system   D. information processing

试题 3 分析

操作系统包含以下主要部件：系统内核、内存管理系统、文件管理系统、设备驱动程序和系统库。

试题 3 答案

（71）C

试题 4（2007 年 5 月试题 72）

____(72)____   means "Any HTML documents on an HTTP server".

（72）A. Web Server   B. Web Browser

　　　C. Web Site   D. Web Page

试题 4 分析

Web 页面表示 HTTP 服务器上任意的 HTML 文档。

试题 4 答案

（72）D

试题 5（2007 年 5 月试题 73）

C++ is used with proper   (73)   design techniques.

（73）A. object-oriented   B. object-based

　　　C. face to object   D. face to target

试题 5 分析

C++通常与面向对象设计技术结合起来使用。

试题 5 答案

（73）A

试题 6（2007 年 5 月试题 74）

____(74)____   is a clickable string or graphic that points to another Web page or document.

（74）A. Link   B. Hyperlink   C. Browser   D.Anchor

试题 6 分析

超级链接是指可以连接到另外一个 Web 页面或文档的可点击的字符串或图片。

试题 6 答案

（74）B

试题 7（2007 年 5 月试题 75）

Models drawn by the system analysts during the process of the structured analysis are   (75) .

（75）A. PERTs　　　　　B. ERDs　　　　　　C. UMLs　　　　　D. DFDs

试题 7 分析

在结构化分析过程中，系统分析员所绘制的模型是 DFD 模型。

试题 7 答案

（75）D

试题 8（2008 年 5 月试题 71～75）

Object-oriented analysis （OOA） is a semiformal specification technique for the object-oriented paradigm. Object-oriented analysis consists of three steps. The first step is ___（71）___. It determines how the various results are computed by the product and presents this information in the form of a ___（72）___ and associated scenarios. The second is ___（73）___, which determines the classes and their attributes. Then determine the interrelationships and interaction among the classes. The last step is ___（74）___, which determines the actions performed by or to each class or subclass and presents this information in the form of ___（75）___.

（71）A. use-case modeling　　　　　B. class modeling

　　　 C. dynamic modeling　　　　　D. behavioral modeling

（72）A. collaboration diagram　　　　B. sequence diagrm

　　　 C. use-case diagram　　　　　D. activity diagram

（73）A. use-case modeling　　　　　B. class modeling

　　　 C. dynamic modeling　　　　　D. behavioral modeling

（74）A. use-case modeling　　　　　B. class modeling

　　　 C. dynamic modeling　　　　　D. behavioral modeling

（75）A. activity diagram　　　　　B. component diagram

　　　 C. sequence diagram　　　　　D. state diagram

试题 8 分析

面向对象的分析（OOA）是一种面向对象范型的半形式化描述技术。面向对象的分析包括三个步骤：第一步是用例建模，它决定了如何由产品得到各项计算结果，并以用例图和相关场景的方式展现出来；第二步是类建模，它决定了类及其属性，然后确定类之间的关系和交互；第三步是动态建模，它决定了类或每个子类的行为，并以状态图的形式进行表示。

试题 8 答案

（71）A　　（72）C　　（73）B　　（74）C　　（75）D

试题 9（2009 年 11 月试题 71～75）

Why is ___（71）___ fun? What delights may its practitioner expect as his reward? First is the sheer joy of making things. As the child delights in his mud pie, so the adult enjoys building things, especially things of his own design. Second is the pleasure of making things that are useful to other people. Third is the fascination of fashioning complex puzzle-like objects of interlocking moving parts and watching them work in subtle cycles, playing out the consequences of principles build in from the beginning. Fourth is the joy of always learning, which spring from the ___（72）___ nature of the task. In one way or another the problem is ever new, and its solver learns something: sometimes ___（73）___, sometimes theoretical, and sometimes both. Finally, there is the delight of working in such a tractable medium. The ___（74）___, like the poet, works only slightly removed from pure thought-stuff. Few media of creation are so flexible, so easy to polish and rework, so readily capable of realizing grand conceptual structures.

Yet the program ___（75）___, unlike the poet's words, is real in the sense that it moves and works, producing visible outputs separate form the construct itself. It prints results, draws pictures, produces sounds, moves arms. Programming then is fun because it gratifies creatice longings built deep within us and delights sensibilities we have in common with all men.

（71）A. programming　　B. composing　　　　C. working　　　　D. writing
（72）A. repeating　　　　B. basic　　　　　　　C. non-repeating　D. advance
（73）A. semantic　　　　 B. practical　　　　　　C. lexical　　　　 D. syntactical
（74）A. poet　　　　　　 B. architect　　　　　　C. doctor　　　　 D. programmer
（75）A. construct　　　　B.code　　　　　　　　C. size　　　　　　D. scale

试题 9 分析

编程为什么有趣？作为回报，其从业者期望得到什么样的快乐？首先是一种创建事物的纯粹快乐。如同小孩在玩泥巴时感到愉快一样，成年人喜欢创建事物，特别是自己进行设计。其次，快乐来自于开发对其他人有用的东西。第三是整个过程体现出魔术般的力量——将相互啮合的零部件组装在一起，看到它们精妙地运行，得到预先所希望的结果。第四是学习的乐趣，来自于这项工作的非重复特性。人们所面临的问题，在某个或其他方面总有些不同，因而解决问题的人可以从中学习新的事物：有时是实践上的，有时是理论上的，或者兼而有之。最后，乐趣还来自于工作在如此易于驾驭的介质上。程序员，就像诗人一样，几乎仅仅工作在单纯的思考中，凭空地运用自己的想象来建造自己的"城堡"。很少有这样的介质——创造的方式如此灵活，如此易于精炼和重建，如此容易地实现概念上的设想。

然后程序毕竟同诗歌不同，它是实实在在的东西；可以移动和运行，能独立产生可见的输出；能打印结果，绘制图形，发出声音，移动支架。编程非常有趣，在于它不仅满足了人们内心深处进行创造的渴望，而且还愉悦了每个人内在的情感。

试题 9 答案

（71）A　　　（72）C　　　（73）B　　　（74）D　　　（75）A

试题 10（2011 年 5 月试题 71～75）

Information is no good to you if you can't ___（71）___ it. The location dimension of information means having access to information no matter where you are. Ideally in other words, your location or the information's location should not matter. You should be able to access information in, a hotel roots; at home; in the student center of your camp, at work , on the spur of moment while walking down the street; or even while traveling on an airplane. This location dimension is closely, related to ＿＿（72）＿＿ and wireless computing (and also ubiquitous computing).

To keep certain information private and secure while providing remote access for employees; many businesses are creating intranets. An intranet is an ＿＿（73）＿＿ organization internet that is guarded against. Outside access by a special ＿＿（74）＿＿ feature called a Firewall (which can be software, hardware, or a combination on it while away from the office, all you need is Web access and the password that will allow you ＿＿（75）＿＿ the firewall.

（71）A. access　　　　　B. make　　　　　　C. learn　　　　　　D. bring
（72）A. data　　　　　　B. program　　　　　C. mobile　　　　　D. information
（73）A. inside　　　　　B. external　　　　　C. inner　　　　　　D. internal
（74）A. safe　　　　　　B. safety　　　　　　C. security　　　　　D.safely
（75）A. pass　　　　　　B. through　　　　　C. across　　　　　　D. cross

试题 10 分析

如果你不能获得信息，那它对你来说是没有用途的。信息的空间维度意味着无论你身在何处都可以获得信息。换言之，理论上，你的空间或者信息的空间不是问题。你可以在宾馆、家里、校园学生中心、办公室、路上甚至飞机的旅途中都可以获得信息。信息的空间维度和移动计算（和普适计算）联系紧密。

为了让员工可以远程访问私密和安全的信息，许多组织建立了企业网。企业网是一个组织内部的网络，它能通过特殊的安全装置——防火墙（由软件、硬件或二者结合构成）防止来自外部的访问。因此，如果你所在的企业拥有内部网，那么你在办公室以外的地方想要上网获得信息，只需要具备网络浏览器软件、调制解调器和通过防火墙的密码。

试题 10 答案

（71）A　　　（72）C　　　（73）D　　　（74）C　　　（75）B

6.3　命题趋势分析

参照信息系统管理工程师考试历年真题的考试频率，在此从以下两个方向作分析总结。

（1）纵向分析：专业英语部分涉及的英语知识点较多、较杂，考查的重点主要是计算机应用、计算机网络通信等。该部分的试题难度一般，主要为识记层面的内容。

（2）横向分析：软考采用的是模块化命题模式，在往年的高级级别考试或同年中级级别考试的试题中可以发现相同或相似试题的出现。因此，横向总结、归纳中高级级别考试试题中出现的专业英语部分的内容，将帮助考生全面、系统地把握考核的知识点。

表 6.1 中列举了一些信息系统项目管理方面的英语词汇。

表 6.1　信息系统项目管理专业英语词汇

信息系统项目管理	
project	项目
operations	运作
process	过程
Activity list	活动清单
Production life cycle	产品生命周期
Project manager	项目经理
Project sponsor	项目发起人
Project stakeholder	项目干系人
Rolling wave plan	滚动式计划
walkthrough	走查
Inspection	审查
review	评审
demonstration	论证
WBS	工作任务分解
Expect judgment	专家判断
Reserve analysis	预留分析
Schedule analysis	进度计划分析
Schedule compression	进度计划压缩
Concurrent engineering	并行工程
Scope change	范围变更
Performance report	绩效报告
Risk distinguish	风险识别
Risk response	风险应对
Risk aversion	风险规避
Risk mitigation	风险缓解
Configuration library	配置库
Development library	开发库
Controlled library	受控库
Baseline	基线
Check point	检查点

续表

信息系统项目管理	
Outsourcing	外包
SWOT	优势 劣势 机遇 挑战
supervisor	监理
checklist	检查单
Contract administration	合同管理
Contract closeout	合同收尾
Contract target cost	合同目标成本
accept	验收
Acceptance standard	验收标准
deliverable	可交付物
brainstorming	头脑风暴法

预测今后的考试命题内容将有可能拓宽方向，除了选自网络通信、计算机软件等领域内容外，还将选自包括信息系统项目管理、多媒体应用系统分析与规划、云计算、物联网、三网融合的新技术发展等在内的专业英语。在此抛砖引玉，以下几个试题供考生作进一步学习、探索和思考。

延伸试题 1

Virtual reality（or VR ___(1)___ is kind of a buzzword these days in computer graphics.VR is artificial reality created by a computer that is so enveloping that it is perceived by the mind as being truly real.VR exists in many ___(2)___. A traditional view of virtual reality uses headsets and data gloves.The headset serves as the eyes and ears to your virtual world,projecting sights and sounds generated by the computer.The data glove becomes your hand,enabling you to interact with this ___(3)___ world.As you move your head around,the computer will track your motion and display the right image.VR is the most demanding ___(4)___ for computer graphics,requiring hardware and software capable of supporting realtime 3D ___(5)___.

(1) A. for certain　　B. for any sake　　C. for all　　D. for short
(2) A. form　　B. forms　　C. format　　D. shape
(3) A. dummy　　B. simulated　　C. fictitious　　D. invented
(4) A. App　　B. apply　　C. application　　D. appliance
(5) A. image　　B. figure　　C. logo　　D. graphics

延伸试题 1 分析

虚拟现实（或简称 VR）是近来在计算机图形学中的一个时髦话题。VR 是由计算机产生的人造现实，因此它是由大脑产生的感觉而非真实的现实。VR 以多种形式存在，传统的方法是使用头罩和数据手套作为虚拟世界中的眼睛和耳朵，通过它们来得到由计算机产生的视觉和声音。数据手套变成了你的手，使你与这个虚拟的世界进行互动。当你转动头时，计算机将跟踪你的运动并显示正确的图像。VR 是计算机图形学最迫切需要的应用领域，它需要能够支持实时 3D 图形技术的硬件和软件。

延伸试题 1 答案

（1）D　　（2）B　　（3）B　　（4）C　　（5）D

延伸试题 2

The use of computer graphics ___(1)___ many diverse fields. Applications ___(2)___ from the production of charts and graphs, to the generation of realistic images for television and motion pictures to the ___(3)___ design of mechanical parts.To encompass all these uses, we can adopt a simple definition:Computer graphics is concerned with all ___(4)___ of using a computer to generate images.We can classify applications of computer graphics into four main areas:Display of information, Design, ___(5)___ ,User interfaces.

（1）A. pervades　　　B. pervasive　　　C. perverse　　　D. pervert

（2）A. scope　　　　　B. bound　　　　　C. range　　　　　D. area

（3）A. alternant　　　 B. interactive　　　C. alternate　　　D. interactant

（4）A. shell　　　　　B. colour　　　　　C. outline　　　　D. aspects

（5）A. simulate　　　 B. simulation　　　C. simulator　　　D. simulacrum

延伸试题 2 分析

计算机图形学的应用扩展到了许多不同领域，应用的范围从表和图形的产生，到用于电视和动画片的真实图像的生成，到机械零件的交互式设计。我们采用一个简单的定义来概括所有这些应用："计算机图形学主要研究采用计算机生成图像的所有方面。"我们可以把计算机图形学应用于 4 个主要方面：信息显示、设计、模拟和用户界面。

延伸试题 2 答案

（1）A　　（2）C　　（3）B　　（4）D　　（5）B

延伸试题 3（2010 年 11 月信息系统项目管理师考试试题 71～75）

Project schedule management is made up of six management processes including: activity definition , activity sequencing , ___(71)___ , and schedule control by order.

Many useful tools and techniques are used in developing schedule. ___(72)___ is a schedule network analysis technique that modifies the project schedule to account for limited resource.

Changes may be requested by any stakeholder involved with the project, but changes can be authorized only by ___(73)___ .

Configuration management system can be used in defining approval levels for authorizing changes and providing a method to validate approved changes. ___(74)___ is not a project configuration management tool.

Creating WBS means subdividing the major project deliverable into smaller components until the deliverable are defined to the ___（75）___ level.

（71）A. activity duration estimating, schedule developing, activity resource estimating

B. activity resource estimating, activity duration estimating, schedule developing

C. schedule developing, activity resource estimating, activity duration estimating

D. activity resource estimating, schedule developing, activity duration estimating

（72）A. PERT   B. Resource leveling

C. schedule compression   D. critical chain method

（73）A. executive IT manager   B. project manager

C. change control board   D. project sponsor

（74）A. Rational clearcase   B. Qualitu Function Deployment

C. Visual SourceSafe   D. Concurrent Versions System

（75）A. independent resource   B. individual work load

C. work milestone   D. work package

延伸试题 3 分析

项目时间管理包括使项目按时完成所必需的管理过程。进度安排的准确程度可能比成本估计的准确程度更重要。考虑进度安排时要把人员的工作量与花费的时间联系起来，合理分配工作量，利用进度安排的有效分析方法来严格监视项目的进度情况，以使得项目的进度不致被拖延。项目时间管理过程包括：活动定义、活动排序、活动的资源估算、活动历史估算、制定进度计划及进度控制 6 个步骤。

在制定项目进度计划中有很多有用的方法和工具。关键路径法计算所有计划活动理论上的最早开始与完成时间、最迟开始与完成时间，寻找活动的关键路径，通过调整关键路径进行进度制定。

项目变更可以由 IT 经理、项目管理者、项目发起人等任意项目干系人发起，但只能由变更控制委员会授权通过。

配置管理的目的是运用配置标识、配置控制、配置状态统计和配置审计，建立和维护工作产品的完整性。Qualitu Function Deployment 是把顾客或市场的要求转化为设计要求、零部件特性、工艺要求、生产要求的多层次演绎分析方法，与配置管理无关。

WBS 是面向可交付物的层次性分析结构，是对完成项目目标、创造可交付物所需执行的项目工作的分解。WBS 把项目工作细化为更小、更易管理的工作单元，随着 WBS 层次的降低，意味着项目工作也越来越详细，直到工作包的层次。

延伸试题 3 答案

（71）B   （72）D   （73）C   （74）B   （75）D

第 7 章　系统管理计划

7.1　考点导航

信息系统管理工程师考试大纲要求考生掌握信息系统管理中的系统管理计划的内容，具有工程师的实际工作能力和业务水平，能指导信息系统运行管理员安全、高效地管理信息系统的运行。

系统管理计划主要包括了以下几个方面的知识点。

1. 确定系统管理要求

1）管理级的系统管理要求（长期信息化战略、系统管理所要求的重要事项、用于管理的重要计算机资源）

2）用户作业级的系统管理要求（管理范围、管理策略、管理对象、管理方法、管理计划、管理预算）

2. 明确向用户提供的系统与服务、服务等级与责任范围

3. 明确成本计算与服务计量办法

4. 制定系统运行规章制度

5. 制定长期与短期的系统管理计划

1）面向用户的系统管理计划（服务时间、可用性、提供的信息量、响应速度、培训、服务台、分布式现场支持）

2）建立系统管理组织与系统运行管理体制

3）面向运行的系统管理计划（运行管理、人员管理、成本管理、用户管理、资源管理、故障管理、性能管理、维护管理、安全管理）

系统管理计划部分在历年信息系统管理工程师考试上午卷中的分值变化如图 7.1 所示。

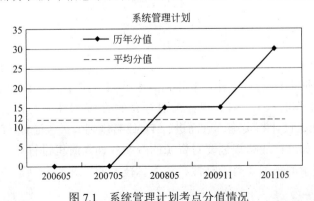

图 7.1　系统管理计划考点分值情况

2006—2011 年的分值分别为 0 分、0 分、15 分、15 分、30 分，平均分值为 12 分。该部分是信息系统管理从业人员的应用技术基础内容，平均约占 16% 的比重。考生应结合自身情况，查漏补缺，夯实基础，稳扎稳打，确保攻克基础部分。

软考统计分析表明，每年软考考点重复考查率达到 12%~16%。因此，对历年软考真题的研读有助于缩短对考试考点与内容的熟悉过程，有助于顺利通过信息系统管理工程师考试。

7.2 历年真题解析

试题 1（2008 年 5 月试题一）

阅读下列说明，回答问题 1 至问题 3，将解答填入答题纸的对应栏内。

[说明]

随着信息技术的快速发展，企业对信息技术的依赖程度日渐提高，这使得 IT 成为企业许多业务流程必不可少的组成部分，甚至是某些业务流程赖以运作的基础。企业 IT 部门地位提升的同时，也意味着要承担更大的责任，即提高企业的业务运作效率，降低业务流程的运作成本。

[问题 1]（4 分）

企业的 IT 管理工作，既有战略层面的管理工作，也有战术层面（IT 系统管理）和运作层面的管理工作。下面左边是 IT 管理工作的三个层级，右边是具体的企业 IT 管理工作，请用箭头表示它们之间的归属关系。

	管理工具
IT 战略规划	组织设计
	服务支持
	管理制度
IT 系统管理	日常维护
	IT 投资管理
	IT 管理流程
IT 运作管理	IT 治理

[问题 2]（8 分）

目前，我国企业的 IT 管理工作，大部分侧重于 IT 运作管理层次而非战略性管理层次。为了提升 IT 管理工作的水平，在协助企业进行有效的 IT 技术及运作管理基础之上，进行 IT 系统管理的规划、设计和实施，进而进行 IT 战略规划。关于企业 IT 战略规划可以从 6 个方面进行考虑，如 IT 战略规划要对资源的分配和切入时机进行充分的可行性评估；IT 战略规划对信息技术的规划要有策略性、对信息技术的发展要有洞察力等。请简要叙述另外的四个方面。

[问题 3]（3 分）

IT 战略规划不同于 IT 系统管理。IT 战略规划是确保战略得到有效执行的战术性和运作性活动；而系统管理是关注组织 IT 方面的战略问题，从而确保组织发展的整体性和方向性。你认为此表述是否正确？如果正确，请简要解释；如果不正确，请写出正确的表述。

试题 1 分析

本题考查系统管理规划中企业 IT 管理工作的层级架构及其相互之间的关系的知识。

企业的 IT 管理工作，既是一个技术问题，也是一个管理问题。企业 IT 管理工作可分为高中低三层架构，分别是战略层、战术层和运作层。战略层进行 IT 战略规划，包括宏观管理层面的管理，如 IT 战略制定、IT 治理、IT 投资管理等；战术层进行 IT 系统管理，包括 IT 管理流程、组织设计、管理制度、管理工具等；运作层进行 IT 技术及运作管理，包括最底层的最微观的管理，如 IT 技术管理、服务支持、日常维护等。

企业信息化建设的根本是实现企业战略目标与信息系统整体部署的有机结合。企业 IT 战略规划的制定是一项立足长远和 IT 工作全局的工作，同时还要和企业的总体战略相一致。企业 IT 战略规划进行战略性思考时可以从以下几个方面考虑。

（1）IT 战略规划目标的制定要具有战略性，确立与企业战略目标相一致的企业 IT 战略规划目标，并且以支撑和推动企业战略目标的实现作为价值核心。脱离企业战略目标的企业 IT 战略规划是不实际的战略规划。

（2）IT 战略规划要体现企业核心竞争力要求，规划的范围控制要紧密围绕如何提升企业的核心竞争力来进行，切忌面面俱到的无范围控制。

（3）IT 战略规划目标的制定要具有较强的业务结合性，深入分析和结合企业不同时期的发展要求，将建设目标分解为合理可行的阶段性目标，并最终转化为企业业务目标的组成部分。

（4）IT 战略规划对信息技术的规划必须具有策略性，对信息技术发展的规律和趋势要持有敏锐的洞察力，在信息化规划时就要考虑到目前以及未来发展的适应性问题。IT 战略规划对信息技术的规划既要考虑到具体的网络架构的搭建问题，也要把搭建所需的投资、设备负荷的计算等方面的工作通盘考虑。

（5）IT 战略规划对成本的投资分析要有战术性，既要考虑到总成本投资的最优，也要结合企业建设的不同阶段作出科学合理的投资成本比例分析，为企业获得较低的投资/效益比。

（6）IT 战略规划要对资源的分配和切入时机进行充分的可行性评估。企业在 IT 战略规划阶段必须对不同阶段可分配的人、财、物等资源进行充分的分析和论证，以保证实施具有"天时地利人和"的条件，为建设过程提供可指引的资源配备要求，为实施计划的制定和实施切入提供可行依据。

IT 战略规划不同于 IT 系统管理。IT 战略规划对应的是战略层，主要进行 IT 战略制定、IT 治理、IT 投资管理；而 IT 系统管理对应的是战术层，主要进行 IT 管理流程、组织设计、管理制度、管理工具等。

试题 1 答案

[问题 1]

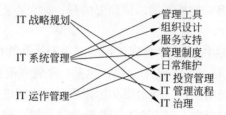

[问题 2]

另外的 4 个方面是：

（1）IT 战略规划目标的制定要具有战略性，确立与企业战略目标相一致的企业 IT 战略规划目标，并且以支撑和推动企业战略目标的实现作为价值核心。

（2）IT 战略规划要体现企业核心竞争力要求，规划的范围控制要紧密围绕如何提升企业的核心竞争力来进行，切忌面面俱到的无范围控制。

（3）IT 战略规划目标的制定要具有较强的业务结合性，深入分析和结合企业不同时期的发展要求，将建设目标分解为合理可行的阶段性目标，并最终转化为企业业务目标的组成部分。

（4）IT 战略规划对成本的投资分析要有战术性，既要考虑到总成本投资的最优，又要结合企业建设的不同阶段作出科学合理的投资成本比例分析，为企业获得较低的投资/效益比。

[问题 3]

此表述是不正确的。

正确的表述应该是：IT 战略规划不同于 IT 系统管理。IT 战略规划关注的是组织的 IT 方面的战略问题，而系统管理是确保战略得到有效执行的战术性和运作性活动。

试题 2（2009 年 11 月试题三）

阅读下列说明，回答问题 1 至问题 3，将解答填入答题纸的对应栏内。

[说明]

随着信息技术的快速发展，信息技术对企业发展的战略意义已广泛被企业认同，当企业不惜巨资进行信息化建设的时候，IT 项目的投资评价就显得尤为重要。IT 财务管理作为重要的 IT 系统管理流程，可以解决 IT 投资预算、IT 成本、效益核算和投资评价等问题，从而为高层管理提供决策支持。

[问题 1]（4 分）

IT 财务管理，是负责对 IT 服务运作过程中所涉及的所有资源进行货币化管理的流程。该服务流程一般包括三个环节，分别是：

（1）IT 服务计费

（2）IT 投资预算

（3）IT 会计核算

请将上述三项内容按照实施顺序填在图 7.2 的三个空白方框里。

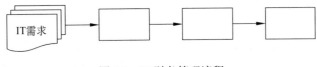

图 7.2　IT 财务管理流程

[问题 2]（6 分）

IT 投资预算与 IT 服务计费的主要目的和作用是什么？

[问题 3]（5 分）

IT 会计核算的主要目标是什么？它包括的活动主要有哪些？在 IT 会计核算中，用于 IT 项目投资评价的指标主要有哪两个？

试题 2 分析

本题考查信息系统管理中 IT 财务管理流程的基本知识。

IT 财务管理，是负责对 IT 服务运作过程中所涉及的所有资源进行货币化管理的流程。该服务管理流程包括三个环节，它们分别是 IT 投资预算、IT 会计核算和 IT 服务计费。如图 7.3 所示为 IT 财务管理流程图。

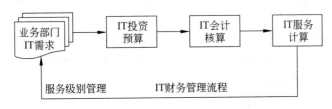

图 7.3　IT 财务管理流程图

（1）IT 投资预算。

IT 投资预算的主要目的是对 IT 投资项目进行事前规划和控制。通过预算，可以帮助高层管理人员预测 IT 项目的经济可行性，也可以作为 IT 服务实施和运作过程中控制的依据。编制投资预算的时候需要紧密结合 IT 能力管理，主要考虑技术成本（硬件和基础实施），服务成本（软件开发与维护、偶发事件的校正、帮助台支持）以及组织成本（会议、日常开支）等。

（2）IT 会计核算。

IT 会计核算的主要目标在于，通过量化 IT 服务运作过程中所耗费的成本和收益，为 IT 服务管理人员提供考核依据和决策信息。它所包括的活动主要有：IT 服务项目成本核算、投资评价、差异分析和处理。这些活动分别实现了对 IT 项目成本和收益的事中和事后控制。对成本要素进行定义是 IT 服务项目成本核算的第一步。用于 IT 项目投资评价的指标主要有投资回报率和资本报酬率等指标。为了达到控制的目的，IT 会计人员需要将每月、每年的实际数据与相应的预算、计划数据进行比较、发现差异，调查、分析差异产生的原因，并对差异进行适当处理。

（3）IT 服务计费。

IT 服务计费是负责向使用 IT 服务的业务部门（客户）收取相应费用。通过向客户收取 IT 服务费用，构建一个内部市场并以价格机制作为合理配置资源的手段，迫使业务部门有效地控制自身的需求、降低总体服务成本，从而提高了 IT 投资的效率。IT 服务计费的顺利运作需要以 IT 会计核算所提供的成本核算数据为基础。

（4）服务级别与成本的权衡。

服务级别协议（SLA）明确界定了 IT 服务的水平要求及客户的期望。它直接影响到最终服务的范围及水平。服务水平管理与成本管理之间的联系表现在以下方面：服务水平管理提出的目前的服务需求以及将来的服务需求决定了成本管理中的服务成本、组织的收费政策及其对客户及最终用户的影响。服务水平协议允许客户对服务水平的需求变动越大，IT 服务的收费范围也越大，预算、IT 会计核算与收费的管理费用也越高。

试题 2 答案

[问题 1]

正确的顺序是：IT 投资预算、IT 会计核算、IT 服务计费。

[问题 2]

IT 投资预算的目的：对 IT 投资项目进行事前规划和控制。

IT 投资预算的作用：通过预算，可以帮助高层管理人员预测 IT 项目的经济可行性，也可以作为 IT 服务实施和运作过程中控制的依据。

IT 服务计费的目的：通过向客户收取 IT 服务费用，构建一个内部市场并以价格机制作为合理配置资源的手段。

IT 服务计费的作用：通过服务计费，迫使业务部门有效地控制自身的需求、降低总体服务成本，从而提高 IT 投资的效率。

[问题 3]

IT 会计核算的目标：通过量化 IT 服务运作过程中所耗费的成本和收益，为 IT 服务管理人员提供考核依据和决策信息。

IT 会计核算的活动：IT 服务项目成本核算、投资评价、差异分析和处理。

IT 项目投资评价的指标：投资回报率和资本报酬率。

试题 3（2011 年 5 月试题三）

阅读下列说明，回答问题 1 至问题 3，将解答填入答题纸的对应栏内。

[说明]

HR 公司成立于 1988 年，是典型的 IT 企业，主要从事通信网络技术与产品的研究、开发、生产与销售，致力于为电信运营商提供固定网、移动网、数据通信网和增值业务领域的网络解决方案，在行业久负盛名，是中国电信市场的主要供应商之一，并已成功进入全球电信市场。为了使 HR 公司能够长期发展和持续经营，公司决定加强企业的 IT 管理工作。

在 HR 公司的 IT 管理工作中，他们把整个 IT 管理工作划分为高、中、低三个层次，最高层的诸如长期 IT 发展目标的制定、未来 IT 发展方向的确定等方面的工作纳入宏观管理层面进行管理，最底层的诸如 IT 技术的日常维护、技术支持等工作纳入具体的操作层面进行管理。

同时，HR 公司为了使公司的长期 IT 战略规划能够有助于确保公司的 IT 活动有效支持公司的总体经营战略，进而确保公司经营目标的实现，公司在 IT 战略规划的战略性思考的时候，考虑了多方面的因素，包括 IT 战略规划与企业整体战略的结合、正确处理阶段性目标与业务总体目标的关系、信息技术的支撑措施、IT 投入成本等。

[问题 1]（6 分）

HR 公司高中低三个层次的 IT 管理工作指的是哪三个层次？并对其作简要解释。

[问题 2]（6 分）

HR 公司对制定 IT 战略规划有哪些要求？

[问题 3]（3 分）

IT 战略规划不同于 IT 系统管理。你认为以下表述："IT 战略规划是确保战略得到有效执行的战术性和运作性活动；而系统管理是关注组织 IT 方面的战略问题，从而确保组织发展的整体性和方向性。"是否正确？如果正确，请说明为什么是正确的？如果不正确，请写出正确的表述。

试题 3 分析

本题考查系统管理规划中企业 IT 管理工作的三个层次及其应用方面的知识。

本题与试题 1 为同类题，按照试题 1 的分析，企业 IT 管理工作可分为高中低三层架构，分别是战略层、战术层和运作层。战略层进行 IT 战略规划，包括宏观管理层面的管理，如 IT 战略制定、IT 治理、IT 投资管理等；战术层进行 IT 系统管理，包括 IT 管理流程、组织设计、管理制度、管理工具等；运作层进行 IT 技术及运作管理，包括最底层的最微观的管理，如 IT 技术管理、服务支持、日常维护等。

企业 IT 战略规划进行战略性思考时可以从如下几个方面考虑：IT 战略规划目标的制定要具有战略性；IT 战略规划要体现企业核心竞争力要求；IT 战略规划目标的制定要具有较强的业务结合性；IT 战略规划对信息技术的规划必须具有策性；IT 战略规划对成本的投资分析要有战术性；IT 战略规划要对资源的分配和切入时机进行充分的可行性评估。

IT 战略规划不同于 IT 系统管理。IT 战略规划对应的是战略层，主要进行 IT 战略制定、

IT 治理、IT 投资管理；而 IT 系统管理对应的是战术层，主要进行 IT 管理流程、组织设计、管理制度、管理工具等。因此，正确的表述应为："IT 系统管理是确保战略得到有效执行的战术性和运作性活动；而 IT 战略规划是关注组织 IT 方面的战略问题，从而确保组织发展的整体性和方向性。"

试题 3 答案

[问题 1]

战略层、战术层、运作层。

或 IT 战略规划、IT 系统管理、IT 技术及运作管理。

或战略层、IT 系统管理、运作层等。

[问题 2]

（1）IT 战略规划目标的制定要具有战略性。

（2）IT 战略规划要体现企业核心竞争能力的要求。

（3）IT 战略规划目标的制定要具有较强的业务结合性。

（4）IT 战略规划对信息技术的规划必须要具有策略性。

（5）IT 战略规划对成本的投资分析要具有战术性。

（6）IT 战略规划要对资源的分配和切入时机进行充分的可行性评估。

[问题 3]

表述不正确。

正确的表述应为："IT 系统管理是确保战略得到有效执行的战术性和运作性活动；而 IT 战略规划是关注组织 IT 方面的战略问题，从而确保组织发展的整体性和方向性。"

试题 4（2011 年 5 月试题五）

阅读下列说明，回答问题 1 至问题 4，将解答填入答题纸的对应栏内。

[说明]

当前，无论是政府、企业、学校、医院还是每个人的生活，都无不受信息化广泛而深远的影响。

信息化有助于推进四个现代化，同时有赖于广泛应用现代信息技术。信息化既涉及国家信息化、国民经济信息化、社会信息化，也涉及企业信息化、学校信息化、医院信息化等。

国家信息化就是在国家统一规划和组织下，在农业、工业、科学技术、国防和社会生活各个方面应用现代信息技术，深入开展、广泛利用信息资源，发展信息产业，加速实现国家现代化的过程。

而企业信息化是挖掘企业先进的管理理念，应用先进的计算机网络技术去整合企业现有的生产、经营、设计、制造、管理，及时地为企业的"三层决策"系统提供准确而有效的数据信息的过程。

企业的信息化建设可以按照不同的分类方式进行分类，常用的分类方式有按照所处行业分的，也有按照企业的运营模式分的，例如通常把企业信息化建设划分为：

A. 离散型企业的信息化建设　　　　　B. 流程型企业的信息化建设

C. 制造业的信息化　　　　　　　　　D. 商业的信息化

E. 金融业的信息化　　　　　　　　　F. 服务业的信息化

[问题 1]（5 分）

本问题说明中关于国家信息化的定义包含 4 个层次的含义，这 4 个层次的含义指的是哪 4 个方面？

[问题 2]（3 分）

企业的"三层决策"指的是哪三个层次？

[问题 3]（3 分）

本问题说明中给出的企业信息化建设的类型，哪些是按照所处的行业划分的？哪些是按照企业的运营模式划分的？

[问题 4]（4 分）

在企业信息化建设中，目前比较常用的企业信息化建设的应用软件主要有 ERP、CRM、SCM 和 ABC，请分别写出它们的中文名称。

试题 4 分析

本题考查国家信息化、企业信息化中系统管理的知识。

当前，无论是政府、企业、学校、医院还是每个人的生活，都无不受信息化广泛而深远的影响。信息化有助于推进 4 个现代化，同时有赖于广泛应用现代信息技术。信息化既涉及国家信息化、国民经济信息化、社会信息化，也涉及企业信息化、学校信息化、医院信息化等。

国家信息化就是在国家统一规划和组织下，在农业、工业、科学技术、国防和社会生活各个方面应用现代信息技术，深入开展、广泛利用信息资源，发展信息产业，加速实现国家现代化的过程。这个定义包含以下 4 层含义。

（1）实现 4 个现代化离不开信息化，信息化要服务于现代化。

（2）国家要统一规划、统一组织。

（3）各个领域要广泛应用现代信息技术，开发利用信息资源。

（4）信息化是一个不断发展的过程。

国家信息化体系包括 7 个要素，即：信息资源，国家信息网络，信息技术应用，信息技术和产业，信息化人才，信息化政策以及法规和标准。信息资源是国民经济和社会发展的战略资源，它的开发和利用是国家信息化体系的核心内容，是国家信息化建设取得实效的关键；国家信息网络是信息资源开发利用和信息技术应用的技术，是信息传输、交换和资源共享的重要手段；信息技术应用是要把信息技术广泛应用于经济和社会各个领域；信息技术和产业是要发展自己的信息技术和产业，这是我国进行信息化建设的基础；信息化人才是指建立一支结构合理、高素质的研究、开发、生产、应用队伍，以适应国家信息化建设的需要；信息化政策、法规和标准是指建立一个促进信息化建设的政策、法规环境和标准体系，规范和协调各要素之间的关系，以保障国家信息化的快速、有序、健康发展。

企业信息化是指挖掘企业先进的管理理念，应用先进的计算机网络技术去整合企业现有的生产、经营、设计、制造、管理，及时地为企业的"三层决策"系统（战术层、战略层、决策层）提供准确而有效的数据信息，以便对需求作出迅速的反应，其本质是加强企业的"核心竞争力"。

企业的信息化建设可以按照不同的分类方式进行分类。常用的分类方式有按照所处行业划分的，也有按照企业的运营模式和企业的应用深度划分的。按照所处的行业可分为：制造业的信息化、商业的信息化、金融业的信息化、服务业务的信息化等。按照企业的运营模式可分为：离散型企业的信息化建设和流程型企业的信息化建设。

比较常见的企业信息化有企业资源计划（ERP）、客户关系管理（CRM）、供应链管理（SCM）、知识管理系统（ABC）等。

试题 4 答案

[问题 1]

国家信息化定义包含以下 4 层含义。

（1）4 个现代化离不开信息化，信息化服务于现代化。

（2）国家要统一规划、统一组织。

（3）广泛应用现代信息技术，开发利用信息资源。

（4）信息化是一个发展的过程。

[问题 2]

企业的"三层决策"系统：战术层、战略层、决策层。

或战术层、战略层、运作层。

[问题 3]

按照所处行业划分的是 C、D、E、F

按照企业运营模式划分的是 A、B

[问题 4]

ERP：企业资源计划

CRM：客户关系管理

SCM：供应链管理

ABC：知识管理系统

7.3 命题趋势分析

参照信息系统管理工程师考试历年真题的考试频率，在此从以下两个方向作分析总结。

（1）纵向分析：系统管理计划部分的内容主要考查内容是服务管理、财务管理、系统管理计划、系统管理标准（ITIL、HP ITSM）。该部分的试题难度不大，主要为认知和理解层面的内容。

（2）横向分析：软考采用的是模块化命题模式，在同年同级别考试（系统集成项目管理工程师考试、软件设计师考试）的试题中可以发现相同或相似试题的出现。因此，横向总结、归纳中级级别考试试题中出现的系统管理计划部分的内容，将帮助考生全面、系统地把握考核的知识点。

对历年真题的理解和消化是非常重要的环节，同时信息系统管理工程师是一个新兴、发展中的职业群体，因此在备考过程中考生应该在建立系统管理计划部分的个人知识体系的同时，跳出圈子，从全局审视考试的发展，对命题方向作一些趋势分析，使自己的知识体系脉络更加清晰和丰富。

预测今后的考试命题内容将有可能拓宽方向，除了选自以上的内容外，还将有可能会选取面向运行的系统管理计划的基础内容。该部分在历年考试中对主要考查宏观层面上的内容，而面向实际项目的系统管理计划还没有考过。另外，还要特别注意信息系统管理（应用技术）部分几章内容的交叉、综合考查，以及注意系统分析师、信息系统项目管理师考试的内容。在此抛砖引玉，以下试题供考生作进一步学习、探索和思考。

延伸试题

阅读下列说明，回答问题 1 至问题 3，将解答填入答题纸的对应栏内。

[说明]

随着信息技术的迅猛发展，企业对信息技术依赖程度日渐提高。企业 IT 管理部门地位提升的同时，也意味着要承担更大的责任，而其中 IT 系统管理计划的制定对企业信息系统的开发与运作至关重要。

[问题 1]

从 IT 管理部门角度看，有哪几类系统管理计划？

[问题 2]

系统管理计划中的系统日常操作管理是为了确保计算机系统满足业务的需求，并且完整、及时地处理有效的操作。请谈谈实际工作中，操作管理主要包括哪些内容？

[问题 3]

系统管理计划中的故障管理的目的是为了尽可能快地恢复服务的正常运作，避免业务中断，以确保最佳的服务可用性级别。请谈谈故障管理中的故障管理流程的作用？

延伸试题分析

本题考查运作方的系统管理计划的基本知识。

随着信息技术的迅猛发展，企业对信息技术依赖程度日渐提高。企业 IT 部门地位提升的同时，也意味着要承担更大的责任。

从 IT 管理部门而言，包括 IT 战略制定及应用系统规划、网络及基础设施管理、系统日常运行管理、人员管理、成本计费管理、资源管理、故障管理、性能/能力管理、维护管理、安全管理等方面。

系统管理计划中的系统日常操作管理是为了确保计算机系统满足业务的需求，并且完整、及时地处理有效的操作。操作管理包括对服务器等设备定期维护、定期评价性能报告、备份系统及数据、建立紧急情况处理流程、定期检查系统日志和其他审核跟踪记录，以便发现非正常操作或未经授权的访问，合理安排系统资源满足 IT 需求，将操作流程制成文件并予以归档，并定期测试、修改。

系统管理计划中的故障管理的目的是为了尽可能快地恢复服务的正常运作，避免业务中断，以确保最佳的服务可用性级别。故障管理流程转变了 IT 管理部门为了企业内部层出不穷的技术故障而疲于奔命的"救火队"的角色。从在故障监视过程中发现故障到对故障信息调研，再到故障的恢复处理和故障排除，形成了一个完整的故障管理流程。

延伸试题答案

[问题1]

从 IT 管理部门而言，包括 IT 战略制定及应用系统规划、网络及基础设施管理、系统日常运行管理、人员管理、成本计费管理、资源管理、故障管理、性能/能力管理、维护管理、安全管理等方面。

[问题2]

系统日常操作管理包括对服务器等设备定期维护、定期评价性能报告、备份系统及数据、建立紧急情况处理流程、定期检查系统日志和其他审核跟踪记录，以便发现非正常操作或未经授权的访问，合理安排系统资源满足 IT 需求，将操作流程制成文件并予以归档，并定期测试、修改。

[问题3]

从在故障监视过程中发现故障到对故障信息调研，再到故障的恢复处理和故障排除，形成了一个完整的故障管理流程。故障管理流程转变了 IT 管理部门为了企业内部层出不穷的技术故障而疲于奔命的"救火队"的角色。

第8章 系统管理

8.1 考点导航

信息系统管理工程师考试大纲要求考生掌握信息系统管理中的系统管理的内容，具有工程师的实际工作能力和业务水平，能指导信息系统运行管理员安全、高效地管理信息系统的运行。

系统管理主要包括以下几个方面的知识点。

1. 系统运行

1）各类应用系统的运行管理

2）运行计划的制定与调整

3）运行操作过程的标准化

4）消耗品管理、数据输入输出管理、存档与交付管理

5）系统运行管理报告

2. 用户管理

1）用户注册管理及其管理方法

2）用户管理报告

3. 操作管理

1）系统操作指南（系统运行体制、操作员工作范围、操作规章制度、系统运行操作手册）

2）作业管理（作业调度管理、作业处理情况检查、作业处理结果检查）

3）操作员组的管理（划分工作职责、作业交付规则、提高操作质量）

4. 计费管理

1）计费系统（成本核算与事后支付系统，应付费资源，计费系统的选择）

2）计费数据的收集、收集计费数据的工具

3）计费单位与计算方法

4）事后付费与事前付费的差别以及各种措施

5. 成本管理

1）系统运行成本（初始成本项与运行成本项）

2）系统运行费预算和决算

3）系统运行成本的管理（预算与决算差别分析，降低成本的方法）

4）用户方成本

6. 人员管理

1）职责系统

2）职工教育与培训

3）外包管理

7. 分布式站点的管理

1）分布式系统常见的问题

2）分布式系统的运行管理

8. 采用运行管理系统

1）系统运行管理中的问题与措施

2）运行支持系统、远程运行系统、自动运行系统、无人系统操作

3）分布式系统中运行管理系统的使用

9. 系统管理标准

1）建立系统管理标准

（1）划分系统管理标准的范围，确定系统运行标准项目

（2）运行操作过程标准、工作负载标准

（3）对监视运行状态的管理

（4）系统更新管理

2）分布式系统操作过程的标准化

3）标准的修订

　　系统管理部分在历年信息系统管理工程师考试上午卷中的分值变化如图 8.1 所示。2006—2011 年的分值分别为 0 分、20 分、15 分、15 分、0 分，平均分值为 10 分。该部分是信息系统管理从业人员的应用技术基础内容，在考试中占有较为稳定的比重，平均约占13.3%。考生应结合自身情况，查漏补缺，夯实基础，稳扎稳打，确保攻克基础部分。

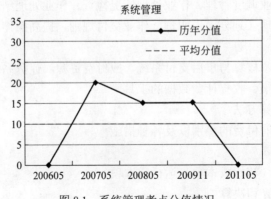

图 8.1　系统管理考点分值情况

　　软考统计分析表明，每年软考考点重复考查率达到 12%~16%。因此，对历年软考真题

的研读有助于缩短对考试考点与内容的熟悉过程，有助于顺利通过信息系统管理工程师考试。

8.2 历年真题解析

试题 1（2007 年 5 月试题二）

阅读下列说明，回答问题 1 至问题 3，将解答填入答题纸的对应栏内。

[说明]

信息系统管理工作主要是优化信息部门的各类管理流程，并保证能够按照一定的服务级别，为业务部门提供高质量、低成本的信息服务。

[问题 1]（6 分）

信息系统管理工作可以按照两个标准分类：__(1)__ 和 __(2)__ 。

[问题 2]（8 分）

根据第一个分类标准，信息系统管理工作可以分为信息系统、网络系统、运作系统和设施及设备 4 种，请在下列 A~H 的 8 个选项中选择每种的具体实例（每种两个），填入空 (3) ～ (6) 中：

属于信息系统的是 __(3)__ ；属于网络系统的是 __(4)__ ；属于运作系统的是 __(5)__ ；属于设施及设备的是 __(6)__ 。

A. 入侵检测   B. 办公自动化系统

C. 广域网   D. 备份/恢复系统

E. 数据仓库系统   F. 火灾探测和灭火系统

G. 远程拨号系统   H. 湿度控制系统

[问题 3]（6 分）

根据第二个分类标准，信息系统管理工作可以分为三部分，请在下列 A~F 的 6 个选项中选择合适的实例（每部分两个），填入空 (7) ～ (9) 中。

1、侧重于信息部门的管理，保证能够高质量地为业务部门提供信息服务，例如 __(7)__ ；

2、侧重于业务部门的信息支持及日常作业，从而保证业务部门信息服务的可用性和可持续性，例如 __(8)__ ；

3、侧重于信息基础设施建设，例如 __(9)__ 。

A. Web 架构建设   B. 故障管理及用户支持

C. 服务级别管理   D. 日常作业管理

E. 系统安全管理   F. 局域网建设

试题 1 分析

本题考查信息系统管理中系统管理分类的知识。

IT 系统管理工作主要是优化 IT 部门的各类管理流程，并保证能够按照一定的服务级别，为业务部门（客户）高质量、低成本地提供 IT 服务。IT 系统管理工作可以按照系统类型和流程类型分类。

按照系统类型分类，可以分为信息系统、网络系统、运作系统、设施与设备。

（1）信息系统是企业的信息处理基础平台，直接面向业务部门（客户），包括办公自动化系统、ERP 企业资源计划、CRM 客户关系管理、SCM 供应链管理、Data Warehousing 数据仓库系统、KM 知识管理平台等。

（2）网络系统作为企业的基础架构，是其他方面的核心支撑平台，包括企业内部网、IP 地址管理、广域网、远程拨号系统等。

（3）运作系统作为企业 IT 运行管理的各类系统，是 IT 部门的核心管理平台，包括备份/恢复系统、入侵检测、性能监控、安全管理、服务级别管理、帮助服务台、作业调度等。

（4）设施及设备是为了保证计算机处于适合其连续工作的环境中，并把灾难（人为或自然的）的影响降到最低限度。包括有效的环境控制机制、火灾探测和灭火系统、湿度控制系统、双层地板、隐藏的线路铺设、安全设置水管位置等。

按照流程类型分类，可以分为侧重于 IT 部门的管理，侧重于业务部门的 IT 支持及日常作业，侧重于 IT 基础设施建设三个部分。

（1）侧重于 IT 部门的管理，从而保证能够高质量地为业务部门（客户）提供 IT 服务。包括 IT 财务管理、服务级别管理、IT 资源管理、能力管理、系统安全管理、新系统转换、系统评价等。

（2）侧重于业务部门的 IT 支持及日常作业，从而保证业务部门（客户）IT 服务的可用性和持续性。包括 IT 日常作业管理、帮助服务台管理、故障管理及用户支持、性能及可用性保障等。

（3）侧重于 IT 基础设施建设，主要是建设企业的局域网、广域网、Web 架构、Internet 连接等。

试题 1 答案

[问题 1]

（1）系统类型

（2）流程类型

[问题 2]

（3）B、E

（4）C、G

（5）A、D

（6）F、H

[问题 3]

（7）C、E

（8）B、D

（9）A、F

试题 2（2008 年 5 月试题二）

阅读下列说明，回答问题 1 至问题 3，将解答填入答题纸的对应栏内。

[说明]

近年来，中国 IT 外包产业发展迅速。据有关资料介绍，中国将成为继印度之后新的外包产业中心。企业应将外包商看做一种长期资源，并处理好与外包商之间的关系，使其价值最大化，这将对企业具有持续的价值。

[问题 1]（6 分）

外包成功的关键因素之一是选择具有良好的社会形象和信誉、相关行业经验丰富、能够引领或紧跟信息技术发展的外包商作为战略合作伙伴。因此，对外包商的资格审查应从技术能力、经营管理能力、发展能力这三个方面着手。请从下列各项中挑选出哪些属于技术能力、哪些属于经营管理能力、哪些属于发展能力，并将所选择的序号写在答题纸上。

A. 了解外包商的员工间是否具有团队合作精神；

B. 外包商的领导层结构；

C. 项目管理水平；

D. 是否拥有能够证明其良好运营管理能力的成功案例；

E. 外包商是否具有信息技术方面的资格认证；

F. 外包商是否了解行业特点，能够拿出真正适合本企业业务的解决方案；

G. 信息系统的设计方案中是否应用了稳定、成熟的信息技术；

H. 是否具备对大型设备的运行、维护、管理经验和多系统整合能力；

I. 分析外包服务商已通过审计的财务报告、年度报告和其他各项财务指标，了解其盈利能力；

J. 考查外包企业从事外包业务的时间、市场份额以及波动因素等。

[问题 2]（3 分）

外包合同关系可被视为一个连续的光谱，其中一端是　(1)　，在这种关系下，组织可以从众多有能力完成任务的外包商中进行自由选择，合同期相对较短，合同期满后还可重新选择；另一端是　(2)　，在这种关系下，组织和同一个外包商反复制定合同，建立长期互利关系；而占据连续光谱中间范围的关系是　(3)　。

[问题 3]（6 分）

在 IT 外包日益普遍的浪潮中，企业应该发挥自身的作用、降低组织 IT 外包的风险，以最大程度地保证组织 IT 项目的成功实施。请叙述外包风险控制有哪些具体措施。

试题 2 分析

本题考查系统管理中第三方/外包管理的知识。

近年来，中国 IT 外包产业发展迅速。据有关资料介绍，中国将成为继印度之后新的外包产业中心。企业应将外包商看做一种长期资源，并处理好与外包商之间的关系，使其价值最大化，这将对企业具有持续的价值。

外包成功的关键因素之一是选择具有良好的社会形象和信誉、相关行业经验丰富、能够引领或紧跟信息技术发展的外包商作为战略合作伙伴。因此，对外包商的资格审查应从技术能力、经营管理能力、发展能力这三个方面着手。

（1）技术能力：外包商提供的信息技术产品是否具备创新性、开放性、安全性、兼容性，是否拥有较高的市场占有率，能否实现信息数据的共享；外包商是否具有信息技术方面的资格认证；外包商是否了解行业特点，能够拿出真正适合本企业业务的解决方案；信息系统的设计方案中是否应用了稳定、成熟的信息技术；是否具备对大型设备的运行、维护、管理经验和多系统整合能力；是否拥有对高新技术深入理解的技术专家和项目管理人员。

（2）经营管理能力：了解外包商的领导层结构、员工素质、客户数量、社会评价；项目管理水平；是否具备能够证明其良好运营管理能力的成功案例；员工间是否具备团队合作精神；外包商客户的满意程度。

（3）发展能力：分析外包服务商已审计的财务报告、年度报告和其他各项财务指标，了解其盈利能力；考查外包企业从事外包业务的时间、市场份额以及波动因素；评估外包服务商的技术费用支出以及在信息技术领域内的产品创新，确定他们在技术方面的投资水平是否能够支持银行的外包项目。

根据客户与外包商建立的外包关系可以将信息技术外包划分为：市场关系型外包、中间关系型外包和伙伴关系型外包。

外包合同关系可被视为一个连续的光谱，其中一端是市场型关系，在这种关系下，组织可以在众多有能力完成任务的外包商中自由选择，合同期相对较短，而且合同期满后，能够低成本地、方便地换用另一个外包商完成今后的同类任务；另一端是长期的伙伴关系协议，在这种关系下，组织和同一个外包商反复制定合同，并且建立了长期的互利关系；而占据连续光谱中间范围的关系必须保持或维持合理的协作性，直到完成主要任务，这些关系被称为中间关系型。

在 IT 外包日益普遍的浪潮中，企业应该发挥自身的作用、降低组织 IT 外包的风险，以最大程度地保证组织 IT 项目的成功实施。外包风险控制的具体措施主要有以下几个。

（1）加强对外包合同的管理。对于企业 IT 管理者而言，在签署外包合同之前应该谨慎而细致地考虑到外包合同的方方面面，在项目实施过程中也要能够积极制定计划和处理随时出现的问题，使得外包合同能够不断适应变化，以实现一个双赢的局面。

（2）对整个项目体系的规划。企业必须对组织自身需要什么、问题在何处非常清楚，从而能够协调好与外包商之间长期的合作关系。同时，IT 部门也要让手下的员工积极地参与到外包项目中去。

（3）对新技术敏感。企业 IT 部门应该注意供应商的技术简介、参加高技术研讨会并了解组织现在采用新技术的情况。不断评估组织的软硬件方案，并弄清市场上同类产品及其发展潜力等。这些工作必须由企业 IT 部门负责,而不能依赖于第三方。

(4)不断学习。企业 IT 部门应该在组织内部倡导良好的 IT 学习氛围,以加快用户对持续变化的 IT 环境的适应速度。外包并不意味着企业内部 IT 部门的事情就少了,整个组织更应该加强学习。因为外包的目的并不是把一个 IT 项目包出去,而是为了让这个项目能够更好地为组织的日常运作服务。

试题 2 答案

[问题 1]

(1)技术能力:E、F、G、H

(2)经营管理能力:A、B、C、D

(3)发展能力:I、J

[问题 2]

(1)市场关系型外包

(2)伙伴关系型外包

(3)中间关系型外包

[问题 3]

(1)加强对外包合同的管理。包括在签署外包合同之前,在项目实施过程中等都应加强。

(2)对整个项目体系的规划。清楚自身需要、协调好与外包商的合作关系。员工积极地参与到外包项目中去等。

(3)对新技术敏感。尽快掌握新出现的技术并了解其潜在的应用。不断评估组织的软硬件方案,并弄清市场上同类产品及其发展潜力等。

(4)不断学习。企业 IT 部门应该在组织内部倡导良好的 IT 学习氛围,整个组织更应该加强组织学习,以适应 IT 环境的变化。

试题 3(2009 年 11 月试题五)

阅读下列说明,回答问题 1 至问题 4,将解答填入答题纸的对应栏内。

[说明]

企业的 IT 管理工作有三层架构:IT 战略规划、IT 系统管理和 IT 技术与运作管理。IT 系统管理位于中间,起着承上启下的核心作用。IT 系统管理是 IT 的高效运作和管理,而不是 IT 战略规划。IT 战略规划关注战略层面的问题,IT 系统管理是确保战略得到有效执行的战术性和运作性活动,两者的性质不同,目标也不同。

[问题 1](4 分)

写出企业 IT 系统管理的基本目标。

[问题 2](2 分)

在 IT 系统管理中,用于管理的关键 IT 资源包括计算机、打印机、扫描仪、操作系统、中间件、通信线路、企业网络服务器以及企业生产和管理过程中涉及的一切文件、资料、图表和数据等。这些用于管理的关键资源，可以归为哪 4 类？

[问题 3]（6 分）

IT 系统管理的通用体系架构，可以分为哪三个部分？请简要说明。

[问题 4]（3 分）

系统管理预算可以帮助 IT 部门在提供服务的同时加强成本/收益分析，提高 IT 投资效益。企业 IT 预算大致可以分为三个方面：技术成本、服务成本和组织成本的预算，而且每项成本所包括的具体内容也不相同。图 8.2 的左边为三项成本的具体项目。请按图 8.2 中的示范，用箭线表示它们的对应关系。

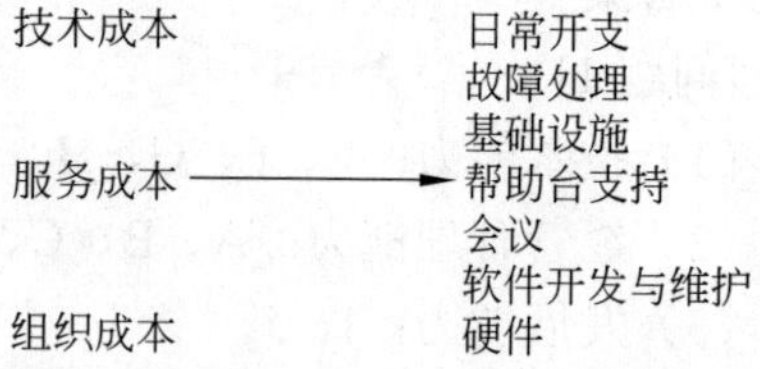

技术成本	日常开支
	故障处理
	基础设施
服务成本 ——————————→	帮助台支持
	会议
	软件开发与维护
组织成本	硬件

图 8.2　三项成本及其具体项目对应关系图

试题 3 分析

本题考查信息系统管理中系统管理的知识。

企业的 IT 管理工作有三层架构：IT 战略规划、IT 系统管理和 IT 技术与运作管理。IT 系统管理位于中间，起着承上启下的核心作用。IT 系统管理是 IT 的高效运作和管理，而不是 IT 战略规划。IT 战略规划关注战略层面的问题，IT 系统管理是确保战略得到有效执行的战术性和运作性活动，两者的性质不同，目标也不同。

企业 IT 系统管理的基本目标可以分为如下几个方面。

（1）全面掌握企业 IT 环境，方便管理异构网络，从而实现对企业业务的全面管理。

（2）确保企业 IT 环境整体的可靠性和整体安全性，及时处理各种异常信息，在出现问题时及时进行恢复，保证企业 IT 环境的整体性能。

（3）确保企业 IT 环境整体的可靠性和整体安全性，对涉及安全操作的用户进行全面跟踪与管理；提供一种客观的手段来评估组织在使用 IT 方面面临的风险，并确定这些风险是否得到了有效的控制。

（4）提高服务水平，加强服务的可管理性并及时产生各类情况报告，及时、可靠地维护各类服务数据。

用于管理的关键 IT 资源有以下 4 类。

（1）硬件资源：包括各类服务器、工作站、台式计算机/笔记本、各类打印机、扫描仪等硬件设备。

（2）软件资源：是指在企业整个环境中运行的软件和文档，其中包括操作系统、中间件、市场上买来的和本公司开发的应用软件、分布式环境软件、服务于计算机的工具软件以及所提供的服务等，文档包括应用表格、合同、手册、操作手册等。

（3）网络资源：包括通信线路，即企业的网络传输介质；企业网络服务器，运行网络操作系统，提供硬盘、文件数据及打印机共享等服务功能，是网络系统的核心；网络传输介质互联设备（T 型连接器、调制解调器等）、网络物理层互联设备（中继器、集线器等）、数据链路层互联设备（网桥、交换器等）以及应用层互联设备（网关、多协议路由器等）；

企业所用到的网络软件，例如网络操作系统、网络管理控制软件、网络协议等服务软件。

（4）数据资源：是企业生产及管理过程中所涉及的一切文件、资料、图表和数据等的总称，它涉及企业生产和经营活动过程中所产生、获取、处理、存储、传输和使用的一切数据资源，贯穿于企业管理的全过程。数据资源与企业的人力、财力、物力和自然资源一样同为企业的重要资源，且为企业发展的战略资源。同时，它又不同于其他资源（如材料、能源资源），是可再生的、无限的、可共享的，是人类活动的最高财富。

IT 系统管理的通用系统架构分为三个部分，分别是 IT 部门管理、业务部门（客户）IT 支持和 IT 基础架构管理。

（1）IT 部门管理包括 IT 组织结构及职能管理，以及通过达到的服务水平协议实现对业务的 IT 支持，不断改进 IT 服务。

（2）业务部门 IT 支持通过帮助服务台实现在支持用户的日常运作过程中涉及的故障管理、性能及可用性管理、日常作业调度、用户支持等。

（3）IT 基础架构管理从 IT 技术的角度建立、监控及管理 IT 基础架构，提供自动处理功能和集成化管理，简化 IT 管理复杂度，保障 IT 技术架构有效、安全、持续地运行，并且为服务管理提供 IT 支持。

IT 系统管理的三个部分相互支撑，同时支持整个 IT 战略规划，满足业务部门对于 IT 服务的各种需求。

系统管理预算的目的是帮助 IT 部门在提供服务的同时加强成本/收益分析，以合理地利用 IT 资源，提高 IT 投资效益。企业 IT 预算大致可分为如下三个方面：技术成本（硬件和基础设施）、服务成本（软件开发与维护、故障处理、帮助台支持）和组织成本（会议、日常开支）。

试题 3 答案

[问题 1]

IT 系统管理的基本目标有以下 4 方面。

（1）实现对企业业务的全面管理。

（2）保证企业 IT 环境的可靠性和整体安全性，或保证企业 IT 环境的整体性能。

（3）对用户进行全面跟踪与管理，对风险进行有效控制。

（4）维护服务数据，提高服务水平。

[问题 2]

（1）硬件资源。

（2）软件资源。

（3）网络资源。

（4）数据资源。

[问题 3]

IT 系统管理的通用体系架构分为以下三个部分。

（1）IT 部门管理。主要是 IT 组织结构及职能管理。

（2）业务部门 IT 支持。主要是业务需求、开发软件和故障管理、性能和可用性管理、日常作业调度、用户支持等。

（3）IT 基础架构管理。从 IT 技术的角度建立、监控及管理 IT 基础架构。提供自动处理功能和集成化管理。

[问题 4]

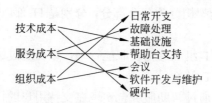

8.3　命题趋势分析

参照信息系统管理工程师考试历年真题的考试频率，在此从以下两个方向作分析总结。

（1）纵向分析：系统管理部分主要考查的内容是 IT 部门管理（职责、定位、组织设计）、人员管理、外包管理、系统日常操作管理、用户管理等。该部分的试题难度不大，主要为认知和理解层面的内容。

（2）横向分析：软考采用的是模块化命题模式，在同年同级别考试（系统集成项目管理工程师考试、软件设计师考试）的试题中可以发现相同或相似试题的出现。因此，横向总结、归纳中级级别考试试题中出现的系统管理部分的内容，将帮助考生全面、系统地把握考核的知识点。

对历年真题的理解和消化是非常重要的环节，同时信息系统管理工程师是一个新兴、发展中的职业群体，因此在备考过程中考生应该在建立系统管理部分的个人知识体系的同时，跳出圈子，从全局审视考试的发展，对命题方向作一些趋势分析，使自己的知识体系脉络更加清晰和丰富。

预测今后的考试命题内容将有可能拓宽方向，除了选自以上内容外，还要特别注意信息系统管理（应用技术）部分几章内容的交叉、综合考查（如项目成本管理、分布式管理等），以及注意系统分析师、信息系统项目管理师考试的内容。在此抛砖引玉，以下试题供考生作进一步学习、探索和思考。

延伸试题

阅读下列说明，回答问题 1 至问题 3，将解答填入答题纸的对应栏内。

[说明]

信息系统项目成本管理主要包括估算成本、确定预算以及控制成本。公司王工程师对现在的项目采用挣值进展报告，以向软件开发人员传授挣值的益处。王工程师将项目成果展示于告示栏中，以使团队成员了解项目进展情况。其中展示的部分内容如下：

PV=$2200

EV=$2000

AC=$2500

BAC=$10000

[问题 1]

信息系统项目成本管理主要包括估算成本、确定预算以及控制成本。按照不同的划分方式，可以对信息系统项目成本进行不同的分类。请写出三种不同的划分类别。

[问题 2]

根据挣值分析，请简要说明上述王工程师所展示的项目的进度偏差及状态。

[问题 3]

请简要说明上述王工程师所展示的项目的成本绩效指数是多少？

延伸试题分析

本题考查系统管理中成本管理的基本知识。

项目成本管理主要包括估算成本、确定预算以及控制成本。若按成本控制需要，从成本发生的时间来划分，可以分为预算成本、计划成本和实际成本；若按生产费用计入成本的方法划分，可以分为直接成本和间接成本；而若按生产费用和工程量关系划分，又可以分为固定成本和变动成本。

对于挣值计算中的基本概念说明如下。

（1）基本指标。

EV(BCWP)：实现价值，实际完成工作的预算费用。

PV(BCWS)：计划价值，计划完成工作的预算费用。

AC(ACWP)：实际费用。

BAC：完工预算，项目总的估算费用。

BDAC：基准完工工期。

（2）差异分析。

CV：费用偏差(CV 大于 0 代表费用节约;反之则为费用超支)，CV=EV–AC。

SV：进度偏差(SV 大于 0 代表进度超前,反之则为进度落后)，SV=EV–PV。

（3）绩效分析。

CPI：费用绩效指数(CV 大于 1 代表费用节约;反之则为费用超支)，CPI = EV/AC。

SPI：进度绩效指数(SV 大于 1 代表进度超前,反之则为进度落后)，SPI = EV/PV。

（4）趋势预测。

ETC：完工尚需费用预算。

基于非典型的偏差计算(以后不会再发生类似偏差时)：ETC = BAC–EV。

基于典型的偏差计算(当头偏差可代表未来的趋势时)：ETC = (BAC–EV)/CPI。

EAC：完工总费用预算。

使用新估算费用来计算　EAC = AC+ETC。

使用剩余预算费用计算　EAC = AC+(BAC−EV)。

使用 CPI 计算　EAC = AC+(BAC−EV)/CPI = BAC/CPI(PMP 认证最常用)。

使用 SPI<1 计算　EAC = BAC/(CPI×SPI)。

VAC：完工总费用偏差，VAC = BAC−EAC。

EDAC：估计完工工期，EDAC = BDAC/SPI。

根据题意，进度偏差由 EV−AC 计算得到为−$500。偏差为负数意味着已完成的工作少于在项目该时点计划要完成的工作，即项目落后于进度。

成本绩效指数由 EV/AC 计算得到为 0.80。挣值测量已实际完成工作的预算美元价值，而实际成本测量完成这些工作的实际成本。如果挣值和实际成本的数值相同，则完成的项目工作恰巧用了预算的资金。如果实际成本超过了预算成本，则实际成本将大于挣值，且比率小于 1.0。成本绩效指数为 0.80 意味着对于为项目花费的每 1 美元而言，实际完成的工作仅为 0.80 美元。

延伸试题答案

[问题 1]

若按成本控制需要，从成本发生的时间来划分，可以分为预算成本、计划成本和实际成本；若按生产费用计入成本的方法划分，可以分为直接成本和间接成本；而若按生产费用和工程量关系划分，又可以分为固定成本和变动成本。

[问题 2]

王工程师所展示的项目的进度偏差为-$500。偏差为负数意味着已完成的工作少于在项目该时点计划要完成的工作，即项目落后于进度。

[问题 3]

王工程师所展示的项目的成本绩效指数为 0.80，表示实际成本已超过计划成本。

第9章 资源管理

9.1 考点导航

信息系统管理工程师考试大纲要求考生掌握信息系统管理中的资源管理的内容，具有工程师的实际工作能力和业务水平，能指导信息系统运行管理员安全、高效地管理信息系统的运行。

资源管理主要包括以下几个方面的知识点。

1. 硬件管理

1）识别待管理的硬件

2）硬件资源管理、硬件配置管理、硬件资源维护

2. 软件管理

1）识别待管理的程序与文档

2）软件开发阶段的管理、软件运行阶段的管理、软件更新

3）程序库管理、软件包发行管理、文档管理

4）软件资源的合法使用与保护

3. 数据管理

1）数据生命周期和数据资源管理

2）数据管理（数据管理员、数据维护、数据库管理系统、分布式数据库管理）

3）企业级数据管理（数据标准化、数据字典、数据目录、信息系统目录）

4）数据库审计支持

4. 网络资源管理

1）待管理项目的识别（通信线路、通信服务、网络设备、网络软件）

2）网络资源管理（登记管理的准备、资产管理、命名规则和标准）

3）配置管理（网络设备配置图与连接图、地址管理、更新管理）

4）网络资源维护

5）网络管理（网络运行监视、网络故障管理、网络安全管理、网络性能管理）

6）网络审计支持

5. 相关设施和设备的管理

电源设备管理、空调设备管理、楼宇管理、网络安全管理、分布式现场的设备管理

资源管理部分在历年信息系统管理工程师考试上午卷中的分值变化如图 9.1 所示。2006—2011 年的分值分别为 15 分、20 分、0 分、0 分、15 分，平均分值为 10 分。该部分

是信息系统管理从业人员的应用技术基础内容，在考试中占有较为稳定的比重，平均约占13.3%。考生应结合自身情况，查漏补缺，夯实基础，稳扎稳打，确保攻克基础部分。

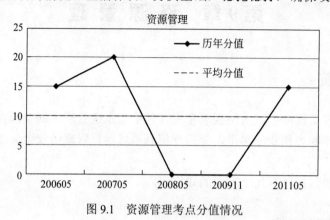

图 9.1　资源管理考点分值情况

软考统计分析表明，每年软考考点重复考查率达到 12%~16%。因此，对历年软考真题的研读有助于缩短对考试考点与内容的熟悉过程，有助于顺利通过信息系统管理工程师考试。

9.2　历年真题解析

试题 1（2006 年 5 月试题五）

阅读下列说明，回答问题 1 至问题 3，将解答填入答题纸的对应栏内。

[说明]

随着企业信息化的不断深入，企业一方面希望众多部门、用户之间能共享信息资源，另一方面也希望各计算机之间能互相传递信息。因此，企业资产管理里面增加了企业网络资源管理。

[问题 1]（8 分）

要进行企业网络资源管理，首先要识别目前企业包含哪些网络资源。请列举企业 4 类网络资源的名称并举例说明。

[问题 2]（5 分）

根据 ISO 定义的网络管理模型，请列举网络管理的 5 方面内容。

[问题 3]（2 分）

网络配置管理是网络管理的重要内容。网络配置管理主要涉及网络设备的设置、转换、___(1)___、___(2)___ 等信息。

试题 1 分析

本题考查信息系统管理中网络资源管理的知识。

随着企业信息化的不断深入，企业一方面希望众多部门、用户之间能共享信息资源，另一方面也希望各计算机之间能互相传递信息。因此，企业资产管理里面增加了企业网络资源管理。

要进行企业网络资源管理，首先就要识别目前企业包含哪些网络资源。企业的4类网络资源分别如下。

（1）通信线路。即企业的网络传输介质。目前常用的传输介质有双绞线、同轴电缆、光纤等。

（2）通信服务。指的是企业网络服务器，运行网络操作系统，提供硬盘、文件数据及打印机共享等服务功能，是网络控制的核心。目前常见的网络服务器主要有Netware、UNIX和Windows NT等三种。

（3）网络设备。计算机与计算机或工作站与服务器进行连接时，除了使用连接介质外，还需要一些中介设备，这些中介设备就是网络设备。主要有网络传输介质互联设备（T型连接器、调制解调器等）、网络物理层互联设备（中继器、集线器等）、数据链路层互联设备（网桥、交换器等）以及应用层互联设备（网关、多协议路由器等）。

（4）网络软件。企业所用到的网络软件，例如，网络控制软件、网络服务软件等。

网络管理包含5个部分，它们分别是网络性能管理、网络设备和应用配置管理、网络利用和计费管理、网络设备和应用故障管理以及安全管理。ISO建立了一套完整的网络管理模型，其中包含对应上面5个部分的概念性定义。也即，ISO建立的网络管理模型中包含网络性能管理、网络设备和应用配置管理、网络利用和计费管理、网络设备和应用故障管理以及安全管理。

网络配置管理是指管理员对企业所有网络设备的配置的统一管理，通过监控网络和系统配置信息，可以跟踪和管理各种版本的硬件和软件元素的网络操作。目前，管理员大多数是通过登录方法对网络设备进行配置，并利用设备提供的配置命令完成配置工作。

网络配置管理主要涉及网络设备（网桥、路由器、工作站、服务器、交换机……）的设置、转换、收集和修复等信息。

试题1答案

[问题1]

通信线路。例如双绞线、光纤等。

通信服务。例如UNIX、Windows NT等。

网络设备。例如调制解调器、交换器、路由器等。

网络软件。例如网络控制软件、网络服务软件等。

[问题2]

性能管理，配置管理，计费管理，故障管理，安全管理。

[问题3]

（1）收集　　　　（2）修复

试题 2（2007 年 5 月试题一）

阅读下列说明，回答问题 1 至问题 3，将解答填入答题纸的对应栏内。

[说明]

信息系统管理指的是企业信息系统的高效运作和管理，其核心目标是管理业务部门的信息需求，有效地利用信息资源恰当地满足业务部门的需求。

[问题 1]（8 分）

信息系统管理的 4 个关键信息资源分别为硬件资源、软件资源、网络资源和数据资源，请在下列 A~H 的 8 个选项中选择分别符合上述 4 个类别的具体实例（每类两个），填入空（1）～（4）中。

硬件资源包括：___(1)___

软件资源包括：___(2)___

网络资源包括：___(3)___

数据资源包括：___(4)___

A. 图表　　　　　　B. 数据文件　　　　　C. 集线器　　　　　D. 工作站

E. 打印机　　　　　F. 操作系统　　　　　G. 路由器　　　　　H. 软件操作手册

[问题 2]（6 分）

信息系统管理通用体系架构分为三个部分，分别是信息部门管理、业务部门信息支持和信息基础架构管理，请在下列 A~F 的 6 个选项中选择各部分的具体实例（每部分两个），填入空（5）～（7）中。

信息部门管理：___(5)___

业务部门信息支持：___(6)___

信息基础架构管理：___(7)___

A. 故障管理　　　　　　　　　　　　B. 财务管理

C. 简化 IT 管理复杂度　　　　　　　D. 性能及可用性管理

E. 配置及变更管理　　　　　　　　　F. 自动处理功能和集成化管理

[问题 3]（6 分）

企业信息系统管理的策略是为企业提供满足目前的业务与管理需求的解决方案。具体而言包括以下 4 个内容，请将合适的解释填入空（8）～（10）中。

1. 面向业务处理：目前，企业越来越关注解决业务相关的问题，而一个业务往往涉及多个技术领域，因此在信息系统管理中，需要面向业务的处理方式，统一解决业务涉及的问题。

2. 管理所有的 IT 资源，实现端到端的控制：_____(8)_____。

3. 丰富的管理功能：_____(9)_____。

4. 多平台、多供应商的管理：_____(10)_____。

试题 2 分析

本题考查信息系统管理的基本知识。

信息系统管理指的是企业信息系统的高效运作和管理,其核心目标是管理业务部门的信息需求,有效地利用信息资源恰当地满足业务部门的需求。

信息系统管理的 4 个关键信息资源分别为硬件资源、软件资源、网络资源和数据资源。

(1)硬件资源:包括各类服务器(如小型机、UNIX 和 Windows 等)、工作站、台式计算机/笔记本、各类打印机和扫描仪等硬件设备。

(2)软件资源:指在企业整个环境中运行的软件和文档,其中包括操作系统、中间件、市场上买来的和本公司开发的应用软件、分布式环境软件、服务于计算机的工具软件以及所提供的服务等,文档包括应用表格、合同、手册和操作手册等;要进行企业的软件资源管理,首先就要先识别出企业中运行的软件和文档,归类汇总、登记入档。软件资源管理是指优化管理信息的收集,对企业所拥有的软件授权数量和安装地点进行管理。

(3)网络资源:包括通信线路、企业网络服务器、网络传输介质互联设备、网络物理层互联设备(集线器等)、数据链路层互联设备以及应用互联设备(路由器)、企业所用的网络软件等。

(4)数据资源:是企业生产及管理过程中所涉及的一切文件、资料、图表和数据等的总称。

信息系统管理通用体系架构分为三个部分,分别是信息部门管理、业务部门信息支持和信息基础架构管理。

(1)IT 部门管理包括 IT 组织结构及智能管理,以及通过达成的服务水平协议实现对业务的 IT 支持。不断改进信息服务,包括信息财务管理、服务级别管理、问题管理、配置及变更管理、能力管理、业务支持性管理。

(2)业务部门信息支持通过帮助服务台实现在支持用户的日常运作过程中涉及的故障管理、性能及可用性管理、日常作业调度管理等。

(3)信息基础架构管理从信息技术的角度监控和管理信息机构架构,提供自动处理能力和集成化管理,简化信息管理复杂度,保障信息基础架构有效、安全、持续地运行,并为服务管理提供信息支持。

企业信息系统管理的策略是为企业提供满足目前的业务与管理需求的解决方案。具体而言包括以下 4 个内容。

(1)面向业务处理。目前,企业越来越关注解决业务相关的问题,而一个业务往往涉及多个技术领域,因此在信息系统管理中,需要面向业务的处理方式,统一解决业务涉及的问题。

(2)信息系统管理中,所有信息资源必须作为一个整体来管理,企业信息部门只使用一个管理方案就可以管理企业的所有信息资源,包括不同的网络、系统、应用软件和数据库。集中管理功能的解决方案横跨了传统的分离的资源。

（3）信息系统管理应该包括范围广泛的、丰富的管理功能来管理各种 IT 资源。包括从网络发现到进度规划，从多平台安全到数据库管理，从存储管理到网络性能等丰富的管理能力，集成在一起提供统一的管理。

（4）信息系统管理必须面对各种不同的环境：TCP/IP、SNA 和 IPX 等不同的网络；Windows、UNIX 等不同的服务器；各种厂商的硬件设备和数据库等。信息系统管理须提供相联系的集成化的管理方式。

试题 2 答案

[问题 1]

（1）D、E

（2）F、H

（3）C、G

（4）A、B

[问题 2]

（5）B、E

（6）A、D

（7）C、F

[问题 3]

（8）信息系统管理中，所有信息资源必须作为一个整体来管理，企业信息部门只使用一个管理方案就可以管理企业的所有信息资源，包括不同的网络、系统、应用软件和数据库。集中管理功能的解决方案横跨了传统的分离的资源。

（9）信息系统管理应该包括范围广泛的、丰富的管理功能来管理各种 IT 资源。包括从网络发现到进度规划，从多平台安全到数据库管理，从存储管理到网络性能等丰富的管理能力，集成在一起提供统一的管理。

（10）信息系统管理必须面对各种不同的环境：TCP/IP、SNA 和 IPX 等不同的网络；Windows、UNIX 等不同的服务器；各种厂商的硬件设备和数据库等。信息系统管理须提供相联系的集成化的管理方式。

试题 3（2011 年 5 月试题四）

阅读下列说明，回答问题 1 至问题 3，将解答填入答题纸的对应栏内。

[说明]

企业信息资源管理是企业整个管理工作的重要组成部分，也是实现企业信息化的关键。在全球经济信息化的今天，加强企业信息资源管理对企业发展具有非常重要的作用。美国著名学者奥汀格曾给出的著名的资源三角形，说明当今社会信息资源已成为企业的重要战略资源，它同物质、能源一起成为推动企业发展的支柱。加强企业信息资源的管理，一方面为企业作出迅速灵敏的决策提供依据；另一方面使企业在激烈的市场竞争中找准自己的发展方向，抢先开拓市场、占有市场，及时有效地制定竞争措施，从而增强企业竞争力。

[问题 1]（6 分）

阅读下面关于企业信息资源管理的表述，请在给定的 A、B 两个选项中，选择一个你认为正确的选项。

信息资源管理（简称 IRM），是对整个组织信息资源开发利用的__(1)__。IRM 把__(2)__和信息技术结合起来，使信息作为一种__(3)__而得到优化地配置和使用。开发信息资源既是企业信息化的__(4)__，又是企业信息化的__(5)__；只有高档次的数据环境才能发挥信息基础设施的作用。因此，从 IRM 的技术侧面看，__(6)__建设是信息资源管理的重要工作。

（1）A 全面管理；B 全程管理　　　　（2）A 经济管理；B 企业管理

（3）A 资源；B 管理　　　　　　　　（4）A 出发点；B 目标

（5）A 成果；B 归宿　　　　　　　　（6）A 数据环境；B 管理环境

[问题 2]（6 分）

以下关于企业信息资源管理的表述中，涉及选项的，请在给出的 A、B 两个选项中，选择一个正确的选项；需要填空的，请在答题纸上相应位置填写。

企业信息资源管理需要有一个有效的信息资源管理体系，在这个体系中最为关键的是人的因素即从事信息资源管理的__(7)__建设；其次是__(8)__，而这一问题要消除以往分散建设所导致的__(9)__；技术也是一个要素，要选择与信息资源整合和管理相适应的__(10)__；另外一个就是__(11)__，主要是指标准和规范，信息资源管理最核心的基础问题就是信息资源的__(12)__。

（7）填空　　　　　　　　　　　　　（8）A 技术问题；B 架构问题

（9）A 信息孤岛；B 投资膨胀　　　　（10）A 软件和平台；B 管理技能

（11）A 环境因素；B 管理因素　　　　（12）填空

[问题 3]（3 分）

IRM 底层上的最重要的角色就是数据管理员（DA），请指出数据管理员至少三方面的具体的工作职责。

试题 3 分析

本题考查企业信息资源管理的基本知识。

信息资源管理（简称 IRM）于 20 世纪 70 年代末至 20 世纪 80 年代初在美国的政府部门出现，是管理领域的研究热点。IRM 是对整个组织信息资源开发利用的全面管理。IRM 把经济管理和信息技术结合起来，使信息作为一种资源而得到优化地配置和使用。开发信息资源既是企业信息化的出发点，又是企业信息化的归宿；只有高档次的数据环境才能发挥信息基础设施的作用、建设集成化的信息系统、落实信息资源的开发和利用。因此，从 IRM 的技术侧面看，数据环境建设是信息资源管理的重要工作。

企业信息资源管理不是把资源整合起来就行了，而是需要有一个有效的信息资源管理体系。在这个体系中，其中最为关键的是人的因素，即从事信息资源管理的人才队伍建设；其次是架构问题，在信息资源建设阶段，规划是以建设进度为主线的；在信息资源管理阶段，规划应该是以架构为主线，主要涉及的是这个信息化运营体系的架构，这个架构要消除以往分散建设所导致的信息孤岛，实现大范围内的信息共享、交换和使用，提升系统效率，达到信息资源的最大增值；技术也是一个要素，要选择与信息资源整合和管理相适应的软件和平台；另外一个就是环境要素，主要是指标准和规范，信息资源管理最核心的基础问题就是信息资源的标准和规范。

企业信息资源开发利用做得好坏的关键人物是企业领导和信息系统负责人。IRM 底层上的最重要的角色就是数据管理员 DA，数据管理员负责支持整个企业目标的信息资源的规划、控制和管理；协调数据库和其他数据结构的开发，使数据存储冗余最小而具有最大相容性；负责建立有效使用数据资源的标准和规程，组织所需要的培训；负责实现和维护支持这些目标的数据字典；审批所有对数据字典所做的修改；负责监督数据管理部门中的所有职员的工作。数据管理员应能提出关于有效使用数据资源的整治建议，向主管部门提出不同的数据结构设计的优缺点忠告，监督其他人员进行逻辑数据结构设计和数据管理。

数据管理员还需要有良好的人际关系，善于同中高层管理人员一起制定信息资源的短期和长期计划。在数据结构的研制、建立文档和维护过程中，能与相关人员协同工作，为相关部门和人员提供所需信息。数据管理员还要对日常数据进行更新和维护等。

对于现代企业来说，信息资源也是一个企业赖以生存的重要因素之一。信息资源管理的核心内容就是信息资源的合理配置。信息资源的充分开发和有效利用则是信息资源管理的基本目标。在社会的多元开发与多层次组织中，信息资源的形态呈多样化趋势，各种形态的资源在形态转化中相互作用，成为一体，由此形成社会的信息资源结构，在企业中也是如此。

信息不对称理论研究的是在实际生活中所存在的各方面所掌握的信息不对称问题，这对于信息资源管理来说有着很重要的影响。信息不对称理论的基本内容可以概括为两点，第一点就是有关交易的双方之间的分布是不对称的，即一方比另一方占有较多的相关信息；第二点就是交易双方对于各自在信息占有方面的相对地位都是非常清楚的。

信息不对称环境下会对于信息资源管理产生一些障碍。

（1）时滞现象。信息在活动过程中因为受各种因素的不良干扰与影响，有时就会出现信息过剩、信息阻塞或者信息过时。增加了获取信息的难度，表现出一种难以克服和无法避免的状态。

（2）限制现象。信息具有消耗成本的制约，大量的搜寻、过度的检索会使信息本身的成本加大，从而在接受信息的时候受到约束。

（3）激励制度，由于直接交流的影响和信息制度的不健全，使得个人的信息不能够得到共享，浪费了大量的信息资源。

试题 3 答案

[问题 1]

（1）A　（2）A　（3）A　（4）A　（5）B　（6）A

[问题 2]

（7）人才队伍　（8）B　（9）A　（10）A　（11）A　（12）标准和规范

[问题 3]

（1）负责支持整个企业目标的信息资源的规划、控制和管理。

（2）协调数据库和其他数据结构的开发，使数据存储冗余最小而具有最大相容性。

（3）负责建立有效使用数据资源的标准和规程，组织所需要的培训。

（4）负责实现和维护支持这些目标的数据字典。

（5）审批所有对数据字典所做的修改。

（6）负责监督数据管理部门中的所有职员的工作。

（7）提出有效使用数据资源的整治建议。

（8）对日常数据进行更新和维护。

（9）参与制订信息资源长短期计划等。

9.3　命题趋势分析

参照信息系统管理工程师考试历年真题的考试频率，在此从以下两个方向作分析总结。

（1）纵向分析：资源管理部分的内容主要考查的是软件管理、网络资源管理、数据管理等。该部分的试题难度不大，主要为认知和理解层面的内容。

（2）横向分析：软考采用的是模块化命题模式，在同年同级别考试（系统集成项目管理工程师考试、软件设计师考试）的试题中可以发现相同或相似试题的出现。因此，横向总结、归纳中级级别考试试题中出现的资源管理部分的内容，将帮助考生全面、系统地把握考核的知识点。

对历年真题的理解和消化是非常重要的环节，同时信息系统管理工程师是一个新兴、发展中的职业群体，因此在备考过程中考生应该在建立资源管理部分的个人知识体系的同时，跳出圈子，从全局审视考试的发展，对命题方向作一些趋势分析，使自己的知识体系脉络更加清晰和丰富。

预测今后的考试命题内容将有可能拓宽方向，除了选自以上内容外，还要特别注意信息系统管理（应用技术）部分几章内容的交叉、综合考查，以及注意系统分析师、信息系统项目管理师考试的内容。在此抛砖引玉，以下试题供考生作进一步学习、探索和思考。

延伸试题

阅读下列说明，回答问题 1 至问题 3，将解答填入答题纸的对应栏内。

[说明]

在信息系统的配置管理中，配置是指在技术文档中明确说明并最终组成软件产品的功能或物理属性。配置包括即将受控的所有产品特性，其内容及相关文档、软件版本、变更文档、硬件运行的支持数据，以及其他一切保证硬件一致性的组成要素。

[问题1]

请简要说明配置管理的活动主要有哪些。

[问题2]

请简要说明项目配置管理系统的基本结构中的内容。

[问题3]

硬件经常被划分为各类配置项 CI，基线是配置管理系统中一个 CI（配置项）或一组 CI 在其生命周期的不同时间点上通过正式评审而进入正式受控的一种状态。请简要说明基线的基本属性。

延伸试题分析

本题考查资源管理中配置管理里的基本知识。

在信息系统的配置管理中，配置是指在技术文档中明确说明并最终组成软件产品的功能或物理属性。配置包括即将受控的所有产品特性，其内容及相关文档、软件版本、变更文档、硬件运行的支持数据，以及其他一切保证硬件一致性的组成要素。

配置管理的活动主要包括编制项目配置管理计划、配置标识、变更管理和配置控制、配置状态说明、配置审核，以及进行版本管理和发行管理。

配置库主要有三类，它们分别是开发库、受控库和产品库。开发库存放开发过程中需要保留的各种信息，以供开发人员个人专用；受控库存放在信息系统开发的某个阶段工作结束之后的工作产品或有关的信息；产品库则存放在开发的信息系统产品完成系统测试之后的最终产品。作为配置管理的重要手段，受控库和产品库的规范化运行能够实现对配置项的管理。

硬件经常被划分为各类配置项 CI，基线是配置管理系统中一个 CI（配置项）或一组 CI 在其生命周期的不同时间点上通过正式评审而进入正式受控的一种状态。基线的基本属性如下。

（1）通过正式的评审过程建立，基线存在于基线库中，对基线的变更接受更高权限的控制，基线是进一步开发和修改的基准和出发点。

（2）第一个基线包含通过评审的软件需求，也称为需求基线，通过建立这样一个基线，受控的系统需求成为进一步软件开发的出发点，对需求的变更被正式初始化、评估。受控的需求还是对软件进行功能评审的基础。

延伸试题答案

[问题1]

配置管理的活动主要包括编制项目配置管理计划、配置标识、变更管理和配置控制、配置状态说明、配置审核，以及进行版本管理和发行管理。

[问题 2]

配置库主要有三类，它们分别是开发库、受控库和产品库。开发库存放开发过程中需要保留的各种信息，以供开发人员个人专用；受控库存放在信息系统开发的某个阶段工作结束之后的工作产品或有关的信息；产品库则存放在开发的信息系统产品完成系统测试之后的最终产品。

[问题 3]

基线的基本属性如下。

（1）通过正式的评审过程建立，基线存在于基线库中，对基线的变更接受更高权限的控制，基线是进一步开发和修改的基准和出发点。

（2）第一个基线包含通过评审的软件需求，也称为需求基线，通过建立这样一个基线，受控的系统需求成为进一步软件开发的出发点，对需求的变更被正式初始化、评估。受控的需求还是对软件进行功能评审的基础。

第 10 章　故　障　管　理

10.1　考点导航

信息系统管理工程师考试大纲要求考生掌握信息系统管理中的故障管理的内容，具有工程师的实际工作能力和业务水平，能指导信息系统运行管理员安全、高效地管理信息系统的运行。

故障管理主要包括以下几个方面的知识点。

1. 故障监视

设置待监视项目、监视的内容和方法

2. 故障的调查

收集故障信息、隔离故障、确定故障位置、调查故障原因

3. 恢复处理

1）恢复作业的准备、恢复处理的形式

2）主机故障的恢复、数据库故障的恢复、网路故障的恢复、相关设备故障的恢复、作业非正常情况的恢复

3）故障处理及恢复涉及的有关人员

4. 故障记录与防再现措施

1）故障的记录与报告、故障原因分析

2）评估与改进故障处理过程、审查类似设备与软件、处理故障工作流程的标准化

5. 分布式系统的故障管理

1）分布式系统的故障问题、故障监视、故障分析、故障恢复

2）分布式系统中防止故障再现

故障管理部分在历年信息系统管理工程师考试上午卷中的分值变化如图 10.1 所示。2006—2011 年的分值分别为 15 分、20 分、15 分、0 分、0 分，平均分值为 10 分。该部分是信息系统管理从业人员的应用技术基础内容，在考试中占有较为稳定的比重，平均约占 13.3%。考生应结合自身情况，查漏补缺，夯实基础，稳扎稳打，确保攻克基础部分。

软考统计分析表明，每年软考考点重复考查率达到 12%~16%。因此，对历年软考真题的研读有助于缩短对考试考点与内容的熟悉过程，有助于顺利通过信息系统管理工程师考试。

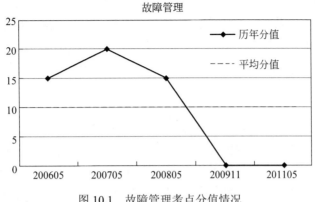

图 10.1 故障管理考点分值情况

10.2 历年真题解析

试题 1（2006 年 5 月试题二）

阅读下列说明，回答问题 1 至问题 3，将解答填入答题纸的对应栏内。

[说明]

企业中信息系统运行管理工作主要是优化各类管理流程，并保证能够按照一定的服务级别，为业务部门（客户）提供高质量、低成本的服务。故障管理是其中重要的组成部分。

[问题 1]（6 分）

美国权威市场调查机构 Gartner Group 曾对造成非计划宕机的故障原因进行分析，并发表了专门报告，主要可以分为三类。请列举其名称并简述其内容。

[问题 2]（5 分）

根据故障管理流程图 10.2，填写（1）到（5）的空白。

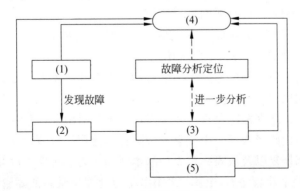

图 10.2 故障管理流程图

[问题3]（4分）

对于金融业务信息系统，其特点是 7×24 小时不间断地工作、业务数据量大、事务性强。数据库系统的备份一般可分为完全备份、增量备份和按需备份三种。根据金融业务系统的特点和数据库系统备份的分类，说明应采用的合理的数据库备份策略，并简要说明理由。

试题 1 分析

本题考查信息系统管理中故障管理及问题管理的知识。

故障是系统运转过程中出现的任何系统本身的问题，或者是任何不符合标准的操作、已经引起或可能引起服务中断和服务质量下降的事件。

常见的故障主要有三大类：硬件和外围设备故障（主机宕机、设备无故报警、电力中断、网络瘫痪等）、应用系统故障（服务不可用、无法登录、系统出现 bug 等）及请求服务和操作故障（忘记密码、未做来访登记等）。

美国权威市场调查机构 Gartner Group 曾对造成非计划宕机的故障原因进行分析，并发表了专门报告，认为故障原因主要可以分为以下三类。

（1）技术因素：包括硬件、操作软件系统、环境因素以及灾难性事故。

（2）应用性故障：包括性能问题、应用缺陷（bug）及系统应用变更。

（3）操作故障：人为地未进行必要的操作或进行了错误操作。

为了便于实际操作中的监视设置，将导致 IT 系统服务中断的因素由三类扩展成以下 7 类。

（1）按计划进行硬件、操作系统的维护操作时引起的故障。例如，增加硬盘和进行操作系统补丁等。

（2）应用性故障。包括应用软件的性能问题、应用缺陷（bug）及系统应用变更等。

（3）人为操作故障。包括人员的误操作和不按规定的非标准操作引起的故障。

（4）系统软件故障。包括操作系统死机、数据库的各类故障等。

（5）硬件故障。例如，硬盘或网卡损坏等。

（6）相关设备故障。例如，停电时 UPS 失效导致服务中断。

（7）自然灾害。例如，火灾、地震和洪水等。

这 7 类导致系统服务中断的原因中，软件和人为操作因素占了很大的比例，硬件和设备因素只占了很小的比例。

故障管理流程为：从在故障监视过程中发现故障到对故障信息的调研，再到故障的恢复处理和故障排除，由此形成了一个完整的故障管理流程。故障管理即包含故障监视、故障调研、故障支持和恢复以及故障终止 5 项基本活动。为了实现对故障流程完善的管理，需要对故障管理的整个流程进行跟踪，并作出相应处理记录。故障管理的流程如图 10.3 所示。

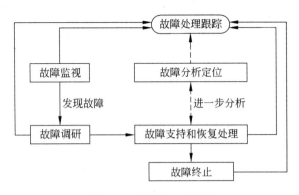

图 10.3 故障管理流程图

对于金融业务信息系统,其特点是 7×24 小时不间断地工作、业务数据量大、事务性强。数据库系统的备份一般可分为完全备份、增量备份和按需备份三种。根据金融业务系统的特点和数据库系统备份的分类,应采用的合理的数据库备份策略如下。

(1)数据库系统完全备份、增量备份相结合。这主要是考虑两种备份各自的特点。完全备份的数据最完整,但是每次备份所花费的时间很多,不可能天天做完全备份。增量备份每次备份只对新增加的数据进行备份,它是建立在已有增量备份的基础之上的。

(2)形成一个循环周期。在做备份计划时,必须对备份下的数据有一个保留的时间段,因此可以设计一个循环周期,在该周期内所有的备份数据均应保留。在下一个周期开始后,可以覆盖上一个周期的数据备份。另外,有条件的企业可以长期保留系统某些关键时间点的数据备份。

(3)根据需要使用按需备份。在企业中往往会产生一些特殊的需求,对数据库中部分数据进行备份。此时可以利用数据库提供的工具,根据需要进行相应的备份。

试题 1 答案

[问题 1]

技术因素:包括硬件、操作软件系统、环境因素以及灾难性事故。

应用性故障:包括性能问题、应用缺陷(bug)及系统应用变更。

操作故障:人为地未进行必要的操作或进行了错误操作。

[问题 2]

(1)故障监视。

(2)故障调研。

(3)故障支持和恢复处理。

(4)故障处理跟踪。

(5)故障终止。

[问题3]

备份策略如下。

（1）数据库系统完全备份、增量备份相结合。

（2）形成一个循环周期。

（3）根据需要使用按需备份。

理由：因数据量大，不能频繁使用完全备份。

试题 2（2007 年 5 月试题三）

阅读下列说明，回答问题 1 和问题 2，将解答填入答题纸的对应栏内。

[说明]

某银行账务处理系统，某天突然崩溃，银行被迫停业。银行的信息系统维护人员紧急集合起来处理该问题。经过简单的调查分析后，维护人员内部发生了争论，提出了两种处理方法：

（1）根据经验，问题很可能是由于网络、硬件设备等瞬间错误原因引起，只需要系统重新启动即可。而且此类问题很难追踪，大家工作任务很重，只要系统可以正常运行即可，不必再进行问题追踪。

（2）通过测试分析后发现网络、硬件设备等工作正常，所以问题可能是由于软件中一个隐藏很深的错误引发。系统重启后虽然可能正常营业，但业务数据可能存在隐患。因此应尽快组织人力分析问题产生的原因，从根源上解决问题，为此必须停业。

[问题 1]（6 分）

（1）请说明信息系统管理中故障处理的定义。

（2）请说明信息系统管理中问题控制的定义。

（3）请说明故障管理和问题控制的相互关系。

[问题 2]（14 分）

（4）题目给出的两种处理方法是否恰当？请分析说明。

（5）对于不恰当的处理方式，请说明理由，并给出相应的恰当处理方式。

试题 2 分析

本题考查信息系统管理中故障处理和问题控制的基本知识。

故障是系统运转过程中出现的任何系统本身的问题，或者是任何不符合标准的操作、已经引起或可能引起服务中断和服务质量下降的事件。故障处理是指在发现故障之时为尽快恢复系统 IT 服务而采取必要的技术上或者管理上的办法。

问题是存在某个未知的潜在故障原因的一种情况，这种原因会导致一起或多起故障。问题经常是分析多个呈现相同症状的故障后被发现的。问题控制流程是一个有关怎样有效处理问题的过程，其目的是发现故障产生的根本原因（如配置项出现故障）并向服务台提供有关应急措施的意见和建议。

故障处理过程和问题控制过程极为相似并密切相关。故障处理是问题控制的前提和基础，其目的是解决故障并提供相应的应急措施；问题控制记录故障处理时的应急措施，同时提供对这些措施的意见和建议，其目的是分析故障产生的根本原因，防止再次发生相同故障。

本题中的争论实质上是故障处理和问题控制的关系问题。恰当的处理方式如下。

（1）系统崩溃后，首先作为故障处理，尽快重新提供信息服务。采取重新热/冷启动的方式恢复系统。

（2）恢复系统并重新提供信息服务后，进入问题控制流程，对该故障产生的根本原因进行深入分析。

（3）针对问题控制所得出的故障原因，按照企业内部维护流程进行修改维护。

试题 2 答案

[问题 1]

（1）故障处理：是指在发生故障之时为尽快恢复系统服务而采取必要的技术上或者管理上的办法。

（2）问题控制：是一个有关怎样有效处理问题的过程，其目的是发现故障发生的根本原因并提供有关应急措施的意见和建议。

（3）故障处理过程和问题控制过程极为相似并密切相关。故障处理是问题控制的前提和基础，其目的是解决故障并提供相应的应急措施；问题控制记录故障处理时的应急措施，同时提供对这些措施的意见和建议，其目的是分析故障产生的根本原因，防止再次发生相同故障。

[问题 2]

（4）第一种处理方式不恰当。

第二种处理方式不恰当。

（5）第一种处理方式不恰当的原因：故障处理在发生故障之时应尽快恢复系统，提供信息服务。但需要发现发生故障的根本原因，从根本上解决问题。

第二种处理方式不恰当的原因：虽然需要从根本上解决问题，但对故障处理而言，其最主要的目标是尽可能快地恢复信息服务，而不是在停业的情况下去分析问题产生的原因。

恰当的处理方式如下。

- 系统崩溃后，首先作为故障处理，尽快重新提供信息服务。采取重新热/冷启动的方式恢复系统。
- 恢复系统并重新提供信息服务后，进入问题控制流程，对该故障产生的根本原因进行深入分析。
- 针对问题控制所得出的故障原因，按照企业内部维护流程进行修改维护。

试题 3（2008 年 5 月试题三）

阅读下列说明，回答问题 1 至问题 3，将解答填入答题纸的对应栏内。

[说明]

某企业业务信息系统某天突然出现故障，无法处理业务。信息系统维护人员采用重新启动的方法来进行恢复，发现数据库系统无法正常启动。

数据库故障主要分为事务故障、系统故障和介质故障，不同故障的恢复方法也不同。

[问题 1]（6分）

请解释这 3 种数据库故障的恢复方法，回答该企业的数据库故障属于何种类型的故障，为什么？

[问题 2]（3分）

请回答该故障给数据库带来何种影响。

[问题 3]（6分）

请给出该故障的主要恢复措施。

试题 3 分析

本题考查企业信息资源管理中数据库故障恢复措施的基本知识。

一般情况下，当信息系统运行过程中发生了数据库故障，利用数据库备份副本和数据库日志文件就可以将数据库恢复到故障前的某个一致性状态。数据库故障主要分为事务故障、系统故障和介质故障，不同故障的现象和恢复方法也是不同的。

（1）事务故障是指事务在运行至正常终点前被终止，此时数据库可能处于不正确的状态，恢复程序要在不影响其他事务运行的情况下强行回滚（ROLLBACK）该事务，即撤销该事务已经作出的任何对数据库的修改，使得事务好像完全没有启动一样。事务故障的恢复由系统自动完成。具体的步骤为：反向（从后向前）扫描日志文件，查找该事务的更新操作；对该事务的更新操作做逆操作，也就是将日志记录更新前的值写入数据库；继续反向扫描日志文件，查找该事务的其他更新操作，并做同样处理；如此处理下去，直到读到了此事务的开始标记，事务故障恢复就完成了。

（2）系统故障是指造成系统停止运转的任何事件，使得系统要重新启动。例如，特定类型的硬件错误、操作系统故障、DBMS 代码错误、突然停电等。这类故障影响正在运行的所有事务，但是不破坏数据库。系统故障的恢复是由系统在重新启动时自动完成的，此时恢复子系统撤销所有未完成的事务并重做（redo）所有已提交的事务。具体的步骤为：正向（从头到尾）扫描日志文件，找出故障发生前已经提交的事务，将其事务标识记入重做队列，同时找出故障发生时尚未完成的事务，将其事务标识记录撤销队列；反向扫描日志文件，对撤销事务的更新操作执行逆操作，也就是将日志记录中更新前的值写入数据库；正向扫描日志文件，对每个重做事务重新执行日志文件登记的操作，也就是将日志记录中更新后的值写入数据库。

（3）介质故障又称为硬故障。硬故障是指外存故障，例如磁盘损坏、磁头碰撞、瞬时强磁场干扰等。这类故障将破坏数据库或部分数据库，并影响正在存取这部分数据的所有事务，日志文件也将被破坏。这类故障比前面两类故障发生的可能性要小，但是破坏性最大。恢复方法是重装数据库，然后重做已经完成的事务。具体的步骤为：装入最新的数据库后备副本，使数据库恢复到最近一次转储时的一致性状态；装入相应的日志文件副本，重做已完成的事务。介质故障的恢复需要 DBA 的介入，DBA 只需要重装最近转储的数据库副本和有关的各日志文件副本，然后执行系统提供的恢复命令，具体的操作仍由 DBMS 完成。

试题 3 答案

[问题 1]

数据库三种故障的恢复方法如下。

（1）事务故障：恢复由数据库系统自动完成，不破坏数据库。

（2）系统故障：恢复是由数据库系统在重新启动时自动完成，不破坏数据库。

（3）介质故障：无法由数据库自动恢复。恢复方法是重装数据库，然后重做已完成的事务，同时也需要 DBA 的介入。

故障类型：介质故障。

原因：根据说明中的描述，该故障在维护人员重新启动数据库后，数据库系统没有自行恢复。根据三种故障的恢复方法，可以明确该故障是介质故障。

[问题 2]

该故障将破坏数据库或部分数据库，并影响正在存取这部分数据的所有事务，日志文件也将被破坏。

[问题 3]

介质故障恢复的具体步骤如下。

（1）装入最新数据库后备副本，使数据库恢复到最近一次转储时的一致性状态。

（2）装入相应的日志文件副本，重做已完成的事务。

（3）DBA 重装最近转储的数据库副本和有关的日志文件副本，然后执行系统提供的恢复命令，具体的恢复操作仍由 DBMS 完成。

10.3　命题趋势分析

参照信息系统管理工程师考试历年真题的考试频率，在此从以下两个方向作分析总结。

（1）纵向分析：故障管理部分的内容考查的主要是故障恢复处理、问题控制和管理、故障的调查、故障记录与防再现措施等。该部分的试题难度不大，主要为认知和理解层面的内容。

（2）横向分析：软考采用的是模块化命题模式，在同年同级别考试（系统集成项目管理工程师考试、软件设计师考试、网络工程师考试）的试题中可以发现相同或相似试题的出现。因此，横向总结、归纳中级级别考试试题中出现的故障管理部分的内容，将帮助考生全面、系统地把握考核的知识点。

对历年真题的理解和消化是非常重要的环节，同时信息系统管理工程师是一个新兴、发展中的职业群体，因此在备考过程中考生应该在建立故障管理部分的个人知识体系的同时，跳出圈子，从全局审视考试的发展，对命题方向作一些趋势分析，使自己的知识体系脉络更加清晰和丰富。

预测今后的考试命题内容将有可能拓宽方向，除了选自以上内容外，还要特别注意信息系统管理（应用技术）部分几章内容的交叉、综合考查，以及注意系统分析师、信息系统项目管理师考试的内容。在此抛砖引玉，以下试题供考生作进一步学习、探索和思考。

延伸试题

阅读下列说明，回答问题 1 至问题 3，将解答填入答题纸的对应栏内。

[说明]

数据库故障主要分为事务故障、系统故障和介质故障。在数据库的运行过程中，通常需要建立冗余数据，即备份数据，以防止因为计算机系统的软、硬件故障造成数据库中全部或部分数据丢失。当计算机系统运行发生故障时，就可以利用备份数据将数据库恢复到故障前的某个一致性状态。

[问题 1]

请简要说明数据库备份的常用技术。

[问题 2]

请简要说明日志文件中所包含的内容及其在故障恢复中的作用。

[问题 3]

请简要说明数据备份时是否支持应用程序对数据库的并发访问。

延伸试题分析

本题考查故障管理中数据库系统数据备份与恢复的基本知识。

当系统运行过程中发生故障，利用数据库后备副本和日志文件可以将数据库恢复到故障前的某个一致性状态。数据库故障主要分为事务故障、系统故障和介质故障。

数据库备份常用的技术主要有数据转储和建立日志文件。其中，数据转储还分为静态转储、动态转储、海量转储以及增量转储。静态转储不允许在转储期间对数据库进行存取、修改操作；动态转储允许在转储期间对数据库进行存取、修改操作；海量转储每次都转储全部数据；增量转储每次只转储上次转储后更新的数据。

日志文件是用来记录事务对数据库的更新（插入、删除、修改）操作的文件。以记录为单位的日志文件包括各个事务的开始标记、结束标记和所有更新操作，每个日志记录的内容主要包括事务标识、操作的类型、操作对象、更新前数据的旧值和更新后数据的新值。数据库恢复则在进行事务处理时，对数据更新（插入、删除、修改）的全部有关内容写入日志文件来恢复系统的状态。

数据备份方式是否支持应用程序的并发访问，关键是看备份采用的转储方式。静态转储不支持并发访问，动态转储则支持并发访问。

延伸试题答案

[问题 1]

数据库备份常用的技术主要有数据转储和建立日志文件。数据转储还分为静态转储、动态转储、海量转储以及增量转储。

[问题 2]

日志文件是用来记录事务对数据库的更新（插入、删除、修改）操作的文件。以记录为单位的日志文件包括各个事务的开始标记、结束标记和所有更新操作，每个日志记录的内容主要包括事务标识、操作的类型、操作对象、更新前数据的旧值和更新后数据的新值。数据库恢复则在进行事务处理时，对数据更新（插入、删除、修改）的全部有关内容写入日志文件来恢复系统的状态。

[问题 3]

数据备份方式是否支持应用程序的并发访问，关键是看备份采用的转储方式。静态转储不支持并发访问，动态转储则支持并发访问。

第 11 章 安全管理

11.1 考点导航

信息系统管理工程师考试大纲要求考生掌握信息系统管理中的安全管理的内容，具有工程师的实际工作能力和业务水平，能指导信息系统运行管理员安全、高效地管理信息系统的运行。

安全管理主要包括以下几个方面的知识点。

1. 安全管理措施

1）安全管理措施的制定

（1）安全策略、应急计划、安全管理体系

（2）安全管理的项目（威胁的识别、待保护项目）

（3）风险管理（风险分析、风险评估、保险）

2）物理安全措施的执行（设备与相关措施的安全管理、防灾管理）

3）技术安全措施的执行（系统安全措施、数据安全性措施）

4）安全管理制度的执行

（1）运行管理（信息中心出入管理、终端管理、信息管理）

（2）防犯罪管理（篡改数据/程序、黑客、窃听、非法数据泄漏）

5）信息系统安全有关的标准与法律法规

2. 安全管理的实施

1）运行管理手册、用户手册、安全性检查清单

2）分析研究登陆数据、安全性审计支持

3）分布式系统现场的安全性

4）安全性强度测试

安全管理部分在历年信息系统管理工程师考试上午卷中的分值变化如图 11.1 所示。2006—2011 年的分值分别为 15 分、15 分、0 分、15 分、0 分，平均分值为 9 分。该部分是信息系统管理从业人员的应用技术基础内容，在考试中占有较为稳定的比重，平均约占12%。考生应结合自身情况，查漏补缺，夯实基础，稳扎稳打，确保攻克基础部分。

软考统计分析表明，每年软考考点重复考查率达到 12%~16%。因此，对历年软考真题的研读有助于缩短对考试考点与内容的熟悉过程，有助于顺利通过信息系统管理工程师考试。

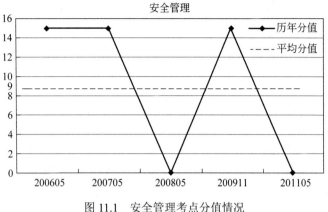

图 11.1　安全管理考点分值情况

11.2　历年真题解析

试题 1（2006 年 5 月试题一）

阅读下列说明，回答问题 1 至问题 3，将解答填入答题纸的对应栏内。

[说明]

企业信息系统的安全问题一直受到高度重视，运用技术手段实现企业信息系统的安全保障，以容忍内部错误和抵挡外来攻击。技术安全措施为保障物理安全和管理安全提供了技术支持，是整个安全系统的基础部分。技术安全主要包括两个方面，即系统安全和数据安全。相应的技术安全措施分为系统安全措施和数据安全性措施。

[问题 1]（6 分）

系统安全措施主要有系统管理、系统备份、病毒防治和入侵检测 4 项，请在下面（1）～（3）中填写对应措施的具体手段和方法；并在（4）中填写解释入侵检测技术。

系统管理措施：___（1）___。

系统备份措施：___（2）___。

病毒防治措施：___（3）___。

入侵检测措施：___（4）___。

[问题 2]（6 分）

数据安全性措施主要有数据库安全、终端识别、文件备份和访问控制 4 项，请在下面的（1）～（4）中填写每项措施的具体手段和方法。

数据库安全措施：___（1）___。

终端识别措施：___（2）___。

文件备份措施：___（3）___。

访问控制措施：____(4)____。

[问题 3]（3 分）

为处理不可抗拒力（灾难）产生的后果，除了采取必要的技术、管理等措施来预防事故发生之外，还必须制定_____计划。

试题 1 分析

本题考查信息系统管理中技术安全措施的基本知识。

技术安全是指通过技术方面的手段对系统进行安全保护，使计算机系统具有很高的性能，能够容忍内部错误和抵挡外来攻击。技术安全措施为保障物理安全和管理安全提供技术支持，是整个安全系统的基础部分。技术安全主要包括两个方面，即系统安全和数据安全。相应的技术安全措施分为系统安全措施和数据安全性措施。

系统安全措施主要有系统管理、系统备份、病毒防治和入侵检测 4 项。这 4 项所采取的措施说明如下。

（1）系统管理。系统管理过程规定安全性和系统管理如何协同工作，以保护机构的系统。系统管理的过程是：软件升级、薄弱点扫描、策略检查、日志检查、定期监视。

（2）系统备份。系统备份的方法主要有文件备份、服务器主动式备份、系统复制、跨平台备份、SQL 数据库备份、分级式存储管理、远程备份。系统备份按照工作方式的不同，还可以分为完全备份、增量备份、系统备份。

（3）病毒防治。病毒防治主要包括预防病毒和消除病毒。病毒预防主要包括两方面：对已知病毒的预防和对未知病毒的预防。对已知病毒的预防可以采用特征判定技术或静态判定技术，对未知病毒的预防则是一种行为规则的判定技术即动态判定技术。

（4）入侵检测。入侵检测是近年出现的新型网络安全技术，提供实时的入侵检测，通过对网络行为的监视来识别网络的入侵检测，并采取相应的防护手段。入侵检测系统可以发现对系统的违规访问、阻断网络连接、内部越权访问等，还可以发现更为隐蔽的攻击。

数据安全性措施主要有数据库安全、终端识别、文件备份和访问控制 4 项。这 4 项所采取的措施说明如下。

（1）数据库安全。数据库安全对数据库系统所管理的数据和资源提供安全保护，其措施主要包括数据加密、数据备份与恢复策略、用户鉴别、权限管理。

（2）终端识别。终端识别也称为回叫保护，主要解决计算机信息的安全保护，其措施主要包括身份验证、存取控制、多级权限管理、严格的审计跟踪。

（3）文件备份。备份能在数据或系统丢失的情况下恢复操作，其措施主要包括文件备份策略、确定备份内容及频率、创建检查点。

（4）访问控制。访问控制是指防止对计算机及计算机系统进行非授权访问和存取，其措施主要包括用户识别代码、密码、登录控制、资源授权、授权检查、日志和审计。

为处理不可抗拒力（灾难）产生的后果，除了采取必要的技术、管理等措施来预防事故发生之外，还必须制定灾难恢复计划。

试题 1 答案

[问题 1]

（1）软件升级、薄弱点扫描、日志检查、定期监视

（2）文件备份、系统复制、数据库备份、远程备份

（3）预防病毒、消除病毒

（4）入侵检测是近年出现的新型网络安全技术，提供实时的入侵检测，通过对网络行为的监视来识别网络的入侵行为，并采取相应的防护手段

[问题 2]

（1）数据加密、数据备份与恢复策略、用户鉴别、权限管理

（2）身份验证、存取控制、多级权限管理、严格的审计跟踪

（3）文件备份策略；确定备份内容及频率；创建检查点

（4）用户识别代码、密码、登录控制、资源授权、授权检查、日志和审计

[问题 3]

灾难恢复

试题 2（2007 年 5 月试题四）

阅读下列说明，回答问题 1 至问题 3，将解答填入答题纸的对应栏内。

[说明]

在信息系统建设中，项目风险管理是信息系统项目管理的重要内容。项目风险是可能导致项目背离既定计划的不确定事件、不利事件或弱点。项目风险管理集中了项目风险识别、分析和管理。

[问题 1]（3 分）

风险是指某种破坏或损失发生的可能性。潜在的风险有多种形式，并且不只与计算机有关。信息系统建设与管理中，必须重视的风险有：___(1)___、___(2)___、___(3)___等。

[问题 2]（6 分）

在对风险进行了识别和评估后，可以利用多种风险管理方式来协助管理部门根据自身特点来制定安全策略。4 种基本的风险管理方式是：___(4)___、转嫁风险、___(5)___和___(6)___。

[问题 3]（6 分）

请解释对风险的定量分析和定性分析的概念。

试题 2 分析

本题考查信息系统管理中项目风险管理的基本知识。

在信息系统建设中，项目风险管理是信息系统项目管理的重要内容。项目风险导致项目背离既定计划的不确定事件、不利事件或弱点。项目风险管理集中了别、分析和管理。

风险是指某种破坏或损失发生的可能性。考虑信息安全时，必须坏、人为错误、设备故障、内/外部攻击、数据误用、数据丢失和程序错

　　风险管理是指识别、评估、降低风险到可以接受的程度，并实施适当机制控制风险保持在此程度之内的过程。在对风险进行了识别和评估后，可以通过降低风险、避免风险、转嫁风险和接受风险等多种风险管理方式得到的结果来协助管理部门根据自身特点来制定安全策略。

　　风险分析的方法与途径可以分为：定量分析和定性分析。定量分析是试图从数字上对安全风险进行分析评估的方法，通过定量分析可以对安全风险进行准确的分级。定性分析是通过列出各类威胁的清单，并对威胁的严重程度及资产的敏感程度进行分级，定性分析技术包括判断、直觉和经验。

试题 2 答案

[问题 1]

　　以下选项中任选三个即可：物理破坏、人为错误、设备故障、内/外部攻击、数据误用、数据丢失、程序错误。

[问题 2]

　　（4）降低风险

　　（5）避免风险

　　（6）接受风险

[问题 3]

　　定量分析：是试图从数字上对安全风险进行分析评估的方法，通过定量分析可以对安全风险进行准确的分级。

　　定性分析：是通过列出各类威胁的清单，并对威胁的严重程度及资产的敏感程度进行分级。定性分析技术包括判断、直觉和经验。

试题 3（2009 年 11 月试题一）

　　阅读下列说明，回答问题 1 至问题 3，将解答填入答题纸的对应栏内。

[说明]

　　某公司针对通信手段的进步，需要将原有的业务系统扩展到互联网上。运行维护部门需要针对此需求制定相应的技术安全措施，来保证系统和数据的安全。

[问题 1]（4 分）

　　当业务扩展到互联网上后，系统管理在安全方面应该注意哪两方面？应该采取的安全测试有哪些？

[问题 2]（6 分）

　　由于系统与互联网相连，除了考虑病毒防治和防火墙之外，还需要专门的入侵检测系统。请简要说明入侵检测系统的功能。

[问题 3]（5 分）

　　数据安全中的访问控制包含两种方式，用户标识与验证和存取控制。请简要说明用户标识与验证常用的三种方法和存取控制中的两种方法。

试题 3 分析

本题考查信息系统管理中信息系统安全管理的基本知识。

技术安全是指通过技术方面的手段对系统进行安全保护，使计算机系统具有很高的性能，能够容忍内部错误和抵挡外来攻击。技术安全措施为保障物理安全和管理安全提供技术支持，是整个安全系统的基础部分。技术安全主要包括两个方面，即系统安全和数据安全。相应的技术安全措施分为系统安全措施和数据安全性措施。

系统管理过程规定安全性和系统管理如何协同工作，以保护机构的系统。系统管理的安全测试有薄弱点扫描、策略检查、日志检查和定期监视。

由于系统与互联网相连，除了考虑病毒防治和防火墙之外，还需要专门的入侵检测系统。入侵检测系统的功能主要如下。

（1）实时监视网络上的数据流并进行分析，反映内外网络的连接状态。

（2）内置已知网络攻击模式数据库，根据通信数据流查询网络事件并进行相应的响应。

（3）根据所发生的网络时间，启用配置好的报警方式，例如 E-mail 等。

（4）提供网络数据流量统计功能。

（5）默认预设了很多的网络安全事件，保障客户基本的安全需要。

（6）提供全面的内容恢复，支持多种常用协议。

（7）提供黑名单快速查看功能，使管理员可以方便地查看需要特别关注的主机的通信情况。

（8）支持分布式结构，安装于大型网络的各个物理子网中，一台管理器可管理多台服务器，达到分布安装、全网监控、集中管理。

数据安全中的访问控制是指防止对计算机及计算机系统进行非授权访问和存取，它包含两种方式，即用户标识与验证和存取控制。用户标识与验证是对用户身份的合法性验证，它的三种最常用的方法为：要求用户输入一些保密信息，例如用户名和密码；采用物理识别设备，例如访问卡、钥匙或令牌；采用生物统计学系统，基于某种特殊的物理特征对人进行唯一性识别，包括签名识别法、指纹识别法和语音识别法。存取控制是对所有的直接存取活动通过授权进行控制以保证计算机系统的安全保密机制，是对处理状态下的信息进行保护。存取控制中的两种最常用的方法为：隔离技术法，即在电子数据处理成分的周围建立屏障，以便在该环境中实施存取规则；限制权限法，即限制特权以便有效地限制进入系统的用户所进行的操作。

试题 3 答案

[问题 1]

应注意系统管理过程规定安全性和系统管理如何协同工作。

主要的测试有薄弱点扫描、策略检查、日志检查和定期监视。

[问题 2]

入侵检测系统的功能主要如下。

（1）实时监视网络上的数据流并进行分析，反映内外网络的连接状态。

（2）内置已知网络攻击模式数据库，根据通信数据流查询网络事件并进行相应的响应。

（3）根据所发生的网络时间，启用配置好的报警方式，例如 E-mail 等。

（4）提供网络数据流量统计功能。

（5）默认预设了很多的网络安全事件，保障客户基本的安全需要。

（6）提供全面的内容恢复，支持多种常用协议。

（7）提供黑名单快速查看功能，使管理员可以方便地查看需要特别关注的主机通信情况。

（8）支持分布式结构，安装于大型网络的各个物理子网中，一台管理器可管理多台服务器，达到分布安装，全网监控、集中管理。

[问题 3]

用户表示与验证常用的三种方法如下。

（1）要求用户输入一些保密信息，例如用户名称和密码。

（2）采用物理识别设备，例如访问卡、钥匙或令牌。

（3）采用生物统计学系统，基于某种特殊的物理特征对人进行唯一性识别，例如签名、指纹、人脸和语音等。

存取控制包括两种基本方法：隔离技术法和限制权限法。

11.3　命题趋势分析

参照信息系统管理工程师考试历年真题的考试频率，在此从以下两个方向作分析总结。

（1）纵向分析：安全管理部分的内容主要考查的是信息系统管理中的技术安全措施、管理安全措施、安全管理的执行、项目风险管理等。该部分的试题难度不大，主要为认知和理解层面的内容。

（2）横向分析：软考采用的是模块化命题模式，在同年同级别考试（系统集成项目管理工程师考试、软件设计师考试、网络工程师考试）的试题中可以发现相同或相似试题的出现。因此，横向总结、归纳中级级别考试试题中出现的安全管理部分的内容，将帮助考生全面、系统地把握考核的知识点。

对历年真题的理解和消化是非常重要的环节，同时信息系统管理工程师是一个新兴、发展中的职业群体，因此在备考过程中考生应该在建立安全管理部分的个人知识体系的同时，跳出圈子，从全局审视考试的发展，对命题方向作一些趋势分析，使自己的知识体系脉络更加清晰和丰富。

预测今后的考试命题内容将有可能拓宽方向，除了选自以上内容外，还要特别注意信息系统管理（应用技术）部分几章内容的交叉、综合考查，以及注意系统分析师、信息系统项目管理师考试的内容。在此抛砖引玉，以下试题供考生作进一步学习、探索和思考。

延伸试题

阅读下列说明，回答问题 1 至问题 3，将解答填入答题纸的对应栏内。

[说明]

Gartner 报告显示，云计算、移动应用和媒体平板等已成为 IT 战略性技术。云计算作为一种计算模式，其核心理念是资源租用、应用托管和服务外包。云计算在提供方便易用与低成本的同时也带来了诸如安全问题等新的挑战。

[问题 1]

请简要说明云计算的基本特征。

[问题 2]

请简要说明云计算计算安全所包含的相关技术。

[问题 3]

请简要说明云计算中数据安全与隐私保护所涉及的相关技术。

延伸试题分析

本题考查云计算安全问题的基本内容。

云计算作为一种计算模式，其核心理念是资源租用、应用托管和服务外包。云计算在提供方便易用与低成本的同时也带来了诸如安全问题等新的挑战。

云计算有 5 大特征：服务外包和基础设施公有化，超大规模、多租户资源共享，云计算环境的动态复杂性，云平台资源的高度集中性以及云平台的开放性。这些云计算的特征也是引起云计算安全问题的原因所在。

云计算的计算安全着重解决的是租户的任务/数据在云平台处理过程中的安全性。计算安全通常表现为虚拟化安全技术，它主要包括虚拟化平台的可信启动；用于控制云平台中多租户资源共享带来的安全隐患的安全隔离；用于为用户应用的可信执行提供安全隔离环境；将监控工具部署在被监控虚拟机外部，观测被监控虚拟机的行为。

云计算的数据安全与隐私保护是云计算安全的研究热点，主要包括：通过密码学的方法实现访问控制；密文检索与处理；数据的完整性及可用性证明；隐私保护技术。

延伸试题答案

[问题 1]

云计算有 5 大特征：服务外包和基础设施公有化，超大规模、多租户资源共享，云计算环境的动态复杂性，云平台资源的高度集中性，云平台的开放性。

[问题 2]

计算安全通常表现为虚拟化安全技术，它主要包括虚拟化平台的可信启动；用于控制云平台中多租户资源共享带来的安全隐患的安全隔离；用于为用户应用的可信执行提供安全隔离环境；将监控工具部署在被监控虚拟机外部，观测被监控虚拟机的行为。

[问题 3]

云计算的数据安全与隐私保护是云计算安全的研究热点，主要包括：通过密码学的方法实现访问控制；密文检索与处理；数据的完整性及可用性证明；隐私保护技术。

第 12 章 性 能 管 理

12.1 考点导航

信息系统管理工程师考试大纲要求考生掌握信息系统管理中性能管理的内容，具有工程师的实际工作能力和业务水平，能指导信息系统运行管理员安全、高效地管理信息系统的运行。

性能管理主要包括以下几个方面的知识点。

1. 信息系统的性能评价

1）性能评价标准与方法

（1）性能评价项目与目的。

（2）评价标准。

（3）性能监视与评价方法。

2）性能分析与评价

（1）性能评价的时机，获取性能评价数据。

（2）性能下降原因分析，改进性能的建议。

2. 系统性能管理

1）系统性能评估

（1）系统性能评估项目（电源、CPU 处理速度、主存容量、Cache 容量、磁盘容量、磁盘存取速度、通信线路速度）。

（2）当前系统负载、预计系统负载。

2）系统性能改进

（1）性能扩充的模拟（模拟工具、极限性能计算、增加选件）。

（2）改进系统的建议。

（3）系统用户培训。

3. 分布式系统的性能管理

1）分布式系统性能及其评价标准

2）分布式系统性能管理的因素（服务器与客户端的平衡考虑）

性能管理部分在历年信息系统管理工程师考试上午卷中的分值变化如图 12.1 所示。2006—2011 年的分值分别为 15 分、0 分、0 分、0 分、0 分，平均分值为 3 分。该部分是信息系统管理从业人员的应用技术基础内容，平均约占 4% 的比重。考生应结合自身情况，查漏补缺，夯实基础，稳扎稳打，确保攻克基础部分。

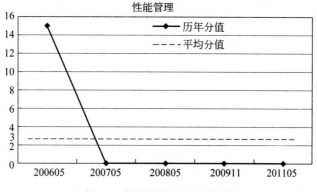

图 12.1　性能管理考点分值情况

　　软考统计分析表明，每年软考考点重复考查率达到 12%~16%。因此，对历年软考真题的研读有助于缩短对考试考点与内容的熟悉过程，有助于顺利通过信息系统管理工程师考试。

12.2　历年真题解析

试题 1（2006 年 5 月试题三）

　　阅读下列说明，回答问题 1 至问题 4，将解答填入答题纸的对应栏内。

　　[说明]

　　计算机系统性能评价是按照一定步骤，选用一定的度量项目，通过建模和实验，对计算机的性能进行测试并对测试结果作出解释。

　　[问题 1]（8 分）

　　在计算机系统性能评价中，对性能评价项目进行识别和设置是进行性能评价的基础工作。请写出计算机系统性能评价的 4 个项目名称。

　　[问题 2]（4 分）

　　系统性能的评价方法大致可分为哪两类？

　　[问题 3]（2 分）

　　人们常用____程序来测试计算机系统性能，获得定量评价指标。

　　[问题 4]（1 分）

　　计算机系统性能评价的结果通常有峰值性能和____两个指标，后者最能体现系统的实际性能。

试题 1 分析

　　本题考查信息系统管理中性能及能力管理的基本知识。

　　计算机系统性能评价是按照一定步骤，选用一定的度量项目，通过建模和实验，对计算机的性能进行测试并对测试结果作出解释。计算机系统性能评价没有统一的规范。进行评价可以是为了不同的目的。

计算机系统的性能集中体现在处理器、内主存和外存磁盘几大件上，它们的性能以及相互之间的工作支持情况基本决定了系统的整体性能，因此系统性能监视评价的项目主要是 CPU、主存、磁盘。此外，越来越多的运行在网络上的分布式计算机系统的性能还极大地依赖于网络，因此网络也是性能评价的一个重要项目。

系统性能的评价方法大致可以分为两类：模型法和测量法。用模型法对系统进行评价，首先应对要评价的计算机系统建立一个适当的模型，然后求出模型的性能指标，以便对系统进行评价。测量法是通过一定的测量设备或测量程序，测得实际运行的计算机系统的各种性能指标或与之有关的量，然后对它们进行某些计算机处理得出相应的性能指标。

常见的一些计算机系统的性能指标大都是用某些基准程序测量出的结果。若按照评价准确性递减的顺序排列，这些基准测试程序的顺序为：实际的应用程序方法、核心基准程序方法 Kernel Benchmark、简单基准测试程序 Toy Benchmark、综合基准测试程序 Synthetic Benchmark、整数测试程序 Dhrystone、浮点测试程序 Linpack、Whetstone 基准测试程序、SPEC 基准测试程序、SPEC 基准程序、TPC 基准程序。

性能评价的结果通常有两个指标，一个是峰值性能，一个是持续性能。持续性能最能体现系统的实际性能。峰值性能是指在理想情况下计算机系统可获得的最高理论性能值，它不能反映系统的实际性能。表示持续性能常用的三种平均值为算术平均、几何平均和调和平均。

试题 1 答案

[问题 1]

CPU，内存，磁盘，网络。

[问题 2]

模型法，测量法。

[问题 3]

基准测试

[问题 4]

持续性能

12.3　命题趋势分析

参照信息系统管理工程师考试历年真题的考试频率，在此从以下两个方向作分析总结。

（1）纵向分析：性能管理部分的内容主要考查的是性能分析与评价、系统性能评估、系统性能改进等。该部分的试题难度不大，主要为认知和理解层面的内容。

（2）横向分析：软考采用的是模块化命题模式，在同年同级别考试（系统集成项目管理工程师考试、软件设计师考试、网络工程师考试）的试题中可以发现相同或相似试题的出现。因此，横向总结、归纳中级级别考试试题中出现的性能管理部分的内容，将帮助考生全面、系统地把握考核的知识点。

对历年真题的理解和消化是非常重要的环节，同时信息系统管理工程师是一个新兴、发展中的职业群体，因此在备考过程中考生应该在建立性能管理部分的个人知识体系的同时，跳出圈子，从全局审视考试的发展，对命题方向作一些趋势分析，使自己的知识体系脉络更加清晰和丰富。

预测今后的考试命题内容将有可能拓宽方向，除了选自以上内容外，还要特别注意信息系统管理（应用技术）部分几章内容的交叉、综合考查，以及注意系统分析师、信息系统项目管理师考试的内容。在此抛砖引玉，以下试题供考生作进一步学习、探索和思考。

延伸试题

阅读下列说明，回答问题 1 至问题 3，将解答填入答题纸的对应栏内。

[说明]

如今，作为服务载体的智能移动设备和移动网络发展迅猛，以新一代智能手机、智能导航仪为代表的移动互联平台设备已经相当普遍。

[问题 1]

移动定位技术是位置服务的基础核心，定位精度在一定程度上决定了位置服务的服务质量。请简要说明大范围移动定位技术可以划分为哪几类。

[问题 2]

请问 GPS 是属于哪类移动定位技术？

[问题 3]

从响应速度比较来看，A-GPS 与 GPS 哪种技术性能更优？

延伸试题分析

本题考查智能移动设备和移动网络中性能相关的基本知识。

如今，作为服务载体的智能移动设备和移动网络发展迅猛，以新一代智能手机、智能导航仪为代表的移动互联平台设备已经相当普遍。移动定位技术是位置服务的基础核心，定位精度在一定程度上决定了位置服务的服务质量。目前，大范围移动定位技术可以分为三类：卫星定位、地面蜂窝网络定位和混合定位。

GPS 全球定位系统是一个由覆盖全球的 24 颗卫星组成的卫星系统。保证在任意时刻，地球上任意一点都可以同时观测到 4 颗卫星，以便实现导航、定位、授时等功能。GPS 的定位精度为 5~100m，响应速度为 30s，无网络要求，手机要求内置 GPS 芯片，适用范围为无遮挡。A-GPS 辅助全球定位系统，是一种 GPS 的运行方式，它可以利用手机基地站的资讯，配合传统 GPS 卫星，用来减少定位所需的时间，在移动网络上使用定位服务较普遍。A-GPS 的定位精度为 5~100m，响应速度为 10s，需要网络支持，手机要求内置 GPS 芯片，需要支持 A-GPS，适用范围为无遮挡环。

延伸试题答案

[问题 1]

大范围移动定位技术可以分为三类：卫星定位、地面蜂窝网络定位和混合定位。

[问题 2]

GPS 使用的是卫星定位技术。

[问题 3]

从响应速度比较来看，A-GPS 比 GPS 技术性能更优。

第 13 章 系 统 维 护

13.1 考点导航

信息系统管理工程师考试大纲要求考生掌握信息系统管理中系统维护的内容，具有工程师的实际工作能力和业务水平，能指导信息系统运行管理员安全、高效地管理信息系统的运行。

系统维护主要包括了以下几个方面的知识点。

1. 制定系统维护计划

1）系统维护的需求（设置系统维护项目以及相应的维护级别）

2）系统维护计划（维护预算、维护需求、维护管理体制、维护承诺、维护人员职责、维护时间间隔、设备更换）

3）系统维护的实施形式（每日检查、定期维护、预防性维护、事后维护）

2. 系统维护的实施

1）维护工作流程

2）软件维护

（1）各类软件（公司开发的软件，合同开发的软件，市场购买的软件）的维护。

（2）软件维护的合同，系统集成与维护的合同。

3）硬件维护（硬件维护的合同，硬件备件及其保存）

系统维护部分在历年信息系统管理工程师考试上午卷中的分值变化如图 13.1 所示。2006—2011 年的分值分别为 15 分、0 分、30 分、30 分、15 分，平均分值为 18 分。该部分是信息系统管理从业人员的应用技术基础内容，在考试中占有较为稳定的比重，平均约

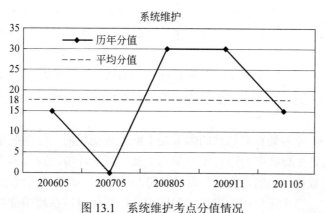

图 13.1 系统维护考点分值情况

占 24%。考生应结合自身情况，查漏补缺，夯实基础，稳扎稳打，确保攻克基础部分。

软考统计分析表明，每年软考考点重复考查率达到 12%~16%。因此，对历年软考真题的研读有助于缩短对考试考点与内容的熟悉过程，有助于顺利通过信息系统管理工程师考试。

13.2　历年真题解析

试题 1（2006 年 5 月试题四）

阅读下列说明，回答问题 1 至问题 3，将解答填入答题纸的对应栏内。

[说明]

在系统投入正常运行后，系统维护阶段就开始了。在信息系统中，一个重要的特点就是业务规则、业务流程会频繁发生变化，增加与删除业务的现象比较普遍。信息系统针对其他类型的软件系统而言，其系统维护更为重要，工作量也更大。

[问题 1]（5 分）

信息系统维护的任务就是要有计划、有组织地对系统进行必要的改动，以保证系统中各个要素随环境的变化始终处于最新的、正确的状态。请列举信息系统维护的主要内容（5 条）。

[问题 2]（8 分）

请简要说明完善性维护、适应性维护、纠错性维护、预防性维护的含义。

[问题 3]（2 分）

列举信息系统维护的 4 种实施形式。

试题 1 分析

本题考查信息系统管理中系统维护的基本知识。

在系统投入正常运行后，系统维护阶段就开始了。在信息系统中，一个重要的特点就是业务规则、业务流程会频繁发生变化，增加与删除业务的现象比较普遍。信息系统针对其他类型的软件系统而言，其系统维护更为重要，工作量也更大。

信息系统维护的任务就是要有计划、有组织地对系统进行必要的改动，以保证系统中各个要素随环境的变化始终处于最新的、正确的状态。其中，信息系统维护的主要内容为下列 5 类。

（1）系统应用程序维护。系统的业务处理过程是通过程序的运行而实现的，一旦程序发生问题或业务发生变化，就必然引起程序的修改和调整，因此系统维护的主要活动是对程序进行维护。

（2）数据维护。业务处理对数据的需求是不断发生变化的，除系统中主体业务数据的定期更新外，还有许多数据需要进行不定期的更新，或随环境、业务的变化而进行调整，数据内容的增加，数据结构的调整，数据的备份与恢复等，都是数据维护的工作内容。

（3）代码维护。当系统应用范围扩大和应用环境变化时，系统中的各种代码需要进行一定程度的增加、修改、删除以及设置新的代码。

（4）硬件设备维护。主要是指对主机及外设的日常管理和维护，都应由专人负责，定期进行，以保证系统正常有效地运行。

（5）文档维护。根据应用系统、数据、代码及其他维护的变化，对相应文档进行修改，并对所进行的维护进行记载。

软件维护阶段覆盖了从软件交付使用到软件被淘汰为止的整个时期。软件维护占整个软件生命周期的 60%~80%，按照维护的类型主要可以分为以下 4 种，在整个软件维护活动中，改错性维护约占 20%，适应性维护约占 25%，完善性维护约占 50%以上，其他维护约占 4%。

（1）完善性维护。完善性维护是为了扩充或完善原有软件的功能或性能而修改软件的活动。

（2）适应性维护。适应性维护是为了适应变化了的环境而修改软件的活动。

（3）改错性维护。改错性维护是为了诊断和改正在使用过程中发现的隐藏的错误而修改软件的活动。

（4）预防性维护。预防性维护是为了提高软件的可维护性和可靠性，为未来的进一步改进打下基础而修改软件的活动。

软件维护涉及不同内容，主要包括硬件设备的维护、应用软件的维护和数据的维护。其中数据维护主要负责数据库的安全性、完整性和进行并发性控制，以及维护数据库中的数据，当数据库中的数据类型、长度等发生变化时，或者需要添加某个数据项、数据库时，要负责修改相关的数据库、数据字典等工作。

系统维护的实施形式有 4 种：每日检查、定期维护、预防性维护、事后维护。根据实际情况决定采用哪种实施方式。

试题 1 答案

[问题 1]

系统应用程序维护、数据维护、代码维护、硬件及设备维护、文档维护

[问题 2]

完善性维护：根据用户需求，改善和加强系统功能和性能。

适应性维护：适应运行环境的变化而进行的维护。

纠错性维护：纠正在开发期间未能发现的遗留错误。

预防性维护：错误发生前主动维护，防止故障发生。

[问题 3]

每日检查、定期维护、预防性维护、事后维护

试题 2（2008 年 5 月试题四）

阅读下列说明，回答问题 1 至问题 3，将解答填入答题纸的对应栏内。

[说明]

某企业出于发展业务、规范服务质量的考虑，建设了一套信息系统，系统中包括供电系统、计算机若干、打印机若干、应用软件等。为保证系统能够正常运行，该企业还专门成立了一个运行维护部门，负责该系统相关的日常维护管理工作。

根据规定，系统数据每日都进行联机（热）备份，每周进行脱机（冷）备份，其他部件也需要根据各自情况进行定期或不定期维护，每次维护都必须以文档形式进行记录。

在系统运行过程中，曾多次发现了应用程序中的设计错误并已进行了修改。在试用半年后，应用软件中又增加了关于业务量的统计分析功能。

[问题1]（5分）

请问信息系统维护都包括哪些方面？

[问题2]（6分）

影响软件维护难易程度的因素包括软件的可靠性、可测试性、可修改性、可移植性、可使用性、可理解性及程序效率等。要衡量软件的可维护性，应着重从哪三方面考查？

[问题3]（4分）

按照维护的具体目标来划分，软件维护可分为纠错性维护、适应性维护、完善性维护和预防性维护。请问上述的"增加统计分析功能"属于哪种维护？为什么？

试题 2 分析

本题考查信息系统管理中系统维护的基本知识。

信息系统维护的任务就是要有计划、有组织地对系统进行必要的改动，以保证系统中各个要素随环境的变化始终处于最新的、正确的状态。按照试题 1 的分析，信息系统维护的主要内容为 5 类，它们分别是：应用程序维护、数据维护、代码维护、硬件设备维护、文档维护等。

按照维护活动的不同原因和具体目标，软件维护可分为纠错性维护、适应性维护、完善性维护和预防性维护。根据题意，"增加统计分析功能"属于完善性维护，它是在软件的使用过程中，为了满足用户提出的新的功能和性能需求而对软件进行的扩充、增强和改进。而适应性维护是针对适应运行环境的变化而进行的维护。纠错性维护是纠正在开发期间未能发现的遗留错误。预防性维护是在错误发生前的主动维护，防止故障发生。

系统可维护性是指系统失效后在规定时间内可被修复到规定运行水平的能力。可维护性用系统发生一次失败后，系统返回正常状态所需的时间来度量，它包含诊断、失效定位、失效校正等时间。一般使用相邻两次故障间工作时间的数学期望 MTTR（平均修复时间）来表示。

系统的可维护性是对系统进行维护的难易程度的度量，影响系统可维护性的主要有以下三个方面。

（1）可理解性：外来人员理解系统的结构、接口、功能和内部过程的难易程度。

（2）可测试性：对系统进行诊断和测试的难易程度。

（3）可修改性：对系统各部分进行修改的难易程度。

试题 2 答案

[问题 1]

信息系统维护包括应用程序维护、数据维护、代码维护、硬件设备维护、文档维护等。

[问题 2]

可理解性、可测试性、可修改性。

[问题 3]

因为"增加统计分析功能"属于软件使用期间提出的新要求，不属于系统原始需求，所以这是完善性维护。

试题 3（2008 年 5 月试题五）

阅读下列说明，回答问题 1 至问题 3，将解答填入答题纸的对应栏内。

[说明]

一个软件产品或软件项目的研制过程具有其自身的生命周期，该生命周期要经历策划、设计、编码、测试、维护等阶段，一般称该生命周期为软件开发生存周期或软件开发生命周期（SDLC）。把整个软件开发生命周期划分为若干阶段，使得每个阶段有明确的目标和任务，使规模大、结构和管理复杂的软件开发变得便于控制和管理。

[问题 1]（9 分）

常见软件开发生命周期中，瀑布模型、迭代模型和快速原型三种模型各有优缺点，主要表述如下。

优点：

A. 强调开发的阶段；

B. 强调早起计划及需求调查；

C. 强调产品测试；

D. 开发中的经验教训能及时反馈；

E. 信息反馈及时；

F. 销售工作有可能提前进行；

G. 采取早期预防措施，增加项目成功的几率；

H. 直观、开发速度快。

缺点：

A. 依赖于早期进行的需求调查，不能适应需求的变化；

B. 单一流程，开发中的经验教训不能反馈应用于本产品的过程；

C. 风险通常到开发后期才能显露，失去及早纠正的机会；

D. 如果不加控制地让用户接触开发中尚未测试稳定的功能，可能对开发人员及用户都产生负面的影响；

E. 设计方面考虑不周全。

请在上面给定的优缺点中进行判断选择，并将所选择的序号写在答题纸上。

[问题 2]（4 分）

软件开发生命周期的瀑布模型、迭代模型和快速原型各有其适合的项目，请用箭线表示它们之间的归属关系。

瀑布模型   需要很快给客户演示产品的项目

         不需要二次开发的项目

迭代模型   事先不能完整定义产品所有需求的项目

         计划多期开发的项目

快速原型   需求简单清楚，在项目初期就可以明确所有需求的项目

[问题 3]（2 分）

软件开发生命周期的维护阶段实际上是一个微型的软件开发生命周期，在维护生命周期中，最重要的就是对稳定的管理。请问，此表述是否正确？如果你认为不正确，请写出正确的表述。

试题 3 分析

本题考查信息系统管理中软件开发生命周期三种模型的优缺点及其生命周期维护阶段主要特点的基本知识。

一个软件产品或软件项目的研制过程具有其自身的生命周期，该生命周期要经历策划、设计、编码、测试、维护等阶段，一般称该生命周期为软件开发生存周期或软件开发生命周期（SDLC）。把整个软件开发生命周期划分为若干阶段，使得每个阶段有明确的目标和任务，使规模大、结构和管理复杂的软件开发变得便于控制和管理。

常见软件开发生命周期中的瀑布模型、演化模型、螺旋模型等模型说明如下。

（1）快速原型

软件原型是所提出的新产品的部分实现，建立原型的主要目的是为了解决在产品开发的早期阶段需求不确定的问题，其目的是：明确并完善需求，探索设计选择方案，发展为最终的产品。原型方法是先根据已给出的和分析的需求，建立一个原始模型，这是一个可以修改的模型（在生命周期中，需求分析编写成文档后一般不再做大量修改）。在软件开发的各个阶段会把有关信息相互反馈，对模型进行修改，使模型渐趋完善。最终的结构将更适合用户的要求。

快速原型开发模型的优点是：直观、开发速度快。快速原型开发模型的缺点是：设计方面考虑不周全。快速原型开发适用于项目需要快速给客户展示产品的软件生命周期。

（2）瀑布模型

瀑布模型给出了软件生成周期各阶段的固定顺序，即可行性分析、需求分析、软件设计、编码实现、测试和维护等，上一个阶段完成后才能进入下一个阶段。

瀑布模型的优点是：强调开发的阶段；强调早期计划及需求调查；强调产品测试。瀑布模型的缺点是：依赖于早期进行的需求调查，不能适应需求的变化，单一流程，开发中

的经验教训不能反馈应用于本产品的过程；风险通常到开发后期才能显露，失去及早纠正的机会。瀑布模型适用于项目需求简单清楚，在项目初期就可以明确所有需求，不需要二次开发的软件生命周期。

（3）迭代模型

迭代模型是 RUP 推荐的周期模型。迭代包括产生产品发布（稳定、可执行的产品版本）的全部开发活动和要使用该发布必需的所有其他外围元素。在某种程度上，开发迭代是一次完整地经过所有工作流程的过程：需求、分析设计、实施和测试工作流程。实质上，它类似小型的瀑布式项目。RUP 认为，所有的阶段都可以细分为迭代。每一次的迭代都会产生一个可以发布的产品，这个产品是最终产品的一个子集。

迭代模型的优点是：开发中的经验教训能及时反馈；信息反馈及时；销售工作有可能提前进行；采取早期预防措施，增加项目成功的机率。迭代模型的缺点是：如果不加控制地让用户接触开发中尚未测试稳定的功能，可能对开发人员及用户都产生负面的影响。迭代模型适用于项目事先不能完整定义产品所有的需求，计划多期开发的软件生命周期。

（4）演化模型

演化模型是在快速开发一个原型的基础上，根据用户在调用原型的过程中提出的反馈意见和建议，对原型进行改进，获得原型的新版本，重复这一过程，直到演化成最终的软件产品。

（5）螺旋模型

螺旋模型是将瀑布模型和烟花模型相结合，它综合了两者的优点，增加了风险分析。它以原型为基础，沿着螺线自内向外旋转，每旋转一周都要经过制定计划、风险分析、实施工程、客户评价等活动，并开发原型的一个新版本。经过若干次螺旋上升的过程之后，最终得到软件。

（6）喷泉模型

喷泉模型对软件复用和生命周期中多项开发活动的集成提供了支持，主要支持面向对象的开发方法。"喷泉"体现迭代和无间隙特征。系统的某个部分常常重复工作多次，相关功能在每次迭代中随之加入演进的系统。无间隙指的是在开发活动，即分析、设计和编码之间不存在明显的边界。

维护阶段实际上是一个微型的软件开发生命周期。在维护生命周期中，最重要的就是对变更的管理。软件开发完成后，就必须对软件进行维护。软件的维护包括纠错性维护、改进型维护等方面。因此，题中正确的表述应该是：软件开发生命周期的维护阶段实际上是一个微型的软件开发生命周期，在维护生命周期中，最重要的就是对变更的管理。

试题 3 答案

[问题 1]

（1）瀑布模型的优点是：A、B、C　　　　　　缺点是：A、B、C

（2）迭代模型的优点是：D、E、F、G　　　　缺点是：D

（3）快速原型的优点是：H　　　　　　　　　　　缺点是：E

[问题 2]

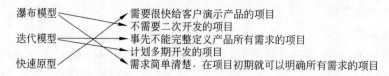

[问题 3]

此表述是不正确的。

正确的表述应该是：软件开发生命周期的维护阶段实际上是一个微型的软件开发生命周期，在维护生命周期中，最重要的就是对变更的管理。

试题 4（2009 年 11 月试题二）

阅读下列说明，回答问题 1 至问题 3，将解答填入答题纸的对应栏内。

[说明]

某企业业务系统，使用一台应用服务器和一台数据库服务器，支持数百台客户机同时工作。该业务系统投入运行后，需交给运行维护部门来负责该业务系统的日常维护工作。运行维护部门内部分为两大部门，网络维护部门负责所有业务系统的网络运行维护；应用系统维护部门负责应用系统服务器的运行维护，保证应用系统处在正常的工作环境下，并及时发现出现的问题，分析和解决该问题。

[问题 1]（6 分）

针对该业务系统，应用系统维护部门在运行维护中需要监控的主要性能数据有哪些？

[问题 2]（4 分）

业务系统中，终端用户响应时间是一项非常重要的指标。获取系统和网络服务的用户响应时间的常见方案有哪些？

[问题 3]（5 分）

针对应用系统服务器监控所获取的数据，需要经过认真的分析来发现系统存在的性能问题。对监控数据进行分析主要针对的问题除了"服务请求突增"外，还有哪些？

试题 4 分析

本题考查信息系统管理中系统运行维护的基本知识。

该业务系统投入运行后，需交给运行维护部门来负责该业务系统的日常维护工作。运行维护部门内部分为两大部门，网络维护部门负责所有业务系统的网络运行维护；应用系统维护部门负责应用系统服务器的运行维护，保证应用系统处在正常的工作环境下，并及时发现出现的问题，分析和解决该问题。

针对该业务系统，应用系统维护部门在运行维护中需要监控的主要性能数据包括 CPU 使用率、内存使用率、磁盘 I/O 和存储设备利用率、作业等待、队列长度、每秒处理作业数（吞吐量）响应时间、平均作业周转时间等。监控的目的在于保证所有的软件和硬件能够得到最佳利用，确保所有为业务服务的目标都能够实现，并且根据监控结果对组织业务量进行合理预测。

业务系统中，终端用户响应时间是一项非常重要的指标。获取系统和网络服务的用户响应时间的常见方案如下。

（1）在客户端和服务器端的应用软件内植入专门的监控代码。

（2）采用装有虚拟终端软件的模拟系统。

（3）使用分布式代理监控软件。

（4）通过监控设备来跟踪客户端样本。

针对应用系统服务器监控所获取的数据，需要经过认真的分析来发现系统存在的性能问题。通过定期地将监控结果与基准线进行比较，可以确定设备或系统的使用情况及运营的异常情况，同时还可以预测未来资源的使用量以及比照预期增长率来监控实际的业务增长率。对监控数据进行分析主要针对的问题除了"服务请求突增"外，还包括以下几方面。

（1）资源（数据、文件、内存和处理器等）争夺。

（2）资源负载不均衡。

（3）不合理的锁机制。

（4）低效的应用逻辑设计。

（5）内存占用效率低。

试题 4 答案

[问题 1]

针对应用系统，监控中最常见的性能数据包括 CPU 使用率、内存使用率、磁盘 I/O 和存储设备利用率、作业等待、队列长度、每秒处理作业数（吞吐量）响应时间、平均作业周转时间等。

[问题 2]

常见的方案有：

（1）在客户端和服务器端的应用软件内植入专门的监控代码。

（2）采用装有虚拟终端软件的模拟系统。

（3）使用分布式代理监控软件。

（4）通过监控设备来跟踪客户端样本。

[问题 3]

对监控数据进行分析主要针对的问题还包括：

（1）资源（数据、文件、内存和处理器等）争夺。

（2）资源负载不均衡。

（3）不合理的锁机制。

（4）低效的应用逻辑设计。

（5）内存占用效率低。

试题 5（2009 年 11 月试题四）

阅读下列说明，回答问题 1 至问题 3，将解答填入答题纸的对应栏内。

[说明]

信息系统是一个复杂的人机系统，系统内外环境以及各种人为的、机器的因素都在不断地变化。为了使系统能够适应这种变化，充分发挥软件的作用，产生良好的社会效益和经济效益，就要进行系统的维护工作。在软件生命周期中，软件维护占整个软件生命周期的 60%~80%。项目建成后，如果后期维护工作跟不上，信息化项目顺利运行就得不到保证。所以，在企业中必须要强化系统维护工作的重要性，以充分发挥系统的作用。

[问题 1]（4 分）

系统维护的一项重要任务就是要有计划、有组织地对系统进行必要的改动，以保证系统中的各个要素随着环境的变换始终处于最新的、正确的工作状态。请指出信息系统维护的 5 个方面的具体内容。

[问题 2]（4 分）

系统的维护对于延长系统的生命具有决定意义，请列出系统开发中能够提高系统可维护性的要求。

[问题 3]（7 分）

（1）根据系统运行的不同阶段，可以实施不同级别的系统维护，一般来说系统维护的级别主要有哪 4 种？

（2）系统的维护不仅范围广，而且影响因素多。在设计系统维护计划之前，通常要考虑哪三方面的因素？

试题 5 分析

本题考查信息系统管理中系统维护的基本知识。

信息系统维护的任务就是要有计划、有组织地对系统进行必要的改动，以保证系统中各个要素随环境的变化始终处于最新的、正确的状态。其中，信息系统维护的主要内容为下列的 5 类。

（1）系统应用程序维护。系统的业务处理过程是通过程序的运行而实现的，一旦程序发生问题或业务发生变化，就必然引起程序的修改和调整，因此系统维护的主要活动是对程序进行维护。

（2）数据维护。业务处理对数据的需求是不断发生变化的，除系统中主体业务数据的定期更新外，还有许多数据需要进行不定期的更新，或随环境、业务的变化而进行调整，数据内容的增加、数据结构的调整、数据的备份与恢复等，都是数据维护的工作内容。

（3）代码维护。当系统应用范围扩大和应用环境变化时，系统中的各种代码需要进行一定程度的增加、修改、删除以及设置新的代码。

（4）硬件设备维护。主要是指对主机及外设的日常管理和维护，都应由专人负责，定期进行，以保证系统正常有效地运行。

（5）文档维护。根据应用系统、数据、代码及其他维护的变化，对相应文档进行修改，并对所进行的维护进行记载。

系统的可维护性对于延长系统的生命周期具有决定意义，因此必须考虑如何才能提高系统的可维护性。可以从以下 5 个方面入手来提高系统的可维护性。

（1）建立明确的软件质量目标和优先级。可维护性的程序应该是可理解的、可靠的、可测试的、可更改的、可移植的、高效率的、可使用的。

（2）使用提高软件质量的技术和工具。模块化是系统开发过程中提高软件质量、降低成本的有效方法之一。

（3）进行明确的质量保证审查，质量保证审查是获得和维持系统各阶段的质量的重要措施。

（4）选择可维护的程序设计语言，程序是维护的对象，要做到程序代码本身正确无误，同时要充分重视代码和文档资料的易读性和易理解性。

（5）系统的文档是对程序总目标、程序总组成部分之间的关系、程序设计策略、程序实现过程的历史数据等的说明和补偿。

根据系统运行的不同阶段，可以实施不同级别的系统维护，一般来说系统维护的级别主要有 4 种不同级别的维护。

（1）一级维护：最完美支持，配备足够数量的工作人员，他们在接到请求时，能即时对服务请求进行响应，并针对系统运转的情况提出前瞻性的建议。

（2）二级维护：提供快速的响应，工作人员在接到请求后，能在 24 小时内对请求进行响应。

（3）三级维护：提供较快的响应，工作人员在接到请求时，能在 72 小时内对请求进行响应。

（4）四级维护：提供一般性的响应，工作人员在接到请求时，能在 10 日内对请求进行响应。

系统的维护不仅范围广，而且影响因素多。通常，在设计系统维护计划之前，要考虑的三方面因素是维护背景、维护工作的影响和资源要求。

（1）维护背景。包括系统的当前情况、维护的对象、维护工作的复杂性与规模。

（2）维护工作的影响。包括对新系统目标的影响、对当前工作进度的影响、对本系统其他部分的影响、对其他系统的影响。

（3）资源要求。包括对维护提出的时间要求，维护所需费用、所需工作人员。

做系统维护的计划要考虑很多个方面，包括维护预算、维护需求、维护系统、维护承诺、维护负责人、维护执行计划、更替等。

试题 5 答案

[问题 1]

信息系统维护的内容可分为 5 类：应用程序维护、应用数据维护、系统代码维护、硬件设备维护和文档维护。

[问题 2]

提高系统可维护性的要求包括以下 5 个方面。

（1）建立明确的软件质量目标和优先级。

（2）使用提高软件质量的技术和工具。

（3）进行明确的质量保证审查。

（4）选择可维护的程序设计语言。

（5）系统的文档。

[问题 3]

（1）根据系统运行的不同阶段可以实施一级维护、二级维护、三级维护和四级维护这 4 种不同级别的维护。

一级维护提供最完美的支持，二级维护提供快速的响应，三级维护提供较快的响应，四级维护提供一般性的响应。

（2）要考虑的三方面因素是维护背景、维护工作的影响和资源要求。

① 维护背景。系统的当前情况、维护的对象、维护工作的复杂性与规模。

② 维护工作的影响。对新系统目标的影响、对当前工作进度的影响、对本系统其他部分的影响、对其他系统的影响。

③ 资源要求。对维护提出的时间要求，维护所需费用、所需工作人员。

试题 6（2011 年 5 月试题一）

阅读下列说明，回答问题 1 至问题 3，将解答填入答题纸的对应栏内。

[说明]

某企业信息系统投入运行后，由运行维护部门来负责该信息系统的日常维护工作以及处理信息系统运行过程中发生的故障。

运行维护部门为保证发生故障后，系统能尽快恢复，针对系统恢复建立了备份与恢复机制，系统数据每日都进行联机备份，每周进行脱机备份。

[问题 1]（5 分）

信息系统维护包括哪些方面的内容？

[问题 2]（5 分）

按照维护的具体目标，软件维护可分为哪 4 类？为了适应运行环境的变化而对软件进行修改属于哪一类？

[问题 3]（5 分）

备份最常见的技术是哪两种？脱机备份方式有哪些优点？

试题 6 分析

本题考查信息系统管理中系统维护的基本知识。

某企业信息系统投入运行后，就进入了系统运行与维护阶段，由运行维护部门来负责该信息系统的日常维护工作以及处理信息系统运行过程中发生的故障。系统维护包括软件维护（应用程序维护、文档维护）、硬件设备维护、数据维护和网络维护等。

按照维护活动的具体目标，主要可以分为以下 4 种，在整个软件维护活动中，改错性维护约占 20%，适应性维护约占 25%，完善性维护约占 50% 以上，其他维护约占 4%。

（1）完善性维护。完善性维护是为了扩充或完善原有软件的功能或性能而修改软件的活动。

（2）适应性维护。适应性维护是为了适应变化了的环境而修改软件的活动。

（3）改错性维护。改错性维护是为了诊断和改正在使用过程中发现的隐藏的错误而修改软件的活动。

（4）预防性维护。预防性维护是为了提高软件的可维护性和可靠性，为未来的进一步改进打下基础而修改软件的活动。

拥有备份使得系统能尽快恢复到某种正常状态。备份最常用的技术是数据转储和建立日志文件。备份一般分为联机备份（热备份）和脱机备份（冷备份）两种方式。脱机备份是指备份系统所有的物理文件和初始化文件。脱机备份的优点为：在恢复过程中步骤少；它比联机备份快并且出错机会少；定期的脱机备份结合一组日志可以将系统的数据恢复到任何一个时间点上。联机备份只备份所需文件（即部分备份），它是在系统运行时执行的。联机备份的优点为：可以实现完全的时间点恢复，可以减少系统对物理资源的要求。

试题 6 答案

[问题 1]

硬件维护、软件维护（代码维护、文档维护）、数据维护、网络维护。

[问题 2]

（1）纠错性维护、适应性维护、完善性维护和预防性维护。

（2）适应性维护。

[问题 3]

（1）数据转储、建立日志文件。

（2）在恢复过程中步骤少；比联机备份快并且出错机会少；定期的脱机备份结合日志可以将系统的数据恢复到任何一个时间点上。

13.3　命题趋势分析

参照信息系统管理工程师考试历年真题的考试频率，在此从以下两个方向作分析总结。

（1）纵向分析：系统维护部分的内容主要考查的是系统维护工作流程、软件维护、硬件维护等。该部分的试题难度不大，主要为认知和理解层面的内容。

（2）横向分析：软考采用的是模块化命题模式，在同年同级别考试（软件设计师考试、网络工程师考试）的试题中可以发现相同或相似试题的出现。因此，横向总结、归纳中级级别考试试题中出现的系统维护部分的内容，将帮助考生全面、系统地把握考核的知识点。

对历年真题的理解和消化是非常重要的环节，同时信息系统管理工程师是一个新兴、发展中的职业群体，因此在备考过程中考生应该在建立系统维护部分的个人知识体系的同时，跳出圈子，从全局审视考试的发展，对命题方向作一些趋势分析，使自己的知识体系脉络更加清晰和丰富。

预测今后的考试命题内容将有可能拓宽方向，除了选自以上内容外，还要特别注意信息系统管理（应用技术）部分几章内容的交叉、综合考查，以及注意系统分析师、信息系统项目管理师考试的内容。在此抛砖引玉，以下试题供考生作进一步学习、探索和思考。

延伸试题

阅读下列说明，回答问题 1 至问题 2，将解答填入答题纸的对应栏内。

[说明]

李工程师为企业开发了一款办公自动化软件，如今在编写软件维护与测试说明书时，需要定量描述软件可靠性的情况。

[问题 1]

请简要说明系统维护的项目内容。

[问题 2]

李工程师将使用蒙特卡罗随机植入技术对软件错误进行测试。请简要说明蒙特卡罗随机统计技术。

延伸试题分析

本题考查信息系统测试与维护的基本知识。

系统维护的项目主要包括如下内容：硬件维护，即对硬件系统的日常维护和故障处理；软件维护，即在软件交付使用之后，为了改正软件当中存在的缺陷、扩充新的功能、满足新的需求、延长软件寿命而进行的修改工作；设施维护，即规范管理监视的流程，IT 人员自发地维护系统运行，主动地为其他部门，乃至外界客户服务。系统维护的重点是应用软件的维护工作，按软件维护的不同性质划分为 4 种类型：纠错性维护、适用性维护、完整性维护、预防性维护。其中，完整性维护约占了全部维护工作的 50%。

蒙特卡罗随机植入技术可以对软件错误进行测试。采用错误随机植入模型估算出被测程序模块中存在的错误数有几个优点：工作方式相当直观，能在一定程度上反映出软件的质量；虽然在技术上不完善，但至少产生了与软件质量相关的定量结果；在最坏的情况下，起码可以用来衡量"测试工作的有效性"，在某种程度上作为测试是否能结束的一项标志。

蒙特卡罗随机植入技术确定不规则形状封闭图形面积的方式是采用一个大的矩形把待测的封闭图形完全包围在这个大的矩形的内部，由计算机大量生成在此矩形内均匀分布的"点"，然后计数清点在大矩形内总的"点"个数和封闭图形内的"点"个数，由以下计算方式得到：

$$封闭图形的面积 = \frac{在封闭图形内点的个数 \times 已知的大矩形的面积}{大矩形内点的个数}$$

延伸试题答案

[问题 1]

系统维护的项目主要包括如下内容：硬件维护，即对硬件系统的日常维护和故障处理；软件维护，即在软件交付使用之后，为了改正软件当中存在的缺陷、扩充新的功能、满足新的需求、延长软件寿命而进行的修改工作；设施维护，即规范管理监视的流程，IT 人员自发地维护系统运行，主动地为其他部门，乃至外界客户服务。系统维护的重点是应用软件的维护工作，按软件维护的不同性质划分为 4 种类型：纠错性维护、适用性维护、完整性维护、预防性维护。

[问题 2]

蒙特卡罗随机植入技术可以对软件错误进行测试。蒙特卡罗随机植入技术确定不规则形状封闭图形面积的方式是采用一个大的矩形把待测的封闭图形完全包围在这个大的矩形的内部，由计算机大量生成在此矩形内均匀分布的"点"，然后计数清点在大矩形内总的"点"个数和封闭图形内的"点"个数，由以下计算方式得到：

$$封闭图形的面积 = \frac{在封闭图形内点的个数 \times 已知的大矩形的面积}{大矩形内点的个数}$$

第14章 系统转换

14.1 考点导航

信息系统管理工程师考试大纲要求考生掌握信息系统管理中的系统转换的内容，具有工程师的实际工作能力和业务水平，能指导信息系统运行管理员安全、高效地管理信息系统的运行。

系统转换主要包括以下几个方面的知识点。

1. 制定系统转换规划

2. 设计新系统运行体制

3. 系统转换的试验

1）分析系统转换的影响、选择可用的系统、选择验证项目、设备评价准备、转换系统的准备

2）转换试验

3）转换试验结果的评价及转换工作量评估

4. 系统运行的试验

临时（并行）运行的试验与评价、正常运行的试验与评价

5. 执行系统转换

1）制订系统转换实施计划

（1）确定转换项目（软件、数据库、文件、网络、服务器、磁盘设备）。

（2）起草作业运行的临时规则。

（3）确定转换方法（立即转换、逐步转换、平台切换）。

（4）确定转换工作步骤和转换工具。

（5）撰写转换工作实施计划和系统转换人员计划。

2）系统转换的实施

3）系统转换的评估

系统转换部分在历年信息系统管理工程师考试上午卷中的分值变化如图 14.1 所示。2006—2011 年的分值分别为 0 分、0 分、0 分、0 分、15 分，平均分值为 3 分。该部分是信息系统管理从业人员的应用技术基础内容。考生应结合自身情况，查漏补缺，夯实基础，稳扎稳打，确保攻克基础部分。

软考统计分析表明，每年软考考点重复考查率达到 12%~16%。因此，对历年软考真题的研读有助于缩短对考试考点与内容的熟悉过程，有助于顺利通过信息系统管理工程师考试。

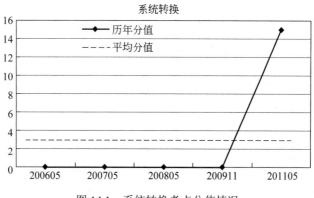

图 14.1 系统转换考点分值情况

14.2 历年真题解析

试题 1（2011 年 5 月试题二）

阅读下列说明，回答问题 1 至问题 4，将解答填入答题纸的对应栏内。

[说明]

某集团公司（行业大型企业）已成功构建了面向整个集团公司的信息系统，并投入使用多年。后来，针对集团公司业务发展又投资构建了新的信息系统。现在需要进行系统转换，即以新系统替换旧系统。

系统转换工作是在现有系统软件、硬件、操作系统、配置设备、网络环境等条件下，使用新系统，并进行系统转换测试和试运行。直接转换方式和逐步转换方式是两种比较重要的系统转换方式。直接转换方式是指在确定新系统运行准确无误后，用新系统直接替换旧系统，中间没有过渡阶段，这种方式适用于规模较小的系统；逐步转换方式（分段转换方式）是指分期分批地进行转换。

在实施系统转换过程中必须进行转换测试和试运行。转换测试的目的主要是全面测试系统所有方面的功能和性能，保证系统所有功能模块都能准确运行；转换到新系统后的试运行，目的是测试系统转换后的运行情况，并确认采用新系统后的效果。

请结合相关知识说明回答以下问题。

[问题 1]（5 分）

针对该集团公司的信息系统转换你认为应该采取上述哪种转换方式？为什么？

[问题 2]（2 分）

系统转换工作的主体是实施系统转换，但实施系统转换前应做哪项工作？实施系统转换后应做哪项工作？

[问题3]（3分）

确定转换工具和转换过程、对新系统的性能进行检测、建立系统使用文档三项工作分别属于系统转换工作哪个方面（计划、实施、评估）的工作？

[问题4]（5分）

在系统实施转换后，概括地说，进行系统测试应注重哪两个方面的测试？试运行主要包括哪两个方面的工作？

试题1分析

本题考查信息系统管理中新系统运行及系统转换的基本知识。

现在需要进行系统转换，即以新系统替换旧系统。系统转换工作是在现有系统软件、硬件、操作系统、配置设备、网络环境等条件下，使用新系统，并进行系统转换测试和试运行。

系统转换的方法有4种：直接转换、试点后直接转换、逐步转换、并行转换。

（1）直接转换。在确定新系统运行准确无误后，用新系统直接替换旧系统，终止旧系统运行，中间没有过渡阶段。这种方式最简单最节省人员和设备费用，但是风险大，很有可能出现想不到的问题。因此，这种方式不能用于重要的系统。

（2）试点后直接转换。某些系统有一些相同部分，例如系统中包括多个销售点、多个仓库等。转换时先选择一个销售点或仓库作为试点，试点成功后，其他部分可同时进行直接转换。这种方式风险较小，试点的部分可用来示范和培训其他部分的工作人员。

（3）逐步转换。逐步转换的特点是分期分批地进行转换。既避免了直接转换的风险性，又避免了平时转换时费用大的问题。此方式的最大问题表现在接口的增加上。由于系统的各部分之间往往相互联系，当旧系统的某些部分转换给新系统去执行时，其余部分仍由旧系统来完成，于是在已转换部分和未转换部分就出现了如何衔接的问题。所以，需要很好地处理新、旧系统之间的接口。在系统转换过程中，要根据出现的问题进行修改、调试，因此它也是新系统不断完善的过程。

（4）并行转换。这种方式安排了一段新、旧系统并行运行的时期。并行运行时间视业务内容及系统运行状况而定，一般来说，少则一两个月，多则半年。直到新系统正常运行有保证时，才可停止旧系统运行。其优点是可以进行两系统的对比，发现和改正新系统的问题，风险小、安全、可靠；缺点是耗费人力和设备。

系统转换工作的主体是实施系统转换，但实施系统转换前应制定详细的系统转换计划，以便采取有效的控制手段，做好各项转换的准备工作。实施系统转换后应对转换后系统的性能进行评估，主要是指产生的效果检测。通过对新系统各方面性能进行监测，得到实际的数据，分析这些数据，得到对系统的各方面的指标评价的结论。最后确定是否达到系统转换的要求，鉴别出有可能进一步改进的方面以及优缺点，便于进行改进。

转换工作大体上可以分为制定计划、实施转换和转换评估三个方面。

制定计划主要包括系统转换计划和运行计划，主要包括确定转换项目，可以是软件、文件、数据库、服务器、网络、磁盘设备等；起草作业运行规则，即根据业务人员和技术人员的讨论结果起草一个临时规则；确定转换方法，即确定采用直接转换或逐步转换或并行转换还是试点后直接转换；确定转换工具（选择基本软件、通用软件、专用软件之一或同时使用）和转换过程（包括执行转换软件过程、设置运行环境过程、检查执行结果过程）；转换过程（包括执行转换软件过程、设置运行环境过程、检查执行结果过程）；转换工作执行计划，即具体行动方面的计划，包括每项工作完成时间，每一步骤检查核对手段等；风险管理计划，包括系统环境转换、数据迁移、业务操作转换、意外风险等方面的风险管理计划；系统转换人员计划，主要涉及转换负责人、运行管理负责人、参与转换工作的人员、开发人员等。

实施转换是执行系统转换，由于在制定转换阶段已确定了转换项目、作业运行规则、转换方法、转换过程、转换工具、转换工作执行计划、转换人员计划，所以在实施系统转换时，只需按照转换计划进行工作。执行系统转换过程中，应监测系统运行、收集转换工作者反馈意见、召开汇报会交流，为审查、评估、改进提供依据。在进行系统转换的同时需要建立系统使用说明文档，说明系统各部分如何工作、维护和恢复。使用说明文档主要包括用户操作说明书（用户使用说明书）、操作规程、程序说明书等。

转换评估是指对转换后新系统的性能进行评估（或评价），主要包括工作速度、工作负载、运行环境、可靠性、安全性等方面。通过对新系统的各方面性能进行监测，得到实际数据，分析这些数据，得到对新系统的各方面指标评价的结论。最后确定是否达到了系统转换的要求，鉴别出有可能进一步改进的方面以及其优点和缺点，以便进行改进。

实施系统转换工作是在系统软件、硬件、配置设备、网络环境等方面的现有条件下使用新系统。虽然新系统在开发完成后已进行了各项测试（单元测试、功能测试、集成测试、系统测试），但是新系统在现有系统软件、硬件、网络等环境下运行，仍有可能出现事先预想不到的问题，还需要进行系统转换测试和运行测试。系统转换测试主要包括功能测试、性能测试两个方面。功能测试主要包括功能覆盖测试，即测试需求规格定义的功能是否都已经实现（是否涵盖所有业务）；功能分解测试，即通过对系统进行黑盒测试，分解测试项；功能组合测试，即测试相关联的功能项的组合功能的实现情况；功能冲突测试，即测试功能间存在的功能冲突情况。性能测试包括并发性能测试、负载测试、压力测试、强度测试、破坏性测试以及可靠性（如一定负荷的长期使用环境下系统的可靠性）、安全性（如不符合规格的数据能否访问系统，不符合规格的操作权限能否访问系统，对非法用户的抵抗能力）测试等。

试运行阶段的主要工作是运行测试，其目的是测试系统转换后新系统运行情况，也是对采用新系统后产生的效果的检测，可以是对新系统运行方式的测试、评价和对旧系统运行方式进行测试、评价，然后对新旧系统运行方式进行比对，再对新系统运行情况进行评价。可以建立各种不同的运行测试环境以进行全面的测试，并跟踪、记录测试数据，分析测试数据，获取各方面指标评价数据，由此作出结论。

试题 1 答案

[问题 1]

（1）逐步转换方式。逐步转换方式是一种混合方式，可靠性高，费用相对较低，它既避免了直接转换方式的风险性，又避免了并行转换方式费用高的问题，较适用于规模较大的系统。

（2）直接转换方式。这种方式简单，节省人员和设备费用，但是风险大，一旦新系统运行不起来，就会给工作造成混乱，一般只在系统规模较小的情况下采用。

[问题 2]

（1）制定转换计划或制定计划。

（2）转换评估或转换评价。

[问题 3]

确定转换工具和转换过程、对新系统的性能进行监测、建立系统使用文档三项工作分别属于制定计划、转换评估、实施转换方面的工作。

[问题 4]

（1）功能测试、性能测试。

（2）测试、评价；或运行测试。

14.3　命题趋势分析

参照信息系统管理工程师考试历年真题的考试频率，在此从以下两个方向作分析总结。

（1）纵向分析：系统转换部分的内容主要考查的是系统转换的试验、执行系统转换等。该部分的试题难度不大，主要为认知和理解层面的内容。

（2）横向分析：软考采用的是模块化命题模式，在同年同级别考试（软件设计师考试、网络工程师考试）的试题中可以发现相同或相似试题的出现。因此，横向总结、归纳中级级别考试试题中出现的系统转换部分的内容，将帮助考生全面、系统地把握考核的知识点。

对历年真题的理解和消化是非常重要的环节，同时信息系统管理工程师是一个新兴、发展中的职业群体，因此在备考过程中考生应该在建立系统转换部分的个人知识体系的同时，跳出圈子，从全局审视考试的发展，对命题方向作一些趋势分析，使自己的知识体系脉络更加清晰和丰满。

预测今后的考试命题内容将有可能拓宽方向，除了选自以上内容外，还要特别注意信息系统管理（应用技术）部分几章内容的交叉、综合考查，以及注意系统分析师、信息系统项目管理师考试的内容。在此抛砖引玉，以下试题供考生作进一步学习、探索和思考。

延伸试题

阅读下列说明，回答问题 1 至问题 2，将解答填入答题纸的对应栏内。

[说明]

某企业新开发了一套办公自动化信息系统，原有的信息系统将被新系统所取代。考虑到新旧系统转换过程中有成功的也有失败的。企业内部对系统转换相当重视。

[问题 1]

请简要说明判定系统转换是否成功要考虑到哪些内容。

[问题 2]

进入系统转换的前提条件包括技术上和组织上（业务上）的准备。请简要说明具体包括哪些内容。

延伸试题分析

本题考查系统转换的基本知识。

在信息化建设过程中，原有的信息系统由于技术的发展不断被功能强大的新系统所取代，不可避免地出现了系统转换。系统转换是以新系统替换旧系统，它包括系统交付前的准备工作、系统转换的方法和步骤等。

系统转换的任务就是要保证新旧系统能平稳、可靠地实现交接。判定系统转换是否成功需要考虑的是：是否达到了预期的目标；是否产生了副作用；是否实现了成本效益原则。

新旧系统的转换必然会有很多方面的问题需要做。进入系统转换的前提条件包括技术上和组织上（业务上）的准备。

（1）技术方面的前提条件：新系统已开发完成并经过各项测试（单元测试、功能测试、集成测试、压力测试）；数据转换程序已开发完成并经过各项测试（单元测试、功能测试、集成测试）；新系统在数据转换后的数据基础上进行了实际数据的测试。

（2）技术方面的准备工作：准备好转换作业到新系统所需的程序组，该程序组可以将作业转换到新系统中运行，以便测试新系统的运行情况；准备好转换前后验证转换结果的程序组，该程序组可以对作业转换到新系统前后的运行结果进行比较，来测试新系统的运行是否正确。

（3）组织上的准备工作：组织落实（各级部门处理相应的领导小组和工作小组，最高层成立统一的、包括各级部门负责人的指挥中心）；业务操作手册、规章制度、管理办法的制定；培训手册的编写与培训；模拟运营计划的制定与实施。

延伸试题答案

[问题 1]

判定系统转换是否成功需要考虑的是：是否达到了预期的目标；是否产生了副作用；是否实现了成本效益原则。

[问题 2]

进入系统转换的前提条件包括技术上和组织上（业务上）的准备。

技术方面的前提条件：新系统已开发完成并经过各项测试（单元测试、功能测试、集成测试、压力测试）；数据转换程序已开发完成并经过各项测试（单元测试、功能测试、集成测试）；新系统在数据转换后的数据基础上进行了实际数据的测试。

技术方面的准备工作：准备好转换作业到新系统所需的程序组，该程序组可以将作业转换到新系统中运行，以便测试新系统的运行情况；准备好转换前后验证转换结果的程序组，该程序组可以对作业转换到新系统前后的运行结果进行比较，来测试新系统的运行是否正确。

组织上的准备工作：组织落实（各级部门处理相应的领导小组和工作小组，最高层成立统一的、包括各级部门负责人的指挥中心）；业务操作手册、规章制度、管理办法的制定；培训手册的编写与培训；模拟运营计划的制定与实施。

附录 A 信息系统管理工程师考试大纲

一、考试说明

1. 考试要求

（1）熟悉计算机系统以及各主要设备的性能，并理解其基本工作原理；

（2）掌握操作系统基础知识以及常用操作系统的安装、配置与维护；

（3）理解数据库基本原理，熟悉常用数据库管理系统的安装、配置与维护；

（4）理解计算机网络的基本原理，并熟悉相关设备的安装、配置与维护；

（5）熟悉信息化和信息系统基础知识；

（6）了解信息系统开发的基础过程与方法；

（7）掌握信息系统的管理与维护知识、工具与方法；

（8）掌握常用信息技术标准、信息安全以及有关法律、法规的基础知识；

（9）正确阅读和理解信息技术相关领域的英文资料。

2. 通过本考试的合格人员能对信息系统的功能与性能、日常应用、相关资源、运营成本、安全等进行监控、管理与评估，并为用户提供技术支持；能对信息系统运行过程中出现的问题采取必要的措施或对系统提出改进建议；能建立服务质量标准，并对服务的结果进行评估；能参与信息系统的开发，代表用户和系统管理者对系统的分析设计提出评价意见，对运行测试和新旧系统的转换进行规划和实施；具有工程师的实际工作能力和业务水平，能指导信息系统运行管理员安全、高效地管理信息系统的运行。

3. 本考试设置的科目包括：

（1）信息系统基础知识，考试时间为 150 分钟，笔试，选择题；

（2）信息系统管理（应用技术），考试时间为 150 分钟，笔试，问答题。

二、考试范围

考试科目 1：信息系统基础知识

1. 计算机科学基础

1.1 数制及转换

● 二进制、十进制和十六进制等常用数制及其相互转换

1.2 数据的表示

● 数的表示：原码、补码、发码，整数和实数的机内表示方法，精度与溢出

● 非数值表示：字符和汉字的机内表示，声音和图像的机内表示

- 校验方法和校验编码

1.3　算术运算和逻辑运算

- 计算机中二进制的运算方法
- 逻辑代数基本运算

1.4　数据结构与算法基本概念

2. 计算机系统知识

2.1　计算机硬件知识

2.1.1　计算机系统组成和主要设备的基本工作原理

- CPU 和存储器的组成、性能和基本工作原理
- I/O 接口的功能、类型和特性
- 常用 I/O 接口的功能、类型和特性
- CSIC/RISC、流水线操作、多处理机、并行处理基础概念

2.1.2　存储

- 高速缓存、主存类型
- 虚拟存储器基本工作原理，多级存储体系
- RAID 类型和特性
- 存储介质特性及容量计算

2.2　计算机软件知识

2.2.1　操作系统知识

- 操作系统的类型、特征和功能
- 中断控制、进程、线程的基本概念
- 处理机管理（状态转换、同步与互斥、分时、抢占、死锁）
- 存储管理（主存保护、动态连接分配、分页、虚存）
- 设备管理（I/O 控制、假脱机）
- 文件管理（文件目录、文件的结构和组织、存取方法、存取控制、恢复处理、共享和安全）
- 作业管理
- 汉字处理，人机界面
- 操作系统的配置

2.2.2　程序设计语言和语言处理程序基础知识

- 汇编、编译、解释系统的基础知识和基础工作原理
- 程序设计语言的基本成分：数据、运算、控制和传输，过程调用的实现机制
- 各类程序设计语言的主要特点和适用情况

2.3　系统配置和方法

2.3.1　系统配置技术

- C-S 系统、B-S 系统、多层系统、分布式系统
- 系统配置方法（双份、双重、热备份、容错和群集）
- 处理模式（集中式、分布式、批处理、实时处理和 Web 计算）
- 事务管理（并发控制、独占控制、故障恢复、回滚、前滚）

2.3.2 统性能

- 性能指标和性能设计，性能计算、性能测试和性能评估

2.3.3 统可靠性

- 可靠性指标与设计，可靠性计算与评估

2.4 计算机应用基础知识

- 信息管理、数据处理、辅助设计、科学计算、人工智能、远程通信服务等基础知识
- 多媒体应用基础知识

3. 计算机网络知识

3.1 协议和传输

- 网络体系结构（网络拓扑、OSI/RM、基本的网络和通信协议）
- ICP/IP 协议基础
- 传输介质、传输技术、传输方法、传输控制

3.2 局域网和广域网

- LAN 拓扑，存取控制，LAN 的组网，LAN 间连接，LAN-WAN 连接
- 互联网基础知识及其应用
- 网络性能分析（传输速度、线路利用率、线路容量）和性能评估
- 网络有关的法律、法规要点
- 网络安全（加密解密、授权、防火墙、安全协议）
- 远程传输服务

3.3 常用网络设备和各类通信设备

3.4 网络管理与网络软件基础知识

- 网络管理（运行管理、配置管理、安全管理、故障管理、性能管理、计费管理）
- 网络软件（网络操作系统、驱动程序、网络管理系统、网络管理工具）

4. 数据库基础知识

4.1 数据库系统基本概念

4.2 数据库系统体系结构

- 集中式数据库系统，Client-Server 数据库系统、分布式数据库系统

4.3 关系数据库标准语言

- SQL 的功能与特点
- 用 SQL 进行数据定义（表、视图、索引、约束）
- 用 SQL 进行数据操作（数据检索、数据插入/删除/更新、触发控制）

- 安全控制和授权
- 应用程序中的 API、嵌入 SQL

4.4 数据库的管理与控制

- 数据库管理系统的功能和特征
- 数据库事务管理、数据库备份与恢复技术、并发控制

5. 信息系统开发和运行管理知识

5.1 信息化、信息系统与信息系统开发基本知识

- 信息化、信息系统、信息工程概念
- 信息系统结构与中间件数据
- 知识产权、信息系统、互联网相关的法律、法规
- 信息系统开发各阶段的目标和任务
- 信息系统开发工具、开发环境、开发方法概念
- 信息系统开发项目管理基本知识

5.2 系统分析设计基础知识

- 系统分析的目的和任务
- 结构化分析设计方法和工具
- 系统规格说明书
- 系统总体结构设计、详细设计
- 系统设计说明书
- 面向对象分析设计与统一建模语言（UML）

5.3 系统实施基础知识

- 系统实施的主要任务
- 结构化程序设计、面向对象程序设计、可视化程序设计
- 程序设计语言的选择，程序设计风格
- 系统测试的目的、类型和方法
- 测试设计和管理
- 系统转换知识

5.4 系统运行管理知识

- 系统（计算机系统、数据库系统、计算机网络管理）运行管理
- 系统运行管理各类人员的职责
- 系统的成本管理、用户管理、安全管理、性能管理
- 系统运行操作（系统控制操作、数据 I/O 管理、操作手册）
- 资源管理（硬件资源管理、软件资源管理、数据资源管理、网络资源管理、相关设备和设施管理、文档管理）
- 系统故障管理（处理步骤、监视、恢复过程、预防措施）

- 发布式系统管理
- 系统运行管理工具（自动化操作工具、监视工具、诊断工具）
- 系统运行管理的标准化

5.5 系统维护知识

- 系统维护的内容（软件维护、硬件维护、数据维护）
- 系统维护的类型（完善性维护、适应性维护、纠错性维护、预防性维护）
- 系统维护方法（日常检查、定期检查、预防维护、事后维护、远程维护）
- 按合同维护
- 系统维护工具的特点
- 系统的可维护性（可理解性、可测试性、可修改性）
- 系统维护的组织管理

5.6 系统评价基础知识

- 系统的技术评价（目标评价、功能评价、性能评价、运行方式评价）
- 系统成本的构成
- 系统经济效益的评价（性能效益、节省成本效益）及其评价方式

6. 信息安全知识

- 信息安全基本概念
- 计算机病毒防治，计算机犯罪的防范，网络入侵手段及其防范
- 容灾
- 加密与解密机制，认证（数字签名、身份认证）
- 信息系统的安全保护，安全管理措施
- 私有信息保护
- 可用性保障（备份与恢复、改用空间的线路和通信控制设备）

7. 标准化知识

- 标准化的概念（标准化的意义、标准化的发展、标准化机构）
- 标准的层次（国际标准、国家标准、行业标准、企业标准）
- 代码标准、文件格式标准、安全标准、软件开发规范和文档标准基础知识

8. 专业英语

- 正确阅读并理解相关领域的英文资料

考试科目 2：信息系统管理（应用技术）

1. 系统管理计划

1.1 确定系统管理要求

- 管理级的系统管理要求（长期信息化战略、系统管理所要求的重要事项、用于管理的重要计算机资源）
- 用户作业级的系统管理要求（管理范围、管理策略、管理对象、管理方法、管理计

划、管理预算）

1.2　明确向用户提供的系统与服务、服务等级与责任范围

1.3　明确成本计算与服务计量办法

1.4　制定系统运行规章制度

1.5　制定长期与短期的系统管理计划

- 面向用户的系统管理计划（服务时间、可用性、提供的信息量、响应速度、培训、服务台、分布式现场支持）
- 建立系统管理组织与系统运行管理体制
- 面向运行的系统管理计划（运行管理、人员管理、成本管理、用户管理、资源管理、故障管理、性能管理、维护管理、安全管理）

2. 系统管理

2.1　系统运行

- 各类应用系统的运行管理
- 运行计划的制定与调整
- 运行操作过程的标准化
- 消耗品管理、数据输入输出管理、存档与交付管理
- 系统运行管理报告

2.2　用户管理

- 用户注册管理及其管理方法
- 用户管理报告

2.3　操作管理

- 系统操作指南（系统运行体制、操作员工作范围、操作规章制度、系统运行操作手册）
- 作业管理（作业调度管理、作业处理情况检查、作业处理结果检查）
- 作业运行的分析改进
- 操作员组的管理（划分工作职责、作业交付规则、提高操作质量）

2.4　计费管理

- 计费系统（成本核算与事后支付系统、应付费资源、计费系统的选择）
- 计费数据的收集、收集计费数据的工具
- 计费单位与计算方法
- 事后付费与事前付费的差别以及各种措施

2.5　成本管理

- 系统运行成本（初始成本项与运行成本项）
- 系统运行费预算和决算
- 系统运行成本的管理（预算与决算差别分析，降低成本的方法）

- 用户方成本

2.6　人员管理

- 职责系统
- 职工教育与培训
- 外包管理

2.7　分布式站点的管理

- 分布式系统常见的问题
- 分布式系统的运行管理

2.8　采用运行管理系统

- 系统运行管理中的问题与措施
- 运行支持系统、远程运行系统、自动运行系统、无人系统操作
- 分布式系统中运行管理系统的使用

2.9　系统管理标准

2.9.1　系统管理标准

- 划分系统管理标准的范围，确定系统运行标准项目
- 运行操作过程标准、工作负载标准
- 对监视运行状态的管理
- 系统更新管理

2.9.2　分布式系统操作过程的标准化

2.9.3　标准的修订

3. 资源管理

3.1　硬件管理

- 识别待管理的硬件
- 硬件资源管理、硬件配置管理、硬件资源维护

3.2　软件管理

- 识别待管理的程序与文档
- 软件开发阶段的管理、软件运行阶段的管理、软件更新
- 程序库管理、软件包发行管理、文档管理
- 软件资源的合法使用与保护

3.3　数据管理

- 数据生命周期和数据资源管理
- 数据管理（数据管理员、数据维护、数据库管理系统、分布式数据库管理）
- 企业级数据管理（数据标准化、数据字典、数据目录、信息系统目录）
- 数据库审计支持

3.4　网络资源管理

- 待管理项目的识别（通信线路、通信服务、网络设备、网络软件）

- 网络资源管理（登记管理的准备、资产管理、命名规则和标准）
- 配置管理（网络设备配置图与连接图、地址管理、更新管理）
- 网络资源维护
- 网络管理（网络运行监视、网络故障管理、网络安全管理、网络性能管理）
- 网络审计支持

3.5 相关设施和设备的管理

- 电源设备管理、空调设备管理、楼宇管理、应急设备管理、分布式现场的设备管理

4. 故障管理

4.1 故障监视

- 设置待监视项目、监视的内容和方法

4.2 故障的调查

- 收集故障信息、隔离故障、确定故障位置、调查故障原因

4.3 恢复处理

- 恢复作业的准备、恢复处理的形式
- 主机故障的恢复、数据库故障的恢复、网络故障的恢复、相关设备故障的恢复、作业非正常情况的恢复
- 故障处理及恢复涉及的有关人员

4.4 故障记录与防再现措施

- 故障的记录与报告、故障原因分析
- 评估与改进故障处理过程、审查类似设备与软件、处理故障工作流程的标准化

4.5 分布式系统的故障管理

- 分布式系统的故障问题、故障监视、故障分析、故障恢复
- 分布式系统中防止故障再现

5. 安全管理

5.1 安全管理措施

5.1.1 安全管理措施的制定

- 安全策略、应急计划、安全管理体系
- 安全管理的项目（威胁的识别、待保护项目）
- 风险管理（风险分析、风险评估、保险）

5.1.2 物理安全措施的执行（设备与相关措施的安全管理、防灾管理）

5.1.3 技术安全措施的执行（系统安全措施、数据安全性措施）

5.1.4 安全管理制度的执行

- 运行管理（信息中心出入管理、终端管理、信息管理）
- 防犯罪管理（篡改数据/程序、黑客、窃听、非法数据泄漏）

5.1.5 信息系统安全有关的标准与法律法规

5.2　安全管理的实施

- 运行管理手册、用户手册、安全性检查清单
- 分析研究登录数据、安全性审计支持
- 分布式系统现场的安全性
- 安全性强度测试

6. 性能管理

6.1　信息系统的性能评价

6.1.1　性能评价标准与方法

- 性能评价项目与目的
- 评价标准
- 性能监视与评价方法

6.1.2　性能分析与评价

- 性能评价的时机，获取性能评价数据
- 性能下降原因分析，改进性能的建议

6.2　系统性能管理

6.2.1　系统性能评估

- 系统性能评估项目（电源、CPU 处理速度、主存容量、Cache 容量、磁盘容量、磁盘存取速度、通信线路速度）
- 当前系统负载、预计系统负载

6.2.2　系统性能改进

- 性能扩充的模拟（模拟工具、极限性能计算、增加选件）
- 改进系统的建议
- 系统用户培训

6.3　分布式系统的性能管理

- 分布式系统性能及其评价标准
- 分布式系统性能管理的因素（服务器与客户端的平衡考虑）

7. 系统维护

7.1　制定系统维护计划

- 系统维护的需求（设置系统维护项目以及相应的维护级别）
- 系统维护计划（维护预算、维护需求、维护管理体制、维护承诺、维护人员职责、维护时间间隔、设备更换）
- 系统维护的实施形式（每日检查、定期维护、预防性维护、事后维护）

7.2　系统维护的实施

7.2.1　维护工作流程

7.2.2　软件维护

- 各类软件（公司开发的软件，合同开发的软件，市场购买的软件）的维护
- 软件维护的合同，系统集成与维护的合同

7.2.3 硬件维护（硬件维护的合同，硬件备件及其保存）

8. 系统转换

8.1 制定系统转换规划

8.2 设计新系统运行体制

8.3 系统转换的试验

- 分析系统转换的影响、选择可用的系统、选择验证项目、设备评价准备、转换系统的准备
- 转换试验
- 转换试验结果的评价及转换工作量评估

8.4 系统运行的试验

- 临时（并行）运行的试验与评价、正常运行的试验与评价

8.5 执行系统转换

8.5.1 制定系统转换实施计划

- 确定转换项目（软件、数据库、文件、网络、服务器、磁盘设备）
- 起草作业运行的临时规则
- 确定转换方法（立即转换、逐步转换、平台切换）
- 确定转换工作步骤和转换工具
- 撰写转换工作实施计划和系统转换人员计划

8.5.2 系统转换的实施

8.5.3 系统转换的评估

9. 开发环境管理

- 开发环境的配置、开发环境的管理、分布式系统中开发环境的管理

10. 与运行管理有关的系统评价

10.1 评价项目

- 评价的目的
- 评价的时机（系统规划时、系统设计时、系统转换时、系统运行时）
- 设置评价项目（硬件、软件、网络、数据库、运行）

10.2 各个评价项目的评价标准

- 性能（事务处理响应时间、作业周转时间、吞吐量、故障恢复时间、控制台响应时间）
- 系统运行质量（功能评价、稳定性评价、可用性评价、可维护性评价）
- 系统运行的经济效益（运行成本，系统质量与经济效益的平衡）

10.3　系统改进建议

- 修改或重建系统的建议，改进系统开发方案的建议

10.4　分布式系统的评价

11. 对系统用户的支持

- 对用户提供的支持（支持的范围、向用户提供的服务、服务结果的记录、对用户的培训、服务台）
- 处理用户的新需求（标识用户的新需求，对系统改进需求进行管理）
- 对潜在用户的咨询服务

三、题型举例

（一）选择题

在数据处理部门中，防止数据被篡改的较好措施是（　　）。

A. 系统管理、程序设计、操作岗位应合并

B. 系统管理、程序设计、操作岗位应分开

C. 所有的数据操作都由软件包实现

D. 所有的数据操作都应得到负责人的批准

（二）问答题

某企业建立了管理信息系统，系统管理工程师起草了对系统用户进行技术支持的方案。请问该方案应包括哪些方面的技术支持？

参 考 文 献

[1] 全国计算机技术与软件专业技术资格（水平）考试办公室.信息系统管理工程师考试大纲.北京：清华大学出版社，2005.

[2] 陈禹，殷国鹏.信息系统管理工程师教程.北京：清华大学出版社，2006.

[3] 李振华.多媒体应用设计师考试试题分类精解. 北京：清华大学出版社，2012.

[4] 全国计算机技术与软件专业技术资格（水平）考试办公室.2006—2011 年信息系统管理工程师考试试题.

[5] 全国计算机技术与软件专业技术资格（水平）考试办公室.2006 年上半年试题分析与解答.北京：清华大学出版社，2005.

[6] 全国计算机技术与软件专业技术资格（水平）考试办公室.2007 年上半年试题分析与解答.北京：清华大学出版社，2006.

[7] 全国计算机技术与软件专业技术资格（水平）考试办公室.2008 年上半年试题分析与解答.北京：清华大学出版社，2007.

[8] 全国计算机技术与软件专业技术资格（水平）考试办公室.2009 年下半年试题分析与解答.北京：清华大学出版社，2008.

[9] 全国计算机技术与软件专业技术资格（水平）考试办公室.2011 年上半年试题分析与解答.北京：清华大学出版社，2010.

[10] 薛大龙.系统集成项目管理工程师教程.北京：电子工业出版社，2012.